“十二五”职业教育国家规划教材
经全国职业教育教材审定委员会审定

网络营销实务

（第二版）

于家臻　赵　雨　主　编
韩　磊　杨晓黎　副主编

中国财经出版传媒集团
中国财政经济出版社

图书在版编目（CIP）数据

网络营销实务 / 于家臻，赵雨主编．－－2 版．－－北京：中国财政经济出版社，2020.12（2022.8 重印）
“十二五”职业教育国家规划教材
ISBN 978－7－5223－0177－8

Ⅰ.①网…　Ⅱ.①于…　②赵…　Ⅲ.①网络营销－中等专业学校－教材　Ⅳ.①F713.365.2

中国版本图书馆 CIP 数据核字（2020）第 230513 号

责任编辑：陈　冰
封面设计：育林华夏

网络营销实务
WANGLUO YINGXIAO SHIWU
中国财政经济出版社 出版
URL：http://www.cfeph.cn
E－mail：cfeph@cfeph.cn

社址：北京市海淀区阜成路甲 28 号　邮政编码：100142
营销中心电话：010－88191522
天猫网店：中国财政经济出版社旗舰店
网址：https://zgczjjcbs.tmall.com
北京鑫海金澳胶印有限公司印刷　各地新华书店经销
成品尺寸：185mm×260mm　16 开　18.75 印张　456 000 字
2021 年 6 月第 2 版　2022 年 8 月北京第 4 次印刷
定价：49.00 元
ISBN 978－7－5223－0177－8
（图书出现印装问题，本社负责调换，电话：010－88190548）
本社质量投诉电话：010－88190744
打击盗版举报热线：010－88191661　QQ：2242791300

编写说明

随着新一轮科技变革和产业变革孕育兴起，人工智能、大数据、云计算、区块链等新技术飞速发展，移动应用、社交媒体、网络直播、短视频等新应用、新业态不断涌现。近几年，我国对互联网营销相关工作的规划部署呈现出专项、多次、密集的特点。2020 年，人社部发布公告，“互联网营销师”被认定为“中国新十大职业”之一。在政策推动作用下，网络营销的理念与价值认同得到重塑，越来越多的企业利用互联网技术进行营销变革与发展，基于各种新媒体的营销方式也逐渐成为企业营销的主流。

《教育部关于职业院校专业人才培养方案制订与实施工作的指导意见》提出：“深化教师、教材、教法改革。健全教材选用制度，选用体现新技术、新工艺、新规范等的高质量教材，引入典型生产案例。”可以看出，加强职业教育教材建设，是推动课堂教学革命，提升课堂教学质量的重要保障。

本书编写团队通过调研分析论证，深入了解网络营销现状及典型职业活动、工作任务、岗位要求；以培养高素质网络营销技术技能人才为目标任务，优化网络营销岗位的知识点和技能点，致力于打造一本培养学生互联网营销理念、锻炼学生网络营销实操能力、提升学生团队合作意识和创新意识的图书。

本书以专业教学标准为依据，校企合作开发共同编写，符合生产实际，是反映行业企业新技术、新工艺、新规范的实用性新形态教材，职业教育类型特色鲜明。

本书具有以下特色：

1. 坚持立德树人，注重德技并修

本书寓职业道德教育于课程教学之中，将教书和育人有机融合，传授基础知识与培养专业技能并重，强化学生职业素养养成和专业技术积累，将专业精神、职业精神和工匠精神融入人才培养全过程；同时能够紧密结合企业最新的营销方式、营销策略和工作实际，遵循技术技能人才成长和学生身心发展规律，变知识本位为能力本位，以改革创新的思路开发编写本教材。

2. 采用项目设计，落实三教改革

为配合项目教学改革，本书采用项目设计，共设 9 个项目：走进网络营销、分析网络消费者购买行为、研究网络营销环境与市场、玩转自媒体图文营销、玩转搜索引擎营销、玩转社群营销、玩转短视频营销、玩转其他方式的网络营销和网络营销策划，每个项目包含了案例导入、任务描述、知识准备、任务实施、实战演练五个部分。案例导入引发学习兴趣，任务描述明确学习要求，知识准备构建理论体系，任务实施掌握工作流程，实战演练精进学生技能。

3. 选取典型活动，突出能力培养

本书内容的选择，围绕网络营销岗位群典型职业活动和工作任务，以培养学生职业能力为主线，突出对网络营销市场分析、主流网络营销方式选择与运用、网络营销策划等职业能力的培养，学生在完成实战任务的过程中储备相关知识，提升就业与创业能力。

4. 强化实战演练，注重理实一体

本书 9 个项目共设计了 31 个实战演练任务，按照学生心理特点和认知规律，采取由易到难、由简单到复杂循序渐进的方式安排学习内容及实战环节，每个实战演练都规划了详细的任务实施流程表，能够有效满足线上教学和线下自学自练的需要，同时还可以满足社会学习者的学习需求。

5. 创新教材形态，丰富教学资源

本书紧扣国家教材改革要求，致力于打造动态化、立体化、数字化的新形态教材。配套开发了丰富的教材信息化资源、典型案例和教学项目，如教学课件、动画、案例、习题等资源，非常方便教师教学和学生自学使用。

教师可以电子邮件形式向中国财政经济出版社索取本书的配套资源（请注明学校、全书名、版次），Email：caijingjiaocai@ 163. com。配套资源亦可登录以下网址下载：http：//jiaocai. cfeph. cn 或 cjjc. cfeph. cn。

本书由于家臻教授和赵雨副教授担任主编，韩磊、杨晓黎两位老师担任副主编。编写团队成员及分工如下：于家臻编写项目一、项目四；韩磊编写项目一、项目九；王晓钧、孙秀宝编写项目二；杨晓黎编写项目三、项目五；赵雨编写项目四、项目六；叶卫军编写项目七、项目八。全书由赵雨负责统稿，于家臻总纂并定稿。

本教材是校企合作开发编写，符合生产实际，反映行业企业新技术、新工艺、新规范的实用性教材。教材编写过程中，山东福瑞达生物工程有限公司副总经理谢锐、济南易搜信息科技有限公司副总经理吴琦全程参与了教材的编写和审订工作，为保证教学过程与企业工作过程对接，实现校企双元育人提供了有效支撑。

本书在编写过程中借鉴了国内外部分网络营销方面的教材以及网上资料，在此对所有注明的和未能注明的参考文献作者表示深深的谢意。尽管我们在编写过程中力求准确、完善，但限于阅历和水平，书中难免有疏漏之处，恳请各位专家和广大读者批评指正！

编　者

2020 年 9 月 9 日

目　录

项目一
走进网络营销

学习思维导图

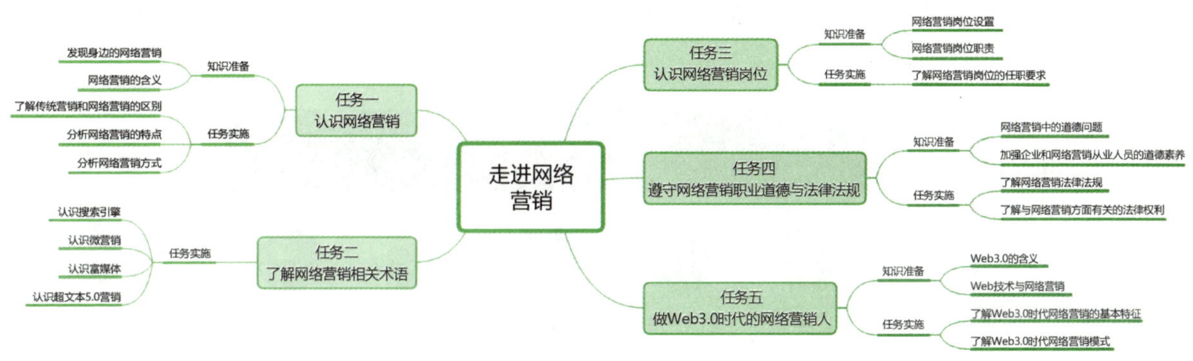

素质目标

- ☐ 树立创新意识、创新精神，能够创新网络营销方式
- ☐ 具备正确的价值观，服务社会，开展积极向上的网络营销推广活动
- ☐ 养成诚实守信、遵纪守法的品德，合法从事网络营销活动

知识目标

- ☐ 了解网络营销的含义
- ☐ 掌握网络营销的特点和方式
- ☐ 熟悉网络营销的基本术语
- ☐ 明确网络营销的岗位职责和任职要求
- ☐ 熟悉网络营销从业人员应遵守的职业道德和法律法规
- ☐ 了解 Web3.0 时代网络营销的特点和模式

能力目标

- □ 能够根据实际情况选择合适的方式开展网络营销活动
- □ 能够根据企业用人要求，设置网络营销任职岗位
- □ 能够根据网络营销相关岗位要求，确定自身的职业目标
- □ 能够识别预判网络交易的风险，防范并化解各种风险
- □ 能够依据相关法律法规，从维护经营者合法利益的角度，处理各种纠纷

任务一 认识网络营销

微课：认识网络营销

案例导入

吴老板经营化妆品超市多年，同时在淘宝和天猫都开有线上店铺。如今天猫和淘宝的机制更新让吴老板的店铺盈利越来越低，而且由于精力主要投入线上经营，导致实体店铺生意越来越差。经过反复思考权衡，吴老板决定打造自己的小程序平台（如下图所示）。

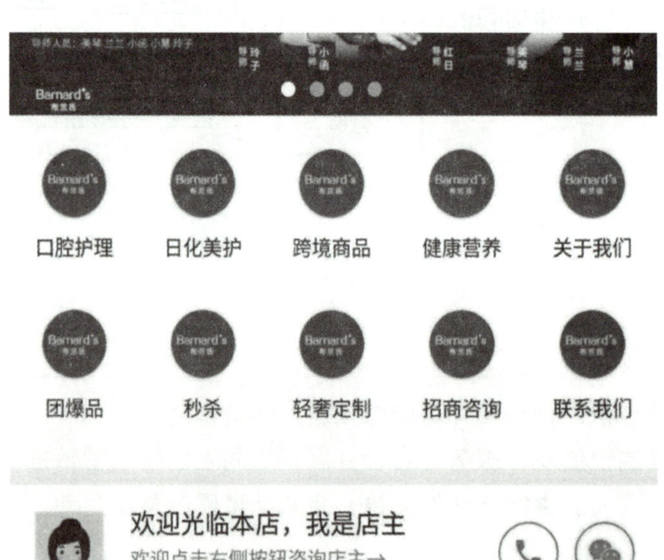

小程序平台

吴老板借助5公里范围引流的功能，将其他商铺邀请到小程序平台中，这将淘宝、天猫的线上店铺整合到了一起。借助小程序平台自带的折扣、优惠券等功能，加上原来打造起来的店铺老客户群，小程序平台中人气开始上升。

为了让平台多元化，吴老板邀请附近的商铺免费入驻，这样，买面膜的用户看见还有其他商品，就有可能产生持续消费。平台流量逐渐活跃起来，形成了流量池。吴老板又想了一个办法，凡是在平台预订、到线下消费的用户，一律打折，并且线下还赠送小

礼物。这一举措轻松解决了实体店铺引流问题，大大提升了实体店铺的销量，同时拉近了与潜在消费者的距离。

思考：吴老板是通过什么方法提升店铺销量的？

任务描述

伴随着互联网技术的快速发展，网络营销逐步成为现代营销的基本形式，对企业的作用也越来越大，网络营销活动越来越受到企业的重视。同时，网络营销也体现出了极强的生命力和诱人的发展前景。开展网络营销工作，首先必须明确网络营销的概念，了解网络营销的特点和方式，形成对网络营销的基本认知。

知识准备

一、发现身边的网络营销

21 世纪以来，互联网技术的迅猛发展深刻改变了人们的生活方式和思维方式，在很大程度上影响着经济环境和商贸活动，也产生了很多新生事物，网络营销便是其中之一。

随着数字经济及世界互联网的迅速发展，网络营销逐渐成为信息时代全新的营销方式，其独特的优越性不仅促使企业的市场营销手段和内容发生史无前例的变革，而且为企业开辟了更加广阔的市场。越来越多的企业和营销员正在加入到网络营销的行列，实现“足不出户，生意做遍全球”的构想。

案例重现

养鸡也可以“私人定制”

陆涛在大学学习的是工商管理专业。如今的他，是一个经营生态土鸡生意的“土老板”。而在 3 年前，他还是一名企业员工。“毕业后，我在株洲一家企业干了近十年。”陆涛讲起他的第一份工作十分自豪。当年的他利用自己的工资，还在株洲买了一套房。但今年春节过后，陆涛却辞去了稳定的工作，回到家乡吉首，决定自己创业。“好好的工作为什么不干了？”对儿子辞去稳定的工作回到吉首，陆涛的父亲十分不理解。

原来，陆涛有一次回老家探亲，老家的亲戚拿出平日里舍不得吃的东西款待他。“老人们杀土鸡土鸭，煎土鸡蛋，炖土猪肉，这些都是在大城市里根本吃不到的东西，我心中一动，农村有这么好的东西干嘛要离开？”陆涛灵机一动，想到利用国家提倡的立体养殖方式，回家发展林下经济，既可以开发家乡的低产荒山，还能回报家乡，带动当地就业，重聚老家的“人气”和“财气”。想通这一切，陆涛立即开始了市场调研。他发现不少城里人都崇尚吃土特产，尤其爱吃土鸡、土鸡蛋，但城里人不知道该去哪儿买正宗的土特产。“这是一个商机。”陆涛动了卖土鸡生意的心思。

作为一名90后，陆涛和同龄人一样，喜欢挂Q、泡论坛、刷微博，现在，他又迷恋上玩微信。“微信可以一对一营销，方便客户与我交流下单。”但眼看着市场上用饲料加粮食喂养出来的“仿土鸡”越来越多，这个行业也面临着诚信的考验。为了让这些网络消费者们买得放心，他设立了基地网站并结合24小时监控视频、二维码可溯源系统，让消费者用手机扫一扫就可以直观地了解土鸡养殖的全过程。通过网络营销和客户间的口口相传，陆涛的生意越做越大，土鸡也开始供不应求。

“今年，我想推广定制化特色养殖，让市民选鸡我来养。”陆涛说，通过营养师的搭配，把不同的食材搭配饲养土鸡，给市民提供不同功效的土鸡，这样能从上线为消费者提供更精准的养生模式，将“土生意”做到极致。

（资料来源：搜狐网，https：//www. sohu. com/a/254326416_ 117373。）

随着互联网影响的进一步扩大，人们对网络营销的理解进一步加深，以及出现的越来越多网络营销推广的成功案例，人们已经开始意识到网络营销的诸多优点，并越来越多地通过互联网开展营销推广。

网络时代的企业竞争是一场没有硝烟的战争。网络营销对于现代企业发展壮大有着巨大的影响和作用，面对缤纷繁杂的互联网时代，企业一定要抓住机遇，充分利用网络营销，进行组织变革和营销变革，在竞争中取得优势。

二、网络营销的含义

网络营销，是指借助于互联网、现代通信技术和数字交互式媒体来满足消费者需求，实现企业营销目标的一系列营销活动，是企业整体营销战略的一个组成部分。为了更好地认识网络营销，我们可以从以下几方面理解网络营销的含义。

1. 网络营销是企业整体营销战略的组成部分

网络营销一方面包括传统营销活动在网络环境下的应用和实现过程；另一方面包括网络环境下特有的、以数字化形式的产品及无形服务为核心内容的各种营销活动。网络营销与传统市场营销并存，两者同时在营销实践中得到应用与发展，共同为实现企业的营销目标而努力。

案例重现

朋友圈超震撼短片刷屏：只要用心，手机也能拍出科幻大片

“华为影业”的名声早已响彻互联网。华为P30 Pro携手第十一届FIRST影展最佳影片及最佳导演获得者蔡成杰导演拍摄的第一个裸机竖屏电影，华为给它取名为《悟空》。

贯穿全片的精神主线是：小男孩喜爱孙悟空，是因为他拥有十八般武艺，不畏艰险，敢于向“恶势力”斗争。小男孩怀揣梦想，不被理解，独自翻山越岭，一路孤立无援，和毒蛇猛兽对抗……

这一切像极了华为的科技探索之路，也正是在这样“极限生存状态”下，倒逼出了当世这个华为。

这部片子由华为P30 Pro手机裸机拍摄，因此画面是长方形竖屏，呈现的是手机录制效果，颇有当年苹果手机拍摄的《三分钟》的意味。广告片里，下着雨的黑夜、水里拍摄的洗脸小男孩、山林航拍均由手机完成，体现了华为强大的摄像摄影能力。鸿蒙开，世界显。《悟空》与鸿蒙，怕是这个广告最惊喜的浪漫了吧……

（资料来源：腾讯网，https://new.qq.com/。）

2. 网络营销不是网上销售

网上销售是企业在网络平台上与消费者开展网上交易的过程，只是网络营销的环节之一，而网络营销则贯穿于企业进行网上经营的整个过程，包括网站推广、信息发布、顾客服务、网上调研、销售促进和网上销售等内容。

3. 网络营销不等于电子商务

网络营销与电子商务存在密切的联系，但两者也有一定的区别。网络营销是一种营销模式，注重通过开展借助网络平台的营销活动来促进商品交易、提升企业的品牌价值、加强与顾客的沟通及改善对顾客的服务等。电子商务的内涵很广，其核心是基于网络的交易方式和交易过程，比如网上支付、网上交易的安全与法律等，而这些不是网络营销重点研究的内容。

4. 网络营销不只是建立企业网站

一般来说，建立网站是很多企业开始进行网络营销的第一步，而不是网络营销的全部。

任务实施

步骤一：了解传统营销和网络营销的区别

通常情况下，人们将网络营销出现之前已经成熟的营销理论和方法统称为传统营销。而网络营销是以互联网为主要手段，为达到一定营销目的而进行的营销活动。传统营销与网络营销的主要区别如下：

（1）营销媒体不同。网络营销是利用互联网媒体展开营销活动的，而传统营销则是利用传统媒体（报刊、广播电视等）展开营销活动的。

（2）消费者的体验不同。网络营销既可以通过电子邮件、网络广告等方式促销商品，同时还可以通过传统方式促销商品，所以，网络营销比传统营销更灵活、更能吸引消费者。此外，由于网络营销使消费者足不出户就能挑选、购买自己所需的商品和服务，并且支付手段简便安全，因此对消费者来说非常方便。

（3）沟通方式和渠道不同。传统营销的沟通方式是单向的，内容是单一的，消费者往往是被动接受。而网络有很强的交互性，通过网络营销可以随时随地和消费者进行沟通，解答消费者的疑问，并可以快速为消费者提供信息。

步骤二：分析网络营销的特点

互联网是开展网络营销的基础，互联网的某些特性使网络营销呈现出以下特点：

（1）跨时空。基于互联网的网络营销不再受时间和空间的限制，它使跨时空交易成为可能。借助互联网，企业可以全天候地向世界各地的消费者提供产品和服务。

（2）多媒体。人们利用多媒体技术可以传递声音、图像、动画等。这些信息通过多媒体被有机地融为一体，以超文本的形式生动地展现给顾客，从而提高网络营销对顾客的影响力。

（3）成长性。随着经济的快速发展，居民的收入水平及消费水平也不断提高，越来越多的居民开始使用互联网。与此同时，越来越多的企业建立了自己的网站，开始尝试通过网络开展营销活动。网络营销的成长性得到广泛认可。

（4）整合性。开展网络营销需要企业对营销活动进行统一的规划和协调，有效整合企业内部及外部资源，以统一的传播资讯向消费者传达信息，满足消费者的需求。

（5）技术性。网络营销以网络平台为基础，而搭建网络营销平台需要通信技术的支撑。企业要想开展网络营销必须要有相应的技术投入和技术支持，同时还需要拥有营销知识、掌握网络通信技术的复合型人才。

步骤三：了解网络营销的方式

1. 自媒体图文营销

自媒体图文营销是指将营销内容通过文字和图片结合的形式进行编辑，并将编辑后的内容传递给客户，实现网络营销的目的。这种营销方式需要企业能创建有价值的图文内容，来吸引特定受众的主动关注。

案例重现

2019年5月24日，李子柒与“朕的心意·故宫食品”在北京进行了签约仪式，开始了正式的合作。故宫本身蕴藏着千年文化沉淀以及百万件珍品，可开发利用的文化内容有目共睹，而“李子柒”品牌发布的内容也有着极高的文化价值，在年轻群体中有着很大的影响力。因此，双方合作不仅是互利共赢，更重要的是让年轻用户产生对传统文化价值观念的转变。“李子柒”品牌与跨界IP合作，在达到商业目的的同时，更加能够实现品牌的社会价值。

（资料来源：中关村在线，http：//www.zol.com.cn/。）

李子柒代言的故宫美食

2. 搜索引擎营销

搜索引擎营销（Search Engine Marketing，SEM），简单来说，就是基于搜索引擎平台的网络营销，利用人们对搜索引擎的依赖和使用习惯，在人们检索信息的时候将信息传递给目标用户。搜索引擎营销的基本思想是让用户发现信息，并通过点击进入网页，进一步了解所需要的产品和服务。企业通过搜索引擎付费推广，让用户可以直接与公司客服进行交流、了解，进而实现交易。

搜索引擎营销主要有三种方式：

（1）竞价排名，即按点击付费，推广信息出现在搜索结果中（一般是靠前的位置），如果没有被用户点击，则不收取推广费。也就是说网站付费后才能被搜索引擎收录，付费越高者排名越靠前。竞价排名服务，是由客户为自己的网页购买关键字排名，按点击计费的一种服务。客户可以通过调整每次点击付费价格，控制自己在特定关键字搜索结果中的排名；也可以通过设定不同的关键词捕捉到不同类型的目标访问者。

（2）关键词广告，即在搜索结果页面显示广告内容，实现高级定位投放，用户可以根据需要更换关键词，相当于在不同页面轮换投放广告。当用户利用某一关键词进行检索时，在检索结果页面会出现与该关键词相关的广告内容。由于关键词广告是在特定关键词的检索时才出现在搜索结果页面的显著位置，所以其针对性非常高。

（3）搜索引擎优化（Search Engine Optimization，SEO），是采用易于被搜索引用的手段，对某网站进行有针对性的优化，使得该网站在搜索结果中靠前，吸引更多的用户访问该网站，提高网站的销售能力和宣传能力，从而提升网站的品牌效应。

3. 社群营销

社群营销是伴随移动互联网的发展出现的营销新模式。社群，表示一个有密切关系的人际网络，形成一种特殊的社会关系。2015 年以来，随着网络社交媒体的崛起，社群营销逐渐大行其道。开展社群营销活动的平台并不局限于微信，很多平台都可以做社群营销，比如知乎、微博、QQ 群等。

4. 视频营销

视频营销是指主要通过视频网络平台，以精心策划创作的视频内容为核心，实现产品营销与品牌传播的目的。随着抖音、快手等视频传播平台的兴起，短视频表现了极为可观的流量红利，也获得了众多商家的青睐。

当前，网络营销推广的方法已经不再只局限于图文营销，视频营销逐渐成为一种炙手可热的营销方式。相对图文营销来说，视频营销更为直观，更能激起消费者的购买欲望。

5. 基于大数据的精准营销

在传统市场环境下，企业开展营销活动只能利用传统的营销数据，包括客户信息、广告投放效果等一些线下活动信息资料。数据的来源仅限于消费者某一方面的有限信息，不易对数据进行深入统计和分析。互联网时代带来了新类型的数据，包括使用网站的数据、地理位置的数据、邮件数据、社交媒体数据等。

在大数据时代，企业可以利用大数据技术，对网络数据与传统数据进行整合，更全面深入地了解消费者信息，并根据消费者需求特征开展相应的营销活动，也就是进行精准营销。精准营销充分利用各种新媒体，将营销信息推送到精确的受众群体中，既节省营销成本，又能起到最大化的营销效果。

实战演练

实训目的：通过实训，能够理解网络营销的特点，并比较网络营销和传统营销的不同点，能够判断网络营销的方式。

实训要求：学生以小组为单位完成实训任务，在实训过程中充分讨论，最终提炼出结论。

实训1：填写表1－1，写出至少3个项目。

表1－1　　体验身边的网络营销

序号	你经常去的购物网站	你通过什么渠道知道这些网站的？	这些网站有过哪些网络营销活动？
1			
2			
3			

实训2：针对你的QQ、微信朋友圈中的商业经营行为，分析其网络营销的方式（表1－2）。

表1－2　　分析网络营销方式

经营的商品/服务	经营者采用过哪几种网络营销方式	其具体的效果如何	你的评价及建议

任务二　了解网络营销相关术语

微课：了解网络营销相关术语

案例导入

下面是某电子商务公司的招聘启事：

高薪招聘SEO优化师

上海虹口区/大专/月薪8000元/2人/02－15发布。

五险一金/年终奖金/专业培训/餐饮补贴/定期体检。

职位信息：

（1）了解搜索引擎排名机制和优化规则，负责提升网站的流量。

(2) 负责公司网站的 SEO 站内优化及网站关键词排名优化。

(3) 监控和研究竞争对手及其他网站相关做法，并围绕优化提出合理的网站调整建议。

(4) 具有良好的写作功底，能够编辑写作高质量的文章。

(5) 有良好的学习能力和执行能力。

任职要求：

(1) 沟通能力强，能快速掌握业务需求和业务取向。

(2) 熟悉 HTML、CSS 等。

(3) 了解搜索引擎的排名机制、索引机制及其相关指标。

(4) 掌握关键词研究和搜索行为分析的方法和工具。

(5) 对 SEO 优化具有浓厚的兴趣。

思考：你了解招聘启事中涉及的网络营销专业术语吗？比如"搜索引擎""SEO""关键词排名"？可以试着上网查询一下。

任务描述

有很多同学在学习过程中会问：老师，SEM 是什么？什么是 H5？学习网络营销，首先要掌握这些基本概念。在本任务中，我们将会学到关于网络营销的常用专业术语。

任务实施

步骤一：认识搜索引擎

搜索引擎是指根据一定的策略，运用特定的计算机程序从互联网上采集信息，在对信息进行组织和处理后，将检索的相关信息展示给用户的系统。搜索引擎是工作于互联网上的一门检索技术，它旨在提高人们获取搜集信息的速度，为人们提供更好的网络使用环境。图 1－1 为常见的搜索引擎。

图 1－1　搜索引擎

步骤二：认识微营销

微营销是通过企业营销策划、品牌策划、运营策划、销售方法与策略，注重每一个细节的实现，引导可以满足需求的商品和服务从生产商流向顾客以实现组织目标的活动。消费者通过网络直接与生产企业发生联系并提出满足其个性化的需求，企业再根据每一位消费者的独特要求进行“量身定造”的产品设计。

微营销不是微信营销，微信营销是一种营销工具，是实现微营销的一种方式。

步骤三：认识富媒体

富媒体，即 Rich Media 的英文直译，指具有动画、声音、视频或多媒体交互性的信息传播方法。富媒体可应用于各种网络服务中，如网站设计、电子邮件、banner、button、弹出式广告、插播式广告等。

步骤四：认识超文本 5.0 营销

超文本 5.0 的英文名称为 Html5，简称 H5。H5 是互联网的下一代标准，是构建与呈现互联网内容的一种语言方式，被认为是互联网的核心技术之一。

超文本 5.0 营销即在 H5 场景下开展的营销活动。H5 场景与以往的文字、图片、图文等形式相比，展现更加精美、更加有趣、互动性更强，它具有动画、触控等更多的元素功能，让用户不再枯燥乏味地阅读内容。此外，它的传播性也很强，除了可以分享到朋友圈、发送给朋友以外，还可以分享到各个社交媒体渠道，如微博、豆瓣等，除了链接外还提供了二维码。它还具备了数据收集功能，可以使用调查问卷、会议报名等表单，甚至有很多制作 H5 场景的工具平台还提供了后台数据统计功能，企业可以清晰地看到 H5 场景的曝光量、链接点击、填表数量等信息。由于 H5 场景更容易引发用户的阅读和分享，制作一个优秀的 H5 甚至可以达到数亿的曝光量，所以现在很多商家企业都在应用 H5 场景，以达到更好的营销效果。

实战演练

实训目的：通过实训，掌握搜索引擎及 H5 等常见网络营销工具的使用方法。

实训要求：学生以小组为单位完成实训任务，在实训过程中充分讨论，最终得出结论。

实训 1：体验不同的搜索引擎。尝试使用不同的搜索引擎搜索你自己的名字，你发现了什么？

____

____

如果没有搜索到自己的信息，原因是什么？你可以采用哪些网络营销方式来扩大你在网络上的知名度？

____

____

实训 2：请上网搜集 3 ~ 5 个 H5 作品，并做出评价（见表 1 – 3）。

表 1－3　H5 作品评价表

序号	作品名称	所属行业	作品评价
1			
2			
3			
4			
5			

任务三　认识网络营销岗位

案例导入

××信息科技有限公司
新媒体运营专员招聘

职位薪酬：4500 元以上/月。

职位类型：IT 产品/运营/设计。

发布时间：2020－02－11。

有效日期：2020－05－08。

基本要求：年龄不限/性别不限。

工作地点：××市历城区。

职位描述：

1. 负责移动互联网自媒体平台（微信、微博、手机终端为主）的日常运营及推广工作；
2. 负责独立运营微信公众号，为粉丝策划与提供优质、有高度传播性的内容；
3. 负责策划并执行微信营销日常活动及跟踪维护，根据项目发送各种微信内容；
4. 负责增加粉丝数，提高关注度和粉丝的活跃度，并及时与粉丝互动；
5. 挖掘和分析网友使用习惯、情感及体验感受，及时掌握新闻热点，有效完成专题策划活动；
6. 紧跟微信发展趋势，广泛关注标杆性公众号，积极探索微信运营模式；
7. 充分了解用户需求，收集用户反馈，分析用户行为及需求。

任职要求：

1. 热爱互联网，对微博、SNS、博客、论坛等产品有浓厚兴趣或深刻认识，并且善于把握用户的各层次需求；
2. 大专及以上学历；
3. 有较强的洞察力和创新能力，具有一定的敏感性，善于把握最佳的发布时机；

4. 注重团队合作，善于沟通，富有创意，有服务精神；

5. 具备良好的数据分析能力、语言及文字表达能力、跨团队协作能力；

6. 勤劳肯干，能够承担较大工作压力，并且能按时完成上级安排的工作事项；

7. 具有较强的规划、分析能力和创新意识，敏感地对待产品和数据的运营，思维清晰而有条理；

8. 具备良好的职业素质和敬业精神。

思考：以大家目前所学的专业知识和技能，是否能胜任该工作岗位？下一步你要如何提升自己？

任务描述

作为电子商务专业的学生，毕业后能否找到合适的工作岗位，是大家共同关心的话题。在本次任务中，我们将通过各种渠道，了解企业网络营销岗位的设置情况，熟悉网络营销岗位职责以及岗位任职要求，为将来从事网络营销工作奠定基础。

知识准备

一、网络营销岗位设置

企业网络营销主营通常设置以下岗位：

（1）网络营销主管；

（2）网络营销策划专员；

（3）网络市场调研员；

（4）SEO 专员；

（5）网站推广专员；

（6）网络销售专员；

（7）在线客户服务专员。

二、网络营销岗位职责

1. 网络营销主管

以互联网为平台进行企业宣传、产品展示、动态发布、客户维护、加盟商谈的工作开展，从而达到网络营销的目的。网络营销主管主要从事以下工作：

（1）建立、管理网络营销团队，分配团队工作，对工作效果进行考核。

（2）负责公司网站的注册、年检以及维护工作。

（3）负责网络营销团队的日常管理工作，提升团队整体水平。

（4）掌握市场动态，策划并制定有效的网络营销策略。

（5）优化整合现有网络营销渠道，开拓新的营销渠道。

（6）分析竞争对手营销手段，寻求可借鉴方式并加以创新。

（7）本部门员工的工作指导、监督、管理、考核工作。

2. 网络营销策划专员

网络营销策划就是为了达成特定的网络营销目标而进行的策略思考和方案规划的过程。网络营销策划专员主要从事以下工作：

（1）负责整个网络渠道的推广宣传工作，制订公司年度网上品牌、广告和营销组合推广策略和计划。

（2）负责搜索引擎竞价广告、联盟广告、广告投放和优化。

（3）分析和挖掘市场需要，寻求新的营销方式，优化营销策略。

（4）根据品牌运营的需要，制订品牌全网营销和广告策略。

（5）进行推广效果分析，调整并优化推广方案。

3. 网络市场调研员

网上调研就是通过在线调查表或电子邮件等方式，完成网上市场调研。它具有高效率、低成本的特点，是网络营销的主要职能之一。网络市场调研员主要从事以下工作：

（1）根据企业经营需求制订市场调研计划。

（2）根据调研任务选择合适的调研方法并设计调研问卷。

（3）利用有效的方法实施网上调研。

（4）负责调研方案的具体实施，按时执行调研项目的每个环节，保证数据和信息的充分和真实。

（5）分析整理信息并撰写市场调研报告。

4. SEO 专员

随着 SEO 的普及和发展，企业网站自身对于 SEO 的重视度不断加强。这就需要对网站的整体架构有一套优化方案，通过优化能使网站的排名和流量都得到提升。SEO 专员主要从事以下工作：

（1）负责网站长尾关键词挖掘及关键词分析和部署。

（2）定期跟踪竞争对手的网站，并制订一个可执行的网站优化方案。

（3）及时与技术部门沟通，并反馈 SEO 修改的情况。

（4）负责网站的站内优化和外链建设，以及定期查看网站的收录和关键词流量。

5. 网站推广专员

网站推广是网络营销最基础的工作之一，它利用网络营销的方法来扩大站点的知名度，吸引用户的访问量，从而达到宣传企业和企业产品的效果。网站推广专员从事的主要工作包括：

（1）熟悉网站推广流程，撰写网站推广策划书。

（2）利用各种网站优化技术和方法，制作并发布宣传广告。

（3）撰写网络广告文案。

（4）通过多种网络工具发布商务信息。

6. 网络销售专员

网络营销人员是将互联网技术与市场营销相结合，通过各种技术手段，迅速提高网站综合排名和访问量，吸引客户通过网络咨询和购买企业产品的专业营销人员。网络销售专员主要从事以下工作：

（1）负责公司网上贸易平台的操作管理和产品信息的发布。

（2）负责在线商品的询盘、还盘、订货、交货、运货、退货等各项业务工作。

（3）负责网上单证的业务处理。

（4）通过网络进行渠道开发和业务拓展。

（5）按时完成销售任务及分析。

7. 在线客户服务专员

在线客户服务是利用网上服务工具FAQ页面向顾客提供有关产品、公司情况等信息，运用E-mail工具使企业与顾客在网上进行交流与沟通，实现双向互动。在线客户服务专员主要从事以下工作：

（1）制订网站客户的服务流程。

（2）制订不同类型的客户关系管理策略。

（3）运用多种在线服务工具回复常见的客户问题。

（4）处理各种表单反馈的信息。

（5）熟悉整个交易流程，了解售前、售中、售后过程中可能出现的问题及解决方法。

任务实施

了解网络营销岗位的任职要求

1. 认同企业的经营理念

经营理念是指企业在长期经营过程中总结出的成功经营之道，表达了对企业经营的独特的理解和思想概括，一般用于指导企业的日常经营活动和员工行为规范。因此，经营理念是企业开展管理活动时应该遵循的核心思想。

企业的经营理念能否最终取得员工的认同，关键在于这些经营理念是否会引起员工发自内心的共鸣。如果企业的经营理念能够将企业的自身目标设定为追求企业员工的幸福、为社会的发展做出应有贡献，那么自然能够引导员工任劳任怨地积极投入到各项工作之中。因此，企业在进行经营活动时，应该力争与企业员工在思想和认识上取得一致。同时，员工是企业经营的主体。员工对企业经营理念的认同程度，是决定其工作态度、行为方式和工作绩效的关键。从员工自身来讲，也要不断改正自己不适当的思想和行为，既然选择这个企业，接受了企业提供的令自己发展的机会，就应该认同该企业的经营理念。

2. 具备深厚的专业知识储备

网络营销人员要对企业的市场营销活动进行计划、组织和实施。因此，具有一定的市场营销尤其是网络营销专业知识与技能，是营销人员完成自己本职工作的前提和基础。近年来，随着跨境电商的蓬勃发展，企业对跨境电商方面的人才需求非常紧迫。对于这方面的网络营销从业人员来说，除了要求具有一定的外语水平还要掌握外贸沟通的技巧和国际贸易知识。除此之外，网络营销人员还应掌握构建网站方面的知识、文案写作技巧，具备较强的市场洞察力和感知能力。

3. 具有良好的学习和创新能力

一个具有优秀学习能力的人可以在很短的时间内掌握工作所需要的知识。网络营销人员不仅要学习产品知识，包括产品的种类、性能以及相对于其他竞争品牌的同类产品的优势和劣势等，日新月异的互联网技术以最快速度承载着最新的网络营销模式，这也需要营销人员很好地去把握。同时，网络营销工作是一项开拓性和挑战性极强的工作，所以要求网络营销人员必须具备创新意识，包括创新策略、创新思维以及敢于打破旧框框、敢于推陈出新的创新魄力。

4. 持有正面的价值观

公司员工能够做到对社会承担责任，贡献力量，恪尽职守，能够对社会、对客户、对自己负责；在日常工作中要诚实正直，实事求是，言出必践；尊重客户，尊重员工；乐观向上，突破自我，永不言弃。

5. 具备团队协作意识和人际沟通能力

企业员工要有主人翁意识，积极融入团队，促进团队建设，善于利用团队的力量解决问题和困难，善于和不同类型的同事合作，不将个人喜好带入工作。与他人准确、及时地沟通，才能建立起人际关系，而且是牢固的、长久的。石油大王洛克菲勒说："假如人际沟通能力也是同糖或咖啡一样的商品的话，我愿意付出比太阳底下任何东西都昂贵的价格购买这种能力。"由此可见沟通的重要性。另一方面，从本质上来说，网络营销的最主要任务是利用互联网的手段促成营销信息的有效传播，而交流本身也是一种有效的信息传播方式。互联网提供了很多交流的机会，如论坛、博客等都需要直接参与，这就要求营销人员有较强的人际沟通能力。人际沟通能力，是指通过情感、思想观点的交流，建立良好关系的能力。人际沟通能力体现在要善于理解他人的主场观点，并善于说服他人。

实战演练

实训目的：通过实训，能够掌握网络营销岗位的设置要求，能够对不同企业网络营销岗位的任职要求、岗位职责、薪酬水平等进行对比分析。

实训要求：学生以小组为单位完成实训任务，在实训过程中充分讨论，最终得出结论。

实训 1：登录智联招聘（www. zhaopin. com）、中华英才网（https：//www. chinahr. com）等全国知名网站，找到本省、本市及周边地区网络营销方面的招聘信息，查询企业网络营销岗位的名称、岗位职责、任职要求、薪酬等信息，完成表 1－4。

表 1－4　网络营销岗位调查表

岗位名称	岗位职责	任职要求	薪 酬

实训 2： 某电子商务公司要招聘一名网站推广专员，请你为该公司拟写一份招聘启事。

任务四 遵守网络营销职业道德与法律法规

微课：遵守网络营销职业道德和法律法规

案例导入

据长沙晚报 4 月 4 日报道，某企业经过反复测评招到一个新员工，技术笔试、上机操作都非常好，可是上班第一天就迟到了，而他的解释只是轻描淡写的一句："昨晚看球赛，早上起来晚了。"

某电商企业人力资源部张经理告诉记者，当下招聘的企业员工个性张扬，有的人技术扎实，可喜欢我行我素，缺乏团队合作意识，成为企业用人的一大难题。记者在调查中发现，企业对人才的甄选除了技能外，越来越多地表现在对其职业素养的注重上。

张经理说，职业素养就像水中漂浮的一座冰山，露出部分的知识、技能仅仅代表表层的特征，不能区分绩效优劣；而冰面以下部分的动机、特质、态度和责任心才是关键因素。强烈的责任意识、客户意识、忠诚度和信誉等是企业鉴别绩效优秀者和一般者的衡量尺度，同时也是决定一个人职业发展的重要因素。

（资料来源：新浪博客，http：//blog. sina. com. cn/s/blog_ 81c3d14d0100uqb9. html。）

思考：

1. 新员工对自己迟到行为的表现是否恰当？
2. 如果你是这位新员工，你会怎样处理？
3. 如果你是主管，你希望你的团队成员具备怎样的职业素养？

任务描述

伴随着网络营销的蓬勃发展，网络营销从业人员队伍日益壮大，网络营销行业从业人员的素质问题日益凸显。在本次任务中，我们将了解网络营销从业人员必备的职业道德素养，学习应该遵守的法律法规。优良的职业道德是从事网络营销工作的基础，是网络营销职业活动的指南，也是员工自我完善的必要条件。

知识准备

一、网络营销中的道德问题

1. 侵犯隐私权

侵犯隐私权是 21 世纪网络营销中最突出的道德问题。隐私权是自然人享有的对其个体与公共利益无关的个人信息、私人活动和私有领域进行支配的一种人格权。这是自然人享有的私人生活安宁与私人信息秘密依法受到保护，不被他人非法侵扰、知悉、收集、利用和公开的一种人格权。网络营销中的侵犯隐私权问题可以细化为以下三个方面：

（1）非法获取消费者信息，侵犯消费者的隐私权。随着网络技术的发展和网络软件的不断升级，在未经消费者同意的情况下，企业可以在网上很容易地获取消费者的个人信息，甚至包括个人银行账号等绝密资料。消费者个人隐私权正在不知不觉地受到侵犯。

（2）非法公开或使用消费者信息。虽然有许多企业在获取消费者信息时所采取的途径是正当的，然而在对这些信息的处理和使用上却出现了不道德行为。例如，企业网站以要求用户进行注册的方式来获取消费者的信息往往被认为是合乎情理的（以企业对消费者信息隐私的保密承诺为前提），但是部分企业为了短期的利益，违背承诺，私自公开或出卖消费者个人信息，极大地侵犯了消费者的隐私权。

（3）垃圾邮件泛滥。网络营销的一个重要方式是电子邮件营销。现在泛滥的垃圾邮件，使人们对电子邮件营销产生了误解或片面的看法，也对电子邮件营销的前景产生了不好的影响。垃圾邮件已经成为一个全球性的问题。使用垃圾邮件的营销方法不仅侵扰了网络消费者个人的生活安宁，也侵犯了消费者的隐私权。

2. 信息欺诈

由于网络交易中商流和物流在时间和空间上的分离，消费者取得商品所有权与商品实体在时间上不一致。这种时间和空间上的分离给一些不道德的营销者提供了欺诈的空间，使消费者权益较线下交易受损的可能性加大。违反道德的网络欺诈行为主要表现如下：

一是虚假交易，骗取货款。在网上交易中，特别是 C2C 的异地网上交易中，买卖双方都不能像传统交易那样“一手交钱一手交货”，加上单次成交额又很小，消费者即使被骗又不值得采取法律行动，使得骗子屡屡得手。

二是以次充好，以假充真。消费者在网上看到的商品信息大多数是文件介绍和一些简单的平面图形。文字和图形都可以进行美化处理，与实实在在的商品本身有差别，这给施骗者提供了机会。

3. 信息污染

由于互联网的广泛性和虚拟性，致使网络消费者很难判别是谁在何处发布了相关的商业信息，这就为一些营销者发布违反道德的商业信息提供了机会。这方面的问题主要有：①发布虚假信息。由于网上交易双方不见面、购买者见不到商品实物，不法商人销售同网上广告宣传商品相距甚远的商品甚至伪劣品。②发布内容与形式不健康甚至违法的信息。

4. 信息安全

电脑病毒、黑客等的猖獗对企业及公众信息安全造成了极大威胁。某些企业为了达到一定的商业目的，利用电脑病毒或雇用电脑黑客攻击竞争对手的网站，给对手造成极大损失甚至是致命威胁。

二、加强企业和网络营销从业人员的道德素养

在解决网络营销道德问题上，网络营销从业人员的自律是根本。但同时，企业也应

将道德管理纳入营销战略规划之中，并通过对优秀企业文化的培育，真正实现员工道德升华。企业应从以下几方面加强网络营销从业人员道德素养的培养：

（1）企业要端正经营思想，树立社会营销观念。企业在经营活动中，要有正确的经营指导思想，通过正当、合法的手段获利，不能唯利是图；要以社会营销观念为导向，营销活动要符合消费者和社会的长远利益。

（2）企业领导者要不断提高自身素质，成为坚守网络营销道德的表率。企业领导者应注重自身道德素质的培养，树立正确的经营理念和社会营销观，并通过自身的权威、感召力和模范行为来改善企业的营销道德行为。

（3）促进网络营销道德和企业文化的结合。网络营销的行为主体是企业及其员工，解决企业网络营销过程中的道德问题，关键在于约束企业及其员工的营销行为。企业文化在影响和改变员工思想、价值观念方面作用明显，因此企业应促进网络营销道德与文化建设相结合。

（4）建立网络营销道德规章制度。建立道德规章制度有两个方面的含义：一是把道德规范纳入日常的规章制度中，使企业员工进行道德自律有据可依；二是建立相关的保障制度，防范网络消费者遭遇道德风险。

任务实施

步骤一：了解网络营销法律法规

1.《互联网广告管理暂行办法》

2016 年 9 月 1 日起，国家工商总局颁布的《互联网广告管理暂行办法》（以下简称《办法》）正式实施，这标志着互联网广告不再是法外之地。

《办法》共二十九条，主要从立法目的、互联网广告定性、行业自律、特殊类广告发布规则、广告可识别性、广告合同、互联网广告各个主体的法定责任、程序化购买、互联网广告活动中的禁止性条款、管辖、工商部门行政职权及法定义务等方面对互联网广告的性质、主体、行为、罚则等做出了全面规定。《办法》体现了促进产业健康发展和消费者权益保护的平衡，是首部全面规范互联网广告行为的部门规章。

（1）对“互联网广告”进行了明确的界定。在《办法》第三条中，明确规定“互联网广告，是指通过网站、网页、互联网应用程序等互联网媒介，以文字、图片、音频、视频或者其他形式，直接或者间接地推销商品或者服务的商业广告。”

《办法》还明确规定了互联网广告的五种类型：

①推销商品或者服务的含有链接的文字、图片或者视频等形式的广告；

②推销商品或者服务的电子邮件广告；

③推销商品或者服务的付费搜索广告；

④推销商品或者服务的商业性展示中的广告，法律、法规和规章规定经营者应当向消费者提供的信息的展示依照其规定；

⑤其他通过互联网媒介推销商品或者服务的商业广告。

【想一想】请同学们利用课余时间上网寻找网络推广链接并判断其是否属于网络

广告。

（2）强化了“广告主”的第一责任。《办法》第十条规定：“互联网广告主应当对广告内容的真实性负责。”这是对互联网广告主的共性要求，即要对广告内容的真实性负责。

为了保证互联网广告内容的真实性，《办法》第十条进一步明确规定：

①广告主发布互联网广告需具备的主体身份、行政许可、引证内容等证明文件，应当真实、合法、有效。

②广告主可以通过自设网站或者拥有合法使用权的互联网媒介自行发布广告，也可以委托互联网广告经营者、广告发布者发布广告。

③互联网广告主委托互联网广告经营者、广告发布者发布广告或修改广告内容时，应当以书面形式或者其他可以被确认的方式通知为其提供服务的互联网广告经营者、广告发布者。

《办法》第十一条还明确：“为广告主或者广告经营者推送或者展示互联网广告，并能够核对广告内容、决定广告发布的自然人、法人或者其他组织，是互联网广告的发布者。”

【议一议】在微信朋友圈里转发了别人广告的人，是否属于广告的发布者？

（3）细化了互联网广告中的“不正当行为”。《办法》第十六条明确规定：互联网广告活动中不得有下列行为：

①提供或者利用应用程序、硬件等对他人正当经营的广告采取拦截、过滤、覆盖、快进等限制措施；

②利用网络通路、网络设备、应用程序等破坏正常广告数据传输，篡改或者遮挡他人正当经营的广告，擅自加载广告；

③利用虚假的统计数据、传播效果或者互联网媒介价值，诱导错误报价，谋取不正当利益或者损害他人利益。

例如，在“百度诉奇虎360案”中，奇虎360通过其浏览器捆绑网址导航站，在百度的搜索框中插入奇虎360设置的搜索提示词，导致互联网用户通过搜索提示词无法正常访问百度的网站，而是被引导至奇虎360的影视、游戏等网站频道中，这种“搭便车”的行为，客观上对百度公司的合法广告利益产生损害。

2.《中华人民共和国电子商务法》

《中华人民共和国电子商务法》（以下简称《电子商务法》）于2018年8月31日经第十三届全国人民代表大会常务委员会第五次会议通过，自2019年1月1日起施行。《电子商务法》明确了电子商务经营者、平台经营者、消费者、支付、物流等第三方机构各自的权利和义务，对电子商务合同的订立与履行、电子商务争议解决、电子商务促进、法律责任等进行了详细规定，这将会大大促进我国电子商务的健康发展。

知识拓展

《中华人民共和国电子商务法》目录

第一章 总 则
第二章 电子商务经营者
第三章 电子商务合同的订立与履行
第四章 电子商务争议解决
第五章 电子商务促进
第六章 法律责任
第七章 附 则

（1）调整对象与适用范围。《电子商务法》第二条将电子商务界定为“通过互联网等信息网络销售商品或者提供服务的经营活动。”具体而言，以下情形适用我国《电子商务法》：

①在我国境内电子商务平台上发生的交易。

②交易双方当事人均为我国自然人、法人和非法人组织，即使其利用境外电子商务平台进行交易，也适用我国的《电子商务法》，当事人另有约定的除外。

③境外经营者在境外建立网站或者通过境外平台向我国境内的自然人、法人和非法人组织销售商品或者提供服务。

④我国与其他国家、地区所缔结或参加的国际条约、协定规定跨境电子商务活动适用我国《电子商务法》。

（2）电子商务经营者。《电子商务法》所称“电子商务经营者”，是指通过互联网等信息网络从事销售商品或者提供服务的经营活动的自然人、法人和非法人组织，包括电子商务平台经营者、平台内经营者以及通过自建网站、其他网络服务销售商品或者提供服务的电子商务经营者。

《电子商务法》称“电子商务平台经营者”，是指在电子商务中为交易双方或者多方提供网络经营场所、交易撮合、信息发布等服务，供交易双方或者多方独立开展交易活动的法人或者非法人组织。

《电子商务法》所称“平台内经营者”，是指通过电子商务平台销售商品或者提供服务的电子商务经营者。

知识拓展

《中华人民共和国电子商务法》节选

第十条 电子商务经营者应当依法办理市场主体登记。但是，个人销售自产农副产品、家庭手工业产品，个人利用自己的技能从事依法无须取得许可的便民劳务活动和零星小额交易活动，以及依照法律、行政法规不需要进行登记的除外。

第十一条 电子商务经营者应当依法履行纳税义务，并依法享受税收优惠。依照前条规定不需要办理市场主体登记的电子商务经营者在首次纳税义务发生后，应当依照税收征收管理法律、行政法规的规定申请办理税务登记，并如实申报纳税。

第十二条　电子商务经营者从事经营活动，依法需要取得相关行政许可的，应当依法取得行政许可。

第十三条　电子商务经营者销售的商品或者提供的服务应当符合保障人身、财产安全的要求和环境保护要求，不得销售或者提供法律、行政法规禁止交易的商品或者服务。

第十四条　电子商务经营者销售商品或者提供服务应当依法出具纸质发票或者电子发票等购货凭证或者服务单据。电子发票与纸质发票具有同等法律效力。

【议一议】假如你在网上销售自家生产的橙子，你是否属于电子商务经营者？是否需要依法办理市场主体登记？为什么？

（3）电子商务合同的订立与履行。网上的商品交易是在买卖双方互不谋面的虚拟环境下进行的。那么，交易双方该如何订立并履行电子商务合同呢？

《电子商务法》第四十八条规定，电子商务当事人使用自动信息系统订立或者履行合同的行为对使用该系统的当事人具有法律效力。在电子商务中推定当事人具有相应的民事行为能力。但是，有相反证据足以推翻的除外。

《电子商务法》第四十九条规定，电子商务经营者发布的商品或者服务信息符合要约条件的，用户选择该商品或者服务并提交订单成功，合同成立。当事人另有约定的，从其约定。电子商务经营者不得以格式条款等方式约定消费者支付价款后合同不成立；格式条款等含有该内容的，其内容无效。也就是说，订单提交即生效，如果没有其他约定，只要平台确认收到订单该合同即生效。

同时，为了避免误操作导致的纠纷和误会，《电子商务法》第五十条规定，电子商务经营者应当清晰、全面、明确地告知用户订立合同的步骤、注意事项、下载方法等事项，并保证用户能够便利、完整地阅览和下载。电子商务经营者应当保证用户在提交订单前可以更正输入错误。

关于合同标的的交付，《电子商务法》第五十一条规定，合同标的为交付商品并采用快递物流方式交付的，收货人签收时间为交付时间。合同标的为提供服务的，生成的电子凭证或者实物凭证中载明的时间为交付时间；前述凭证没有载明时间或者载明时间与实际提供服务时间不一致的，实际提供服务的时间为交付时间。

合同标的为采用在线传输方式交付的，合同标的进入对方当事人指定的特定系统并且能够检索识别的时间为交付时间。

合同当事人对交付方式、交付时间另有约定的，从其约定。

对于货款的支付，《电子商务法》第五十五条规定，用户在发出支付指令前，应当核对支付指令所包含的金额、收款人等完整信息。支付指令发生错误的，电子支付服务提供者应当及时查找原因，并采取相关措施予以纠正。造成用户损失的，电子支付服务提供者应当承担赔偿责任，但能够证明支付错误非自身原因造成的除外。同时，第五十六条规定，电子支付服务提供者完成电子支付后，应当及时准确地向用户提供符合约定方式的确认支付的信息。

知识拓展

《中华人民共和国电子商务法》电子商务争议解决

第五十九条 电子商务经营者应当建立便捷、有效的投诉、举报机制，公开投诉、举报方式等信息，及时受理并处理投诉、举报。

第六十条 电子商务争议可以通过协商和解，请求消费者组织、行业协会或者其他依法成立的调解组织调解，向有关部门投诉，提请仲裁，或者提起诉讼等方式解决。

第六十一条 消费者在电子商务平台购买商品或者接受服务，与平台内经营者发生争议时，电子商务平台经营者应当积极协助消费者维护合法权益。

第六十二条 在电子商务争议处理中，电子商务经营者应当提供原始合同和交易记录。因电子商务经营者丢失、伪造、篡改、销毁、隐匿或者拒绝提供前述资料，致使人民法院、仲裁机构或者有关机关无法查明事实的，电子商务经营者应当承担相应的法律责任。

步骤二：了解与网络营销方面有关的法律权利

在网络营销中，我们经常会涉及的法律权利主要有以下两个方面：

1. 著作权

著作权（也称“版权”）是基于特定作品的精神权利以及全面支配该作品并享受其利益的经济权利的合称。未经作者或者其他权利人许可而以任何形式（包括数字形式）复制、出版、发行、改编、翻译、广播、表演、展出、摄制影片等等，均构成对著作权的直接侵犯。

《著作权法》对一般的网络用户侵权，做出了如下规定：

（1）认定向公众传播作品侵害使用权的，可以适用《著作权法》第四十五条第五项的规定，民事责任承担的形式为停止侵害、消除影响、公开赔礼道歉、赔偿损失等，不适用行政处罚和民事制裁。

（2）对于已刊登的作品，除著作权人声明不得转载、摘编的以外，网络可以传输（转载）或者作为文摘、资料刊登，但应当注明出处，并按照规定向著作权人支付报酬。

（3）认定侵害获得报酬权的，可以适用《著作权法》第四十五条第六项的规定。

（4）认定故意去除或改变著作权管理信息而导致侵权后果的行为构成侵权的，可以适用《著作权法》第四十五条第八项的规定。

（5）认定剽窃、抄袭他人作品的，可以适用《著作权法》第四十六条第一项的规定。

2. 网络隐私权

顾客关系营销和数据库营销等，都涉及如何在营销的过程中正确处理顾客隐私权的问题。如果处理不当，就有可能遭到顾客的反感甚至引发法律纠纷。网络隐私侵权主要表现在以下几个方面：

（1）非法散布他人隐私。《计算机信息网络国际联网管理暂行规定实施办法》第十八条规定：用户不得擅自进入未经许可的计算机系统，篡改他人信息；不得在网络上散发恶意信息，冒用他人名义发出信息，侵犯他人隐私。针对上述违法行为，可以引用相关的民法规定进行网络隐私权的保护。

（2）窃取他人隐私。包括：未经授权进入他人系统搜集、复制资料，篡改他人的私人信息；或者企业利用 Cookie 以及相应软件非法搜集用户资料；或者计算机及网络设备制造商在其产品中植入后门程序；或者互联网服务提供商非法查看用户的电子邮件、泄露商业机密等。《计算机信息网络国际联网管理暂行规定实施办法》第十八条规定，用户不得制造、传播计算机病毒及从事其他侵犯网络和他人合法权益的活动。如果行为严重，有可能触犯《刑法》第二百五十二条、第二百五十三条、第二百八十五条、第二百八十六条、第二百八十七条的规定。

（3）网络监视及窃听。网络管理者可以非常容易地监视或窃听局域网内的其他电脑的使用情况。但是，这种严重侵犯用户隐私权的行为很难被网络用户所发觉。目前各种法律法规对此的监管和约束仍然处于空白。

实战演练

实训目的：通过实训，熟悉网络营销从业人员应遵守的法律法规和职业道德，能够依据相关法律法规，判断非法的网络营销活动，并能够分析处理。

实训要求：学生以小组为单位完成实训任务，在实训过程中充分讨论，最终得出结论。

实训 1：登录当当书城官网（http://book.dangdang.com），查阅购买电子书的流程。

（1）______________________________

____

（2）______________________________

____

（3）______________________________

____

（4）______________________________

____

实训 2：对照本任务学习的相关法律法规，针对你的 QQ、微信朋友圈中的商业经营活动，分析是否存在表 1－5 中所列示的行为。

表 1－5 分析网络销售方式

经营行为	是否存在	你将如何处理
不出具发票		
销售假冒伪劣产品		
经营者不具备营业执照		
信息污染		
刷单或其他虚假交易		

任务五 做 Web3.0 时代的网络营销人

微课：做 web3.0 时代的网络营销人

案例导入

从 Web1.0 到 Web3.0

Web1.0 是万维网发展的第一代模式。Web1.0 是静态的、单向的网络。大型商业公司通过该网络把他们的产品发布到网上，客户通过网络浏览信息发现中意的商品，便可以和企业取得联系。此外，Web1.0 用途相当有限，只是简单的信息检索，只解决了人们对信息搜索、聚合的需求，而没有解决人与人之间沟通、互动和参与的需求。

大约在 2004 年，Web2.0 诞生了。较之 Web1.0，Web2.0 的最大改变是，它不再是单维的，逐渐发展为双向交流。Web1.0 最大的缺陷是交互性差，用户每提交一次数据，都要停下来等待互联网的响应。这一缺陷在 Web2.0 上市后得到很好的解决。

WEB3.0 让用户拥有了自己的数据，并能在不同平台交互共享。Web3.0 实现了网络高度虚拟化，给予网民更大的自由空间，更能体现网民的自我需求。Web 3.0 为读者提供了更多的阅读渠道，内容也比之前丰富。因此，可以说 Web3.0 是一个更具个性化特点的网络，它为用户提供个性化用户体验、个性化配置。在网络搜索方面，Web 3.0 引入个人信息偏好处理系统和个性化搜索引擎，对个体用户进行特征分析，同时也对整个互联网的搜索习惯进行整理、归类，最终得出更适合网民需求的搜索平台，实现了快捷、准确、高效的搜索。

（资料来源：csdn 博客，https：//blog. csdn. net/。）

任务描述

网络营销是基于互联网的各种营销活动的总称。网络技术的发展应用同网络营销之间有着密切的关联。Web3.0 是近几年出现的新概念，是未来一段时间网络技术的发展方向。通过本任务的学习，我们将了解 Web3.0 时代网络营销的新特点、新模式，这将有助于我们不断创新网络技术，创造营销价值，推动网络营销的新变革。

知识准备

一、Web3.0的含义

Web是World wide Web的简称。Web3.0是由业内人员创造出来的一个概念词语，比较普遍的解释是："网站内的信息可以直接与其他网站相关信息进行交互，能通过第三方信息平台同时对多家网站的信息进行整合使用"。

由于Web3.0是一系列组在一起的应用，因此对于个人用户来讲互联网将更具有可管理性，也意味着，Web3.0将在2.0的基础上，让互联网更加个性化、精准化和智能化。在Web 3.0时代，散布在互联网上的各种信息点和用户的需求点精确聚合和对接起来，提供高效满足每一个互联网用户的个性化、聚合化的互联网服务。

二、Web技术与网络营销

20世纪以来，Web技术不断推陈出新，走过Web1.0和Web2.0时代，并迎来了Web3.0时代。随着互联网技术特别是Web技术的不断发展，新的网络营销方式层出不穷。表1－6对20世纪90年代以来的Web技术与网络营销进行了分析梳理。

表1－6　　Web技术与网络营销

Web发展阶段	Web1.0	Web2.0
网络营销	• 搜索引擎营销 • 网络广告 • 邮件营销 • 病毒性营销 • 会员制营销 • 网上商店营销 • 网上拍卖 • 信息发布 ……	• 博客营销 • 电子书营销 • 网络社区营销 • 即时通信营销

第一阶段是Web1.0：该阶段主要承担的是商品信息发布及在线销售的功能，其主要特点是用户通过互联网获得信息。在该阶段产生的网络营销方式主要包括搜索引擎营销、网络广告、邮件营销、病毒性营销、会员制营销、网上商店营销、网上拍卖、信息发布等。Web1.0的本质是联合。

第二阶段是Web2.0：与Web1.0相比较，Web2.0更加注重用户的互动。用户既是网站内容的消费者（浏览者），也是网站内容的制造者。它让网民更多地参与信息产品的创造、传播和分享。可以说，Web2.0的本质就是互动，其典型的网络营销方式包括博客营销、电子书营销、网络社区营销、即时通信营销等。

任务实施

步骤一：了解 Web3.0 时代网络营销的基本特征

1. 个性化

Web3.0 时代的网络营销本着以人为本的理念，以用户为核心的原则，营销信息更加具有针对性和个性化。企业的网站能够根据用户的浏览器记录和消费习惯，针对其个性化的需求，高效地定位目标产品和潜在客户，能够精准地定位到每个用户，达到信息传递的精准化和个性化。

2. 模板化

由于 Web2.0 技术的限制，Web2.0 时代的网络营销只能在个人电脑终端上进行操作，不太容易兼容其他设备终端。Web3.0 技术则具有良好的模板化功能，兼容的设备不仅仅局限于电脑 PC 端了，也能够连接到机顶盒、手机、iPad 等移动设备终端。

3. 智能化

所谓智能，是指这些功能不是通过人工编辑实现的，而是基于搜索技术和统计技术，是全面展现信息真实面貌的一个载体。Web3.0 为互联网装载了一个过滤器，将更智能化地“清洁”网络，智能“筛选”用户需求的信息流。当用户通过搜索引擎查询某条信息时，呈现给你的将不再是模糊的、相似的结果，而是最精确的结果。用户甚至可以将对关键词的判断和对问题的思考过程全部交给搜索引擎，只列出想要的东西，并与个人信息连接在一起，搜索引擎就能自动将数据信息提供给用户。

4. 聚合化

随着网络技术的不断发展，互联网信息海量增加且呈现杂乱无章的状态，无法满足用户精准化、个性化的信息需求，但在 Web3.0 技术环境下，企业的网站能够对信息进行聚合和转移，具有强大的聚合功能。同时，也可以对用户的浏览记录进行储存，并对数据进行分析整合。因此，Web3.0 最明显的特征是提供基于不同需求的过滤器，提取最符合用户需求的信息。

步骤二：了解 Web3.0 时代网络营销模式

Web3.0 环境下的网络营销不仅仅是按照用户提出的要求为其提供全面的服务，更要针对用户不同的嗜好和行为习惯而提供个性化服务；也可根据用户提交的需求信息，让用户定制个性化的门户网站；或者根据用户使用喜好及关注习惯，提供聚合有效的个性化解决方案。

1. 精准营销

如果说 Web1.0 是大众营销，Web2.0 就是分众营销，而 Web3.0 则是精准营销。精准营销就是在精准定位客户需求的基础上，企业依托现代信息技术手段，通过分析每一个客户包括交易、社交等行为活动和特征在内的一切数据，得出该个体消费者当前或者潜在的需求，并以解决消费者需求为目的，通过各种方式针对消费者实施的高效、准确、高回报的营销活动。

在 Web2.0 环境下，参与互联网的用户分布在世界各地，即使他们互相能够分享各自的新鲜事，但是网站对用户的信息并不能够完全地存储和分析，因此用户的价值没有充分地发挥。但是在Web3.0技术时代，网站能够通过记录在线用户浏览足迹和消费习惯，将信息进行高效快速的聚合，分析其存在的价值和感兴趣的产品，从而将海量用户进行细分，制定出符合他们个人特质的最佳营销方案。Web3.0的信息精确性能给用户提供精准快捷的营销信息，最大程度地满足用户的高层次追求。

案例重现

淘宝网的精准营销

在Web3.0环境下，网络营销最大的特点就是精准营销，即通过获取用户近期搜索的关键词或者浏览信息，进行记录和分析并以此来提供相关营销信息的营销模式。例如，淘宝首页在页面下方显示“猜你喜欢”栏目，这里你能查找自己最近浏览的宝贝，而淘宝后台会针对你的浏览记录为你提供相关商品。

2. 全员营销

在Web2.0技术下，互联网用户的多数工作都是免费的。作为免费劳动力，用户的个人劳动价值很难得到体现，故而用户参与积极性不高。而Web3.0网络营销的核心思想是让参与其中的用户充分发挥他们的劳动价值，也包含着与用户共同创造价值的理念。Web3.0的优势在于用户既享有权利又拥有义务，他们是网站内容的生产者，同时又是互联网内容的使用者。不同用户在不同领域各自扮演着不同角色，履行着不同的职责。Web3.0时代的网络营销既能够节省经营成本，又能提高工作效率，加大转化率，促使网络营销更上一层楼。在未来，谁能更好地利用网络社会资源，谁就是赢家；谁能更懂得合作和理解，谁就是胜利者。

3. 数据库营销

数据库营销是企业通过收集和积累会员（用户或消费者）信息，经过处理后预测消费者的购买倾向，估计消费者购买产品的概率，并利用这些数据为产品进行精确定位，有针对性地制作营销信息，以达到引导消费者购买产品的目的。当前数据库营销已经得到广泛应用，而在Web3.0的条件下，企业可获得更加精确与丰富的客户数据。主要的数据库营销手段有：定向直邮、电子邮件营销、网络传真营销、短消息服务等。

案例重现

趣多多依靠大数据营销玩转愚人节

趣多多在愚人节的这次大数据营销活动，创造了6亿多次页面浏览并影响到近1500万独立用户，品牌被提及的次数增长了270%。可以说这是一次成功的品牌营销活动。广泛的发声，让趣多多的用户关注度得到了一次巨大的提升，诙谐幽默的品牌基因更加深入地进入到用户的意识层面。不知道今年愚人节趣多多还会有怎样惊艳的表现？

那么，趣多多到底是如何利用大数据营销做到这些的呢？

1. 利用社交数据的敏锐洞察，趣多多精准锁定了以18～30岁的年轻人为主流的消费群体。

2. 聚焦于该群体乐于并习惯使用的主流社交和网络平台，如新浪微博、腾讯微博、百度大搜、社交移动App以及优酷视频等。

3. 在愚人节当日进行全天集中性投放，围绕品牌的口号展开话题，全面贯彻实时且广泛的与用户沟通机制并深度渗透，使品牌在最佳时机得到有效曝光，也令目标消费者在当天能得到有趣和幽默的体验。

（资料来源：飞马网，https：//www. fmi. com. cn/index. php？ m = content&c = index&a = show&catid = 7&id = 605603。）

4. 嵌入式营销

嵌入式营销是一种基于顾客价值链的新型产业营销方式。它是在对产业顾客价值链分析的基础上，综合考虑顾客需求和竞争对手的行动，寻找企业资源能力与顾客盈利模式之间独特的价值匹配，并将其嵌入到顾客的价值链上，使营销活动成为顾客创造价值的不可或缺的一部分，从而建立长期稳定的营销关系。

在Web3.0技术下，企业通过客户行为模拟可以方便地获得竞争对手的营销反应。企业在分析客户行为为其制订营销方案的同时也把竞争对手的行为纳入分析，从而制订出符合客户价值与企业资源能力相匹配的独特价值的营销方案，进而维持与客户良好的营销关系。嵌入式营销作为一种产业营销的新思维，体现了顾客满意、竞争导向和关系营销的理念，其超越现有竞争空间，为顾客提供价值链增值服务，以达成稳固营销关系的观念，被越来越多的企业所践行。

实战演练

实训目的： 通过实训，掌握在网络营销发展的不同阶段，Web2.0与Web3.0环境下的网络营销的区别。

实训要求： 学生以小组为单位完成实训任务，在实训过程中充分讨论，最终得出结论。上网查询资料，完成表1－7。

表 1－7　Web2.0 与 Web3.0 环境下的网络营销的区别

不同点	Web2.0 环境下的网络营销	Web3.0 环境下的网络营销
1		
2		
3		
4		
5		

项目评价

表 1－8　学生学习评价表

序号	知识点	评价标准	学生自评		教师评价	
			达标	未达标	达标	未达标
1	网络营销的概念	能够理解并复述概念				
2	网络营销与传统营销的区别	能够举例说出两者的区别				
3	网络营销的特点	能够说出五个特点				
4	网络营销的岗位设置	能够说出所设置的岗位名称				
5	Web3.0 时代网络营销的基本特征	能够说出四个特点				
6	网络营销的岗位职责	能够复述网络营销的岗位职责				
7	网络营销的任职要求	能够复述任职要求				
序号	技能点	评价标准	学生自评		教师评价	
			达标	未达标	达标	未达标
8	网络营销的方式	能够分析身边某网络营销活动的方式				
9	网络营销从业人员应具备的道德素养	能够具备网络营销从业人员应具备的道德素养				
10	网络营销从业人员应遵守的法律法规	遵守网络营销从业人员应遵守的法律法规，解决法律纠纷，防范法律风险				
11	Web3.0 时代网络营销模式	能够分析身边某网络营销模式				
序号	素质点	评价标准	学生自评		教师评价	
			达标	未达标	达标	未达标
12	创新意识	能够结合市场变化不断创新网络营销方式				
13	职业道德	遵守网络营销从业人员职业道德				
14	遵纪守法	遵纪守法，诚信经营				

思考练习

一、简答题

1. 什么是网络营销？网络营销有什么特点？
2. 网络营销有哪些岗位？这些岗位有哪些知识要求？
3. 《中华人民共和国电子商务法》的适用范围有哪些？

二、论述题

应如何提高网络营销从业人员的道德素养？

项目二
分析网络消费者购买行为

学习思维导图

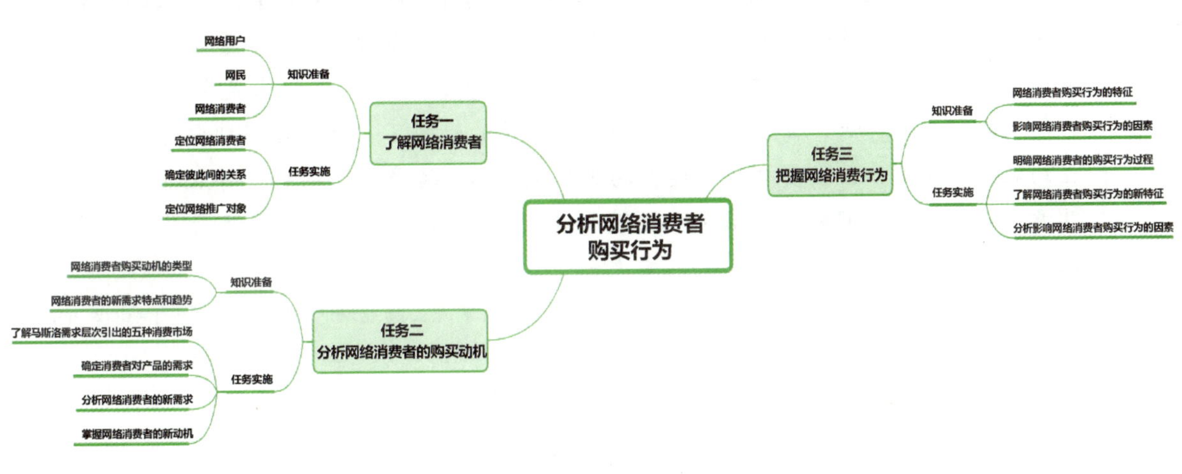

素质目标

☐ 树立一切从客户出发、为客户着想、满足客户的服务态度

☐ 培养善于分析、勤于思考、大胆实践探索的学习能力

☐ 培养协同合作、严谨的学习和工作作风

知识目标

☐ 定位网络消费者身份

☐ 了解网络消费者的需求新特征

☐ 了解网络消费者的购买动机的类型、购买行为过程

☐ 了解影响网络消费者购买决策的主要因素

☐ 掌握引导消费者基本策略

能力目标

☐ 能够区分用户、网民、网络消费者
☐ 能够描述网络消费消费者的需求新特征
☐ 能够分析出网络消费者购买行为不同阶段的行为特征
☐ 能够做出影响网络消费者购买决策的因素分析
☐ 能够引导消费者消费

任务一　了解网络消费者

微课：了解网络消费者

案例导入

蒙自淘鲜果商贸有限责任公司，是位于云南省红河哈尼族彝族自治州的一家水果专营店，该店在天猫商城设立自己的销售专区——蒙自淘鲜果水果专营店。2013 年新年伊始，为了推广本店的特色精品石榴，水果店打算通过多种网络推广手段进行地毯式的网络营销活动。王磊是网络推广部的一名业务专员，他接到的任务是利用微信进行推广。王磊接到任务时，离农历新年只剩下 1 个月的时间了。要想在短期内迅速地找到潜在的网络消费群体，就要分析哪些人的工作和生活环境是基于网络，并且喜欢上网，网购意识明确且乐于网购，而且他们愿意分享网络经验，有一定的营销号召力。毫无疑问，IT 人群是最符合这些特征的人群之一。

（资料来源：淘豆网，https：//www. taodocs. com。）

思考：

1. 请举例说明你知道的网络推广产品的案例。
2. 请用一句话概括一下你对网络消费者的认知。

任务描述

如果经常上网，你就是“网民”；如果常在网上购物，你就是“网络消费者”。网络用户是开展网络营销的重要前提，也是构成网络营销的重要内容。研究网络消费者首先就要研究网民，因为网络销售商面临的挑战是如何吸引更多的网民，并努力把潜在的消费者变为现实的消费者。本节我们通过准确表述网络用户、网民、网络消费者的概念及其相互关系，来准确定位每次推广活动的潜在对象。

知识准备

一、网络用户

网络用户（net user）是一个极为宽泛的概念，是基于硬件使用者的总称，指所有将其终端（包括计算机、移动终端等）连接上互联网进行网络活动的用户，主要分为企业用户和个人用户。

企业用户也称为B端用户，这里的B端指的是B2B（Business－to－Business）中的企业之间的网络营销。

个人用户也称为C端用户，C是consumer（消费者）的英文缩写，所以C端用户指的是消费者，即产品的最终使用者。

B端用户的产品服务于组织，组织的需求不是从单个用户需求点出发，而是一种生产关系的连接和延伸。在不同的组织架构下，B端用户的产品要解决部门内外、各层级间的信息流转需求，在这样的背景下，B端用户的产品追求的是效率和效益的提升。

C端用户的产品解决的是用户在生活中的需求。虽然个人用户需求复杂多样，涵盖衣食住行吃喝玩乐，但落实到C端产品身上，往往解决的是某个具体的需求。在不同的生活场景下，用户会使用不同软件满足自己的需求。

二、网民

网民是将网络生活作为日常生活的一部分的网络用户。网民主要是从网络使用者的行为效果来分析，并不是所有利用互联网的人就可以被称为网民，而是必须在个体自我意识上、对使用网络的态度上、网络活动的特征上以及网络活动的行为效果上，表现出一定特点的使用者才可以被称为网民。网民具有鲜明的行为特征和惯性。

1. 我国网络用户规模

截至2020年3月，我国网民规模达9.04亿人，较2018年底增长7508万人；互联网普及率达64.5%，较2018年底提升4.9个百分点。

根据CNNIC第44次中国互联网统计报告（2019年8月）截至2020年3月，我国手机网民规模8.97亿人，较2018年增长7992万人，网民中使用手机上网的比例99.3%（见图2－1）。

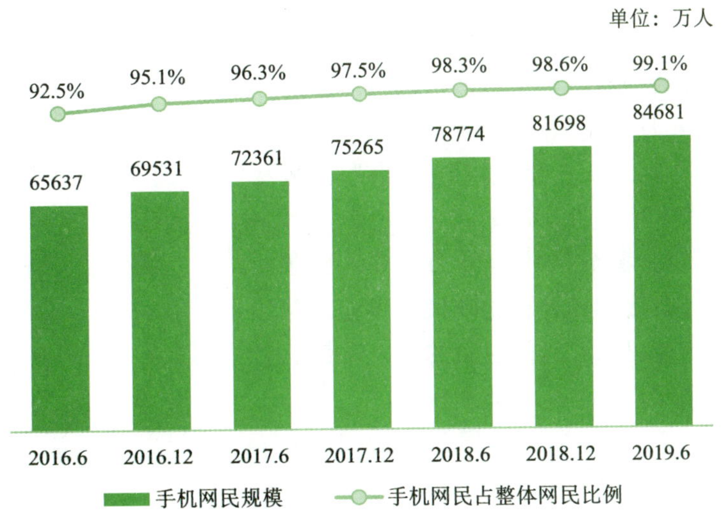

图2－1　手机网民规模

最新的统计数据表明，手机网民规模在过去几年激增之后，潜在手机网民已被大量转化，手机网民在网民中的占比已经处于相当高位，未来一段时间我国手机网民增长将不可避免地放缓。电商需要依靠创新类移动应用来推动非手机网民向手机网民转化。

2. 我国网上用户结构特征

网民的基本特征包括：

上网时间呈现阶段化。据艾瑞咨询集团的研究，网民的上网时间呈现出阶段化。工作日白天上网多，休息日晚上上网多；居家者白天上网多，奋斗者晚上上网多。

职业趋向大众化、多元化。学生作为网民中规模最大的群体，虽然较2011年的30.2%有所下降，但2019年仍然达到26%。其次，上网较多的为个体户/自由职业者、企业公司中的一般职员、无业/下岗/失业人员。

互联网持续向高龄人群渗透。2019年6月，网民中10~39岁网民群体占比最高，达24.6%；40~49岁网民占比由2018年的15.6%提升至17.3%，50岁以上网民群体占比由2018年底的12.5%提升至13.6%。

学历层次逐渐下降。高中和大专以上学历人群中互联网普及率已经到了较高的水平，尤其是大专以上学历人群上网比例接近饱和，网民的增长主要来自低学历人群。截至2019年6月，网民中小学及以下人群占比提升至56.1%。

收入水平稳步增长。网民中月收入在2001~5000元以上的人群占比继续提升，达33.4%，5000元以上网民群体占27.2%。

性别比例中女性持续偏低。截至2019年6月底，中国网民中男女比例为52.4:47.6，女性与男性在互联网的应用趋向上存在着明显的不同取向。女性侧重于电子邮件、聊天、教育、健康、购物等，男性侧重于体育、科技、网络游戏等。女性浏览网页的数量比男性低，但她们的目的更加明确。

三、网络消费者

网络消费者是指通过互联网，在电子商务市场中进行消费和购物等活动的消费者人群。是网民中将在线交易作为生活消费的一部分的群体。

截至2019年6月，我国网络购物用户规模达6.39亿人，较2018年底增长2871万人，占网民整体的74.8%；手机网络购物用户规模达6.22亿人，较2018年底增长2989万人，占手机网民的73.4%。

如图2-2所示，截至2019年6月，在网民职业结构，学生和个体户/自由职业者所占比例最大，并且逐年攀升，党政机关事业单位领导干部和企业/公司高层管理人员所占比例最低。由此可见，时间自由的人，贡献了中国互联网主要的流量份额。职业的不同，使得互联网用户所占比例差别较大。

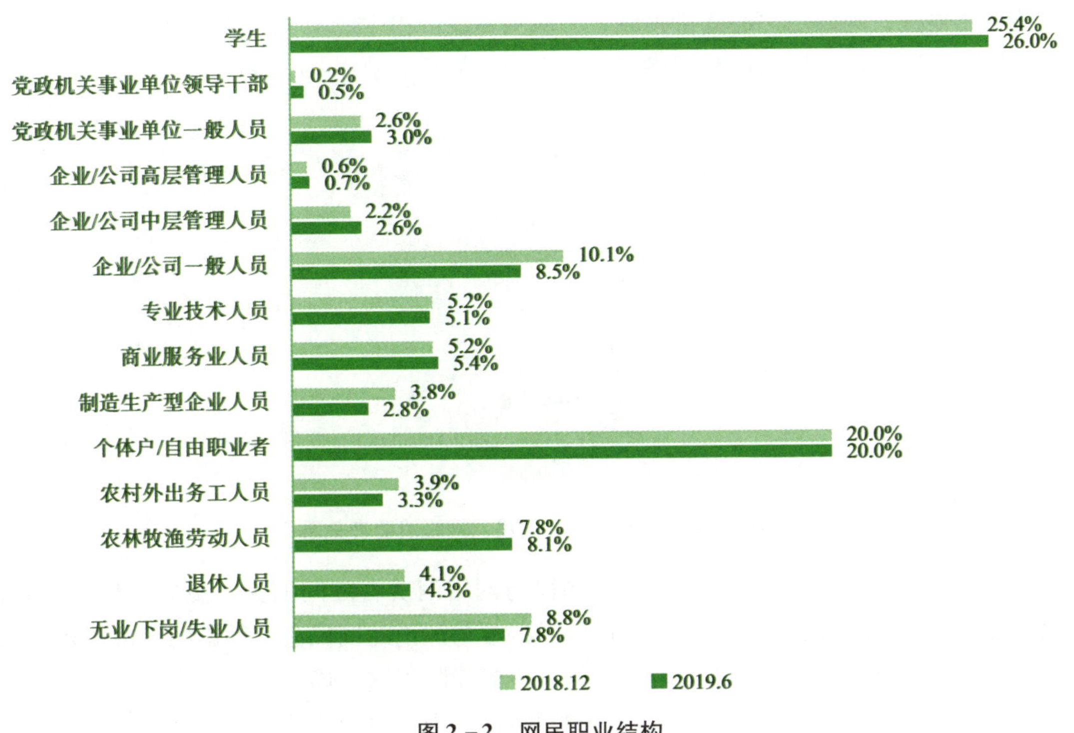

图 2－2　网民职业结构

资料来源：CNNIC 第 44 次中国互联网统计报告，2019 年 8 月。

任务实施

步骤一：定位网络消费者

研究网络消费者，我们可以确定一个群体，例如如火如荼的网上团购；也可以定位于单独的个体，如 DELL 网站的个人定制。

在网民增长速度逐步放缓的背景下，网络购物应用依然呈现迅猛的增长势头，网络消费者的基本特征有以下几个方面：

（1）自我意识强。目前，网络消费者多以年轻人为主，学历较高。他们自主性强，对事物有自己的见解和判断力，个性较强。尊重和理解他们，是企业网络营销活动的出发点。

（2）理性。现在的网络消费者大多头脑冷静，对各种宣传能做出理性分析，不轻易动心。购买前会认真地比较分析，货比三家，不轻易作决定。

（3）求知欲强。他们对新事物充满好奇心，爱好广泛；对新产品、新营销模式比较容易接受，愿意大胆尝试。

（4）互动意识增强。在网络环境下，他们更愿意参与到产品的设计、生产、销售、售后等各个环节中，体验其中的参与性和乐趣。

步骤二：确定网络用户、网民、网络消费者之间的联系

网络用户、网民、网络消费者之间呈现出一种必然的联系，接入互联网方式种类越

发达、越便捷，网络用户的数量越庞大，网民的数量相应地增长，网络消费者的数量也相应增长。网络用户、网民与网络消费者之间的关系如图 2－3 所示。

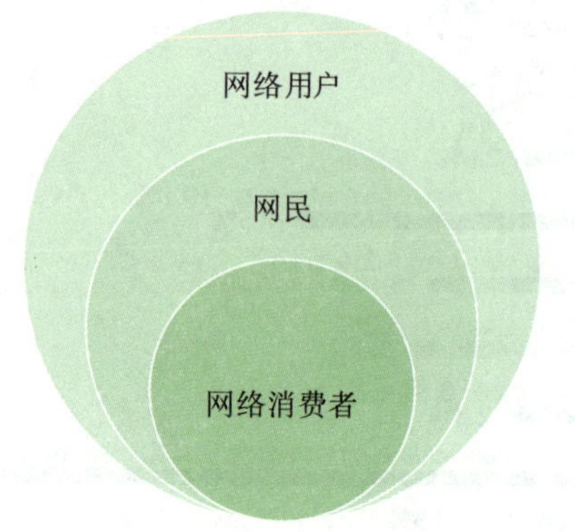

图 2－3　网络用户、网民、网络消费者关系

三者是整体与局部的关系，尤其是网民与网络消费者之间的关系更为密切。例如，通常喜欢购物的网络消费者都喜欢评论，一些参与评论的网民会受其影响慢慢地转化为网络消费者。因此，分析网络消费者群体，不要仅限于这个局部，而是应该把这类人群放在网民的大环境中进行研究。从众多的网民特征中，更准确地判断出潜在的网络消费者的特征。

步骤三：定位网络推广对象

1. 网络推广对象分析

（1）男性/女性。网络推广的对象需要以性别进行区分的时候，由于性别的不同，在进行网络推广的时候需要根据其特征进行区分对待。

（2）少年、青年、中年、老年消费者群体。推广对象所处的人生阶段的不同，使得其消费倾向、消费内容、消费方式也有很大的区别，那么在进行网络推广时，需对对象的群体进行区分。

（3）文化水平及职业层。推广对象的文化水平的高与低，职业内容的不同，使得网络推广的差异性较大，在文化消费与职业消费上差别明显。同时，文化水平与职业也决定了该推广对象的网络购物时间。

（4）收入阶层。推广对象的收入也决定了消费的方向与层次，不同的收入阶层所选择的商品有很大的差异性。

（5）消费习惯。不愿意面对售货员的顾客，喜欢零干扰购物。这类上网用户比较喜欢自主性购物，平时不愿意面对售货员，或者生活与工作环境使得愿意进行零干扰购物，这样的用户是当今网络购物的主要购买人群。

2. 目标用户定位策略

（1）正确理解目标用户地位，把握顾客心理，让产品深入人心。比如高收入人群，他们对价格因素通常不是特别敏感，但对品牌与质量比较关注；低收入人群则更加看重价格因素，购物的心理诉求为商品的基本属性，对于品牌及商品质量则次之。许多中老年人对健康比较关注，他们对于保健品兴趣较大。同时，他们更加关注的是商品的质量与疗效，商品的价格则没有放在第一位。

（2）确定目标用户定位须具备两个条件：第一，目标用户中所有人必须具备1～2个基本相同的条件（如都是年轻人、相同职业、性别相同、喜欢上网、收入较高等），那么他们之间会有共性，比如消费方式、消费时间、消费频次等等；第二，目标用户具备一定的规模。

实战演练

实训目的：通过实训，能够对“00后”上网进行统计，同时能对网络应用使用率进行计算。

实训要求：学生以小组为单位完成实训任务，通过你的QQ、微信等通讯方式，对你周围的“00后”同学做一份调查，了解他们的上网行为，包括上网时间、上网地点、每月上网费用、上网目的等，填写表2－1。

表2－1　上网相关数据统计

<table>
<tr><th colspan="2">网络消费行为</th><th>平均数量</th></tr>
<tr><td rowspan="2">上网习惯</td><td>每周上网时间</td><td></td></tr>
<tr><td>每月上网费用</td><td></td></tr>
<tr><td rowspan="13">网络应用使用率</td><td>即时通信</td><td></td></tr>
<tr><td>网络音乐</td><td></td></tr>
<tr><td>网络短视频</td><td></td></tr>
<tr><td>网络游戏</td><td></td></tr>
<tr><td>微博</td><td></td></tr>
<tr><td>社交网站</td><td></td></tr>
<tr><td>电子邮件</td><td></td></tr>
<tr><td>网络购物</td><td></td></tr>
<tr><td>团购</td><td></td></tr>
<tr><td>网络文学</td><td></td></tr>
<tr><td>在线教育</td><td></td></tr>
<tr><td>网上银行</td><td></td></tr>
</table>

任务二　分析网络消费者的购买动机

微课：分析网络消费者的购买动机

案例导入

2014年10月，回国的张艳和于楠在上海酝酿创立了童装品牌“纳桔NATUNA”（以下简称“纳桔”）。

“纳桔”定位在中高端消费人群，夏季单价集中于80～200元，但是，客单价却高达500～700元。此外，据张艳介绍，日均客流中，老客户占比八九成；最近，每月购买两次的消费者占到44%。“纳桔”今年销售额预计将突破千万元。

只用短短的两三年时间，“纳桔”就取得如此的成绩。人们不禁想问，“纳桔”是如何维系老客户忠诚度的？它快速崛起的秘密是什么？

一、“熊孩子经济”，先搞定妈妈

这部分妈妈大都是“80后”“90后”的年轻群体，有足够的经济消费能力，且对品牌、品质有较高要求，而国内大多数童装品牌偏于大众化、定位中低端，因此许多妈妈常常通过代购国外的高端品牌童装来满足需求。痛点是，小孩身体长得快，童装穿着时间短，代购的时间成本和价格较高。

从她们的消费习惯出发，张艳认为，消费升级其实就是消费分化、品牌定位和人群细分更加精准。“纳桔”要提供的就是如何让妈妈们买到品质稳定、性价比高的独立设计的童装品牌。

从2017年开始，“纳桔”每周按照同一风格、同一品类上新，每次至少5款，以便妈妈们做出最理智的选择。为了减少库存风险，张艳紧跟消费者数据对现货进行限量上新，基础款定量400～500件，设计款则约为200件，部分款式甚至采用预售模式。

从最初的100个粉丝开始，“纳桔”不断向粉丝讲述品牌故事，输送价值观，并通过建群沉淀了一批精准用户。“纳桔”不似一般童装品牌从童趣童真可爱着手，而是融入了“留住传统手工艺”“留白教育”等许多契合当下中产高知妈妈们的价值观和世界观。

良好的粉丝基础，让“纳桔”在产品设计上几乎从不追求潮流趋势。“纳桔”的粉丝们有自主意识和独立人格，清晰知道自己想要什么。要搞定这些妈妈们，“纳桔”直接从粉丝社群运营中获取灵感，并直接为产品服务。虽然目前粉丝人数不多，但异常活跃，可以直接在群里询问款式和材质是否满意，并得到直接反馈。

二、设计师品牌也可以是高性价比

虽然定位为设计师品牌，但“纳桔”的产品结构及款式显得颇为平实。从材质上看，“纳桔”产品分为有机棉、丝棉、羊毛、羊绒四个品类；从产品结构上看，“纳桔”坚持基础线和设计线两条腿走路，其中普通简洁的夏季T恤、短裤等基本款占到七成以上，设计款则更注重仪式感，比如每年新年推出的“红丝绒系列”“庆六一纱裙系列”和夏天的纯手工编织衣物等。

虽然基础款的设计师发挥空间有限，容易被复制，无法形成清晰的品牌定位和品牌形象，而且毛利通常不高，但有意思的是，这样的产品结构反倒促成了“纳桔”的高客单价，易搭配、替换性高成为主要原因。

通过内容生产，服装产品正在成为“纳桔”品牌与消费者建立沟通的有效媒介。每年年初，张艳都会制订全年的产品策划，并辅以系列主题。张艳介绍，一般情况下，主题先行，文案在后，最后完成视觉创作和照片拍摄，这些步骤很难标准化，但都始终聚焦于服务内容本身。

虽然团队目前只有5人，但他们坚持从源头做起，将设计、打版、初样、面料及大货生产全链路牢牢抓在自己手中。相比那些将各个环节都交给工厂的商家，“纳桔”的整个周期要多2～3个月，而且试错成本高。

（资料来源：天下网商。）

思考： 试从网络消费者需求的角度分析童装品牌“纳桔”的成功。

任务描述

网络消费是一种全新的消费方式。与传统的消费方式相比，网络消费需求呈现出如下的特点和趋势：回归个性化消费，消费需求的差异化日益明显，消费者对购买方便性的需求与购物乐趣的追求并存。分析消费者的购买动机，首先需要明确消费者的需求层次，其次要明确消费者对产品的需求，然后分析网络消费需求呈现的新趋势，最后发现网络消费者的心理动机。下面让我们一起来分析网络消费者的购买动机，为下一步任务引导消费者需求做好铺垫。

知识准备

一、网络消费者购买动机的类型

1. 网络消费者的需求动机

马斯洛是美国著名的心理学家，他认为人的个体发展的内在力量是动机，而动机是由不同性质的需求组成的，各种需求之间有一定的先后顺序和高低层次之分，每一层的需求，都将决定人的发展境界（见图2－4）。

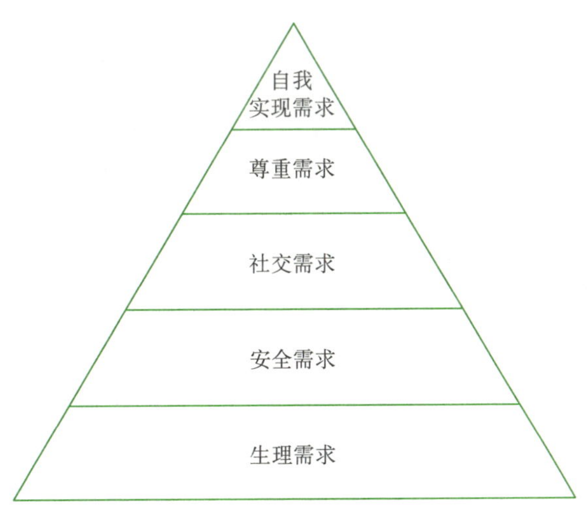

图2－4　马斯洛需求层次论

马斯洛提出的需求层次论，把人的需求分为五种，像阶梯一样从低到高，按层次逐级递升：生理的需求，安全的需求，情感和归属的需求，尊重的需求，自我实现的需求。

（1）生理需求。这是人类维持自身生存的最基本要求，包括呼吸、水、食物、睡眠、生理平衡、分泌、性等。如果这些需求（除性以外）中的任何一项得不到满足，人类个体的生理机能就会受到影响，生命就会因此受到威胁，因此，生理需求是推动人们行动最原始的动力。马斯洛认为，只有这些最基本的需求满足到维持生存所必需的程度后，其他的需求才能成为新的激励因素，而到了此时，这些已相对满足的需求也就不再成为激励因素了。

（2）安全需求。当生理需求得到满足以后，人们会要求人身安全、健康保障、生活稳定、免于灾难、资源所有权、财产所有权、道德保障、工作职位保障和家庭安全等。安全需求比生理需求较高一级，每一个人在生活中都会产生安全感的欲望、自由的欲望。

（3）社交需求。每个人都希望得到他人的关心和照顾，这种需求建立在和他人的关系上，因此，这种需求也称为“社交需求”。感情上的需求比生理上的需求更加细致，更难以捕捉。它和一个人的性格、经历、生活习惯、教育、民族、宗教信仰等都有关系。这一层次的需求具体表现在，人们渴望得到家庭、团体、朋友、同事的关怀、爱护、理解，渴望得到友情、信任、温暖、爱情。这种需求因人而异，很难具体描述，是难以察觉、无法度量的。

（4）尊重需求。每个人都希望个人的能力和成就得到社会的承认，承担一定的社会角色和地位。当尊重的需求得到满足时，会充满信心，有热情，体会到自己的存在价值和用处以及被他人需要，表现为信心、成就感、自尊、被他人尊重。尊重具体分为内部尊重和外部尊重。内部尊重是指一个人希望在各种情况下充满信心，独立地完成任务，能够完全胜任工作，使自信心、自尊心得到满足，是内心对自己的评价；外部尊重是指一个人希望有地位、有威信，受到别人的尊重、信赖和高度评价，是别人对自己的评价。

（5）自我实现需求。这是最高层次的需要，一个人实现了个人理想和抱负，使个人能力得到最大程度的发挥，达到自我实现的境界。这样的人，能够正确地看待自己和他人，解决问题能力增强，能够完成与自己的能力相称的一切事情，不受外界打扰。他们能感到人生最大的快乐。马斯洛认为，为满足自我实现需求所采取的途径是因人而异的。自我实现的需求是在努力实现自己的潜力，使自己越来越成为自己所期望的人。

2. 网络消费者的心理动机

网络消费者的心理动机主要体现在以下三个方面：

（1）理智动机，是指消费者对某种商品有了清醒的了解和认知，在对这个商品比较熟悉的基础上所进行的理性抉择和做出的购买行为。

（2）感情动机，是指由于人的喜、怒、哀、乐等情绪和道德、情操、群体、观念等情感所引起的购买动机。

（3）惠顾动机（信任动机），是指消费者基于理智经验和感情之上的，对特定的网站、图标广告、商品产生特殊的信任与偏好，而重复地、习惯性地前往访问并购买的一种动机。

二、网络消费者的新需求特点和趋势

网络消费是一种新的消费形式，消费者可以不受时空限制在网络虚拟的市场环境下与企业进行商品交换。与传统的面对面的营销方式相比，虽然交换的本质没有变，但在具体的实现过程中网络营销却有许多特别之处，特别是网络消费者的需求有了一些新的特点。因此，应该深入研究网络消费者的需求特点，以采取有针对性的营销策略。

1. 明显的交叉性

在网络消费者中，同一消费者各个层次的需求并不是相互排斥的，不同消费者所表现的需求也可能分属不同的需求层次，也就是说，网络消费者需求之间存在着明显的交叉性。所以，网络营销针对不同的消费者可以经营几乎所有的商品，对同一消费者也可以同时推销不同的商品。这是因为，网络消费者可以在较短的时间里浏览多种商品，从而衍生出交叉性的多种需求。

2. 超前性

目前，上网购物的消费者以年轻人居多，他们一般都对新生事物反应灵敏，接受速度快，特别是更容易做到观念的不断更新。在网络上，最先进和最时尚的产品总能以最快的速度与消费者见面。网络消费者会很快接受这些新的产品，并带动周围一大批消费者，掀起一轮新的消费热潮。因此，网络营销应该考虑到这一需求特点，通过不断的营销创新，以刺激需求，不断地吸引住“消费潮流的领袖”——网络消费者。

3. 较多的理性化因素

对于网络消费者来说，在传统的商业环境下的即时驱动和临时诱惑导致的“心头一热，买下再说，回家考虑，后悔不迭”的情况一般不会出现，因为在网上他们可以选择的生产厂家和产品范围已不再局限于某个城市、某个专业市场或某个专卖店，他们的选择范围不再受到时空的限制。同时，他们还可以对商品的价格进行广泛的横向比较，最后做出比较理智的决策。因此，他们某种购物行为的产生具有更多的理性化因素。网络营销很难依靠消费者信息的不充分或企业的地理优势形成垄断局面，必须利用一切方法和工具与网络消费者进行尽量充分的信息沟通，收集他们的需求信息，及时抢占先机，向网络消费者推出适销对路、物美价廉的产品和服务，才能在竞争对手云集的网络营销活动中取胜。

4. 需求个性化色彩明显

出于规模经济的考虑，批量化和标准化的生产方式使得消费者的个性被湮没于大量低成本、无差异、大众化的产品浪潮之中。然而没有一个消费者的需求是完全一样的，市场营销只有把每个消费者都看作一个细分市场时，营销效果才是最好的。网络营销的产生、柔性化生产系统的发明使用，使得个性化消费成为消费的主流。

5. 消费行为的主动性增强

在网络营销情况下，消费者不再是广告信息的被动接受者，而是产品信息的积极寻求者，而且消费者可以在几乎覆盖全球的网络上寻找自己需求的产品，几乎不受时空的限制，消费的主动性大大增强。

6. 消费者兴趣、聚集、交流的需求表现突出

网络经济条件下，网络已经逐步深入人们社会生活的各个层面，网络消费者上网最主要的目的不在于满足其基本的生存需求，而在于满足其高层次的享受与发展的需求，其中表现最为突出的是消费者体验兴趣、聚集社交和沟通交流的需求。

7. 体验化选择

有了良好的用户体验，用户黏性自然随之而来。在苹果公司的创始人乔布斯看来，后 PC 时代，需要把技术和人文结合起来，深度挖掘用户需求，提供良好的用户体验，让用户与终端设备之间建立更加密切的关系。或者说，后 PC 时代，仅靠技术是远远不够的，用户体验将成为第一驱动力。这一说法得到了 Resolve Market Research 的印证，由于良好的用户体验，38% 的美国用户拥有 iPad 后不再购买任何便携式游戏设备。

任务实施

步骤一：了解马斯洛需求层次引出的五种消费市场

营销中，根据马斯洛的需求层次论，划分出五个消费者市场：

（1）生理需求——满足最低需求层次的市场，消费者只要求产品具有一般功能即可。

（2）安全需求——满足对安全有要求的市场，消费者关注产品对身体的影响。

（3）社交需求——满足对交际有要求的市场，消费者关注产品是否有助提高自己的交际形象。

（4）尊重需求——满足对产品有与众不同要求的市场，消费者关注产品的象征意义。

（5）自我实现——满足对产品有自己判断标准的市场，消费者拥有自己固定的品牌。

需求层次越高，消费者就越不容易被满足。

步骤二：确定消费者对产品的需求

依据马斯洛的需求层次论分析，人们购买产品都是为了满足不同的需求，消费者愿意支付的价格恒等于消费者获得的满意度。通常，当消费者感觉不到其他层次的满足时，愿意支付较低的价格购买产品。满足消费者需求层次越高，消费者能接受的产品定价也越高。下面我们以“纳桔”童装为例进行说明。

1. 生理需求的满足

注重生理需求的消费者只考虑自己的最根本的需要，他们会根据自己的消费能力选择价格最便宜的童装衣服，他们最关心的就是童装最基本的“穿”的需要，至于材质、样式不是这类消费者考虑的范畴。

2. 安全需求的满足

考虑安全性的消费者会关注“衣服面料的成分”，在价格相差不是很大的情况下，会选择有益健康面料的童装。

3. 满足情感和归属的需求

这部分消费者会关注“产品对于交际的影响”，比如包装是否精美、携带是否方便、是否有异味等附加功能以及品牌的形象等，这些需求的满足都能让消费者愿意付出更高的价格。

4. 尊重需求的满足

这类消费者关注的是“获得别人认可”，把产品当作一种身份的象征，会考虑孩子的衣服是否采用最新的面料，样式是否新颖独特，价格是否是店铺里最贵的，他们愿意接受高价的产品。

5. 自我实现的需求

这类消费者对以上四个需求都得到了满足，他们会考虑童装的品牌是否是生活中不可缺少的一部分，品牌文化是否与他的精神达成共识。

步骤三：掌握网络消费者的动机

所谓动机，是指推动人们进行活动的内部原动力，即激励人们行为的原因。人们的消费需求都是由购买动机而引起的。动机的实质是需求，是在需求基础上产生的。但需求不等于动机，只有当需求指向具有某种特点的目标时，也就是当人的个体与具体的对象建立了心理联系时，才变成了行动的动机，才具有实际动力的意义。

拓展知识

消费者心理

消费者心理是消费者消费心理和购买心理的总称。消费者购买商品的一般心理过程包括对商品的认识过程、情绪和情感过程、意志过程；消费者购买行为的心理类型包括习惯型、理智型、选择型、冲动型、想象型；消费者购买过程的心理动机可分为求实、求廉、求名、求新、求美和求阔好胜的心理动机。影响消费者购买心理的主要因素有：商品本身的因素，宣传的影响，消费服务因素以及外部环境的影响等。研究消费者心理，对于充分利用市场营销组合手段，引导消费、扩大销售、提高效益具有重要意义。

网络消费者的购买动机，是指在网络购买活动中，能使网络消费者产生购买行为的某些内在的动力。

1. 理智动机

资深的网络消费者具有较高的分析判断能力，他们的购买动机是在反复比较各个网上商店的商品之后才产生的，对所要购买的商品价格、特点、性能和使用方法等各种因素，他们心中有数，他们非常清楚自己的购买标准。他们会对各家的商品做出正确的分析，所以网店的商品一定要在价格、质量、特色、服务等方面有自己的特点和保证，才能吸引他们。一旦他们选购了商品后，会产生信赖感，忠诚度较高。

2. 感情动机

感情动机是由于人的情绪和感情所引起的购买动机。可分为两种形态：一种是低级形态的感情购买动机，消费者由于喜欢、满意、快乐、好奇而产生的购买动机。这种购买动机一般具有冲动性、短暂性的特点。另一种是高级形态的感情购买动机，它是由于人们的道德感、美感、群体感所起的，具有较大的稳定性、深刻性的特点。例如，很多购买高档商品的消费者，是为了送给亲戚、朋友，他们觉得这是一种情感的传递；也有一部分人追求一种时尚的生活，喜欢这种时尚的方式；还有的人认为自己选择高档商品，产品质量有保证；当然，也有一些人认为高档商品是身份地位的象征。

3. 惠顾动机

这是基于理智经验和感情之上的，对特定的网站、商家、商品产生特殊的信任与偏好而重复地、习惯性地前往访问并购买的一种动机。惠顾动机的形成，要经历一个认识、认同的选择过程。一般是由于对网站的促销、网店布局、产品、服务、品牌等多种因素产生了信赖。这类消费者能够克服和排除其他的同类网站或产品的吸引和干扰，非你莫属。对于这类消费者，网店应该给予各种优惠，进一步培养他们的忠诚度。对于新的光顾者，也应该加强信息反馈，从服务上打动他们，通过多种途径让他们产生惠顾动机。

拓展知识

网络消费者的常见购买动机

网络消费者常见的购买动机类型又可分为以下七种：

1. 求实动机。这部分消费者在购买商品时，主要追求实惠、使用方便，喜欢购买价格低及中等偏低的商品，注重性价比，而较少追求商品的外形款式等，不易受社会潮流和各种广告的干扰。网络给他们提供了便利的商品比较途径。

2. 求安全动机。这部分消费者注重商品在使用过程与使用后的安全性，注重保证生命安全或身体健康，如食品、药物、交通工具及电气用具等均要求安全可靠，有利身体健康。网上商品的购物评价体系，各种论坛、博客、微博等讨论交流频道，让他们的选择更安心。

3. 求廉动机。具有这种动机的顾客，在购买商品时特别重视商品的价格，这类顾客多半属于经济收入较低或是有勤俭节约的习惯。网购商品因减少了中间商环节，价格相比实体店优惠许多，这也是网络消费者选择网购的最基本原因。

4. 求新动机。这是以追求商品的时尚和新颖为特点的购买动机。具有这种动机的顾客特别重视商品的款式新颖、格调清新和引领潮流。他们对商品的实用程度及价格高低不大注重，这类顾客多半是经济条件较好或追求时尚的年轻人。时时变化的互联网，无疑满足了他们的爱好。

5. 求美动机。这是重视商品的欣赏价值和艺术性为主要特点的购买动机。这些顾客在购买商品时，重视商品的造型、色彩和艺术美，商品精美的细节、唯美的画面、如临其境的多媒体效果，会让他们产生强烈的视觉冲击，全方位满足了他们感官的刺激。

6. 求名动机。这是追求名牌产品、特色产品的购买动机。这些顾客在购买商品时，很注意商品的商标、牌号、产地、名气，他们青睐于品牌网店。这也是各大品牌纷纷推出自己网店的重要原因。

7. 求奇动机。这是以重视商品的与众不同之处为主要特征的购买动机。这类购买者对商品奇特的样式、别具一格的造型等特别感兴趣，也容易受到刺激性强的促销措施的诱惑，触发冲动性购买。网络为他们提供了淘宝的场所，他们的好奇心在虚拟世界发挥到了极致。

实战演练

实训目的：本实训通过对消费者购买需求和购买动机的分析，使学生提高网络营销的策划能力。

实训要求：学生以小组为单位分组讨论可口可乐公司是如何在竞争激烈的市场中取得成功的。

可口可乐公司通过微博、微信等线上宣传预热后，开展“爽动红 PA”的线下活动。活动现场摆放定制昵称瓶的机器，现场打印昵称瓶标签，消费者可以印上自己的名字、昵称等，这让参与者从中找到了一种自娱自乐和分享信息的途径。这个活动线上线下完全整合，从线上导流到线下，线下拿瓶子，线上晒照片，形成一个 O2O 的闭环，取得了非常显著的营销效果。可口可乐昵称瓶项目获得了 2013 年营销广告大赛的“艾菲奖”。

任务三 把握网络消费行为

微课：把握网络消费行为

案例导入

迪迪儿童摄影实体店所处的地理位置比较偏僻，为了扩大知名度，店里决定建立自己的营销网站。网站开业之际，他们首先推出家庭自拍儿童摄影大赛活动。收集了大量的潜在客户信息后，又在实体店举办了著名儿童营养专家主题讲座，并在网站进行同步直播。之后，又建立了以“迪迪妈妈之家”命名的 QQ 群、微信群、微博和论坛。

网站建立之初，迪迪儿童摄影聘请了专业的营销策划代理公司，分析了影响儿童家长购买行为的各种因素，划分了不同的购买类型，明晰了儿童家长的消费过程。在准确把握儿童家长的消费行为的基础上，合理地制定了本次网络营销策划活动。

（资料来源：百度文库，https：//wenku. baidu. com/。）

思考：

1. 影响儿童家长购买行为的主要因素是什么？
2. 如果你是迪迪儿童摄影的经理，你还能想到哪些网络营销方法来促进销售？

任务描述

随着互联网的发展，大家对网络消费的重视度越来越高，各个企业的管理人员也都加大力度去构建自己的线上销售渠道。但是，在实际运营时，会遇到很多问题，其中最主要的问题是如何正确引导网络消费者的购买行为、如何提高用户的忠诚度。要想做好网络营销工作，可以通过把握消费者的购买行为，分析影响网络消费者的购买过程等，正确引导网络消费者的消费行为。让我们一起分析一下网络消费者的购买行为吧。

知识准备

一、网络消费者购买行为的特征

网络消费者购买行为的七个基本特征：

1. 个性消费的回归

进入21世纪后，整个消费市场又回到了以个性化消费为基础的消费市场。每一个消费者都是一个细小的消费市场，个性化消费已成为消费的主流。因此，推行个性化的、与客户“一对一”直接沟通的精准营销成为企业网络营销的必然选择。

2. 消费需求的差异性

不同的网络消费者因所处的层次、环境不同从而产生不同的需求，不同的网络消费者在同一需求层次上的需求也会有所不同。所以，从事网络营销的厂商要想取得成功，必须针对不同消费者的特点，采取有针对性的方法和措施。

3. 消费的主动性增强

进入信息时代后，消费者获得与商品有关信息的渠道和方法越来越多，也越来越便捷。消费者会主动对这些信息进行分析和比较，加深对产品的认知，从而选择最适合自己的产品。消费主动性的增强来源于现代社会不确定性的增加和人类需求心理稳定和平衡的欲望。

4. 对购买方便性的需求与购物乐趣的追求并存

购物的方便性是网络消费方式和传统消费方式的一个重要区别，也是网络消费最大的优势。在网上购物，消费者除了能够很方便地购买商品以外，还能浏览多家网站同类产品的信息并进行比较，能获得在传统购物方式中无法得到的乐趣。

5. 价格仍然是影响消费心理的重要因素

从消费的角度来说，价格不是决定消费者购买的唯一因素，但价格始终对消费者的心理产生重要的影响。网售商品因减少了租金、中转环节等，故价格通常比线上便宜甚多，且消费者通过货比三家，可以买到性价比最高的产品。

6. 网络消费仍然具有层次性

消费层次是指根据满足消费需要的顺序对消费资料所进行的分类。消费资料分为三个层次：生存资料、发展资料和享受资料。从消费内容来说，也可以分为由低级到高级的不同层次。需要注意的是，在传统的商业模式下，人们的需求一般是由低层次向高层次逐步延伸发展的，只有当低层次的需求满足之后，才会产生高一层次的需求。而在网络消费中，人们的需求是由高层次向低层次扩展的。在网络消费的初期，消费者侧重于精神产品的消费，如通过网络书店购书，通过网络光盘商店购买光盘。到了网络消费的成熟阶段，消费者在完全掌握了网络消费的规律和操作，并且对网上购物有了一定的信任感后，才会从侧重于精神消费品的购买转向日用消费品的购买。

7. 网络消费者的需求具有交叉性

在网络消费中，各个层次的消费不是相互排斥的，而是具有紧密的联系，需求之间广泛存在着交叉现象。

二、影响网络消费者购买行为的因素

消费者购买行为是在许多因素的影响下促成的，这些因素属于不同的层次，对消费者行为的影响程度也不同。网络消费者购买行为与传统消费者购买行为存在较大差异，对引起这些差异的因素及其影响进行分析，有助于网商选择适合于网络销售的营销战略和营销工具。

1. 心理因素

影响消费者购买行为的心理因素，除了由需要引起动机这一最重要因素外，还有知觉、学习、信念和态度这三个因素。

（1）知觉，知觉是指消费者感官直接接触刺激物所获得的直观的、形象的反应，属于感性认识。网络消费者会根据自己对商品、服务、网站设计等方面的印象，来决定是否购买。不同的消费者对同一商品（或网站）的印象可能有很大差别，因而所形成的知觉也有很大差异。

（2）学习，消费者在购买和使用商品的实践中，逐步获得和积累经验，并根据经验调整购买行为的过程，称为学习。当他购买了某一产品后，如果使用时感到满意，他就很可能会购买同一厂家或同一牌子的其他商品。反之，如果他感到失望，以后就不会再做出相同的购买行为。企业在营销活动中要注意发挥消费者购买行为中“学习”这个内在因素的作用。

（3）信念和态度，外界事物的刺激，可使人们产生一定的信念和态度，从而影响人们的行为，包括消费行为。不同的信念可导致人们产生不同的态度、不同的倾向，如消费者对名牌商品争相选购，而对不熟悉的新产品则犹豫观望，疑虑重重，很难做出决定。企业应设法适应消费者持有的态度，也要努力去改变消费者的态度。

2. 外部因素

（1）个人因素，消费者购买决策受其个人特性的影响，特别是受其年龄所处的生命周期阶段、职业、生活方式、受教育程度、个性以及自我观念的影响。网络营销人员要根据消费者心理活动的不同特点，运用多种营销方式和接待方法，提高营销水平和服务质量。

（2）经济状况，经济状况主要指个人可支配收入水平，它是决定消费者购买行为的根本因素。如果消费者仅有购买欲望，而无一定的收入作为购买能力的保证，购买行为便是无效的。只有既有购买愿望，又有购买能力，才能实现购买行为。在经营对价格敏感程度高的产品时，企业必须注意区分消费阶层，以便推出更适合于各层次消费者需求的产品。

（3）文化因素，文化一般是以国家或民族为单位。文化因素制约着消费者的道德规范、价值观念、思维方式与风俗习惯等各个方面。文化因素是影响消费者行为的基本因素，不同的国家和地区由于文化背景不同，消费者的需要也各不相同，最终的消费行为也就不同。

（4）社会因素，消费者受社会因素的影响范畴比较广，包括家庭、所处角色和地位以及相关群体，如朋友、同事、单位、社会团体等。一般认为，相关群体的影响相对较小，家庭的影响是最大的。还有一类群体，如名人、影星、球星等，他们的态度、行为对消费者也有着较大的影响。相关群体对消费者行为影响的表现形式有：

- 示范性，即相关消费群体的消费行为和生活方式，为消费者提供了可供选择的模式。
- 仿效性，相关群体的消费行为引起人们的仿效欲望，影响人们对商品的选择。
- 一致性，即由仿效而消费的行为趋于一致。

影响消费者购买行为的主要因素，除消费者自身因素、社会因素和相关群体外，还有企业和产品因素，如产品的质量、价格、包装、商标和企业的促销工作等。

任务实施

明确网络消费者的购买行为过程

网络消费者的购买过程，也就是网络消费者购买行为形成和实现的过程。这一购买过程可以粗略地分为五个阶段：确认需求、搜集信息、比较选择、购买决策和事后评价。

1. 确认需求

一切购买过程的起点是诱发需求。消费者的需求是在内外因素的刺激下产生的。当消费者对市场中出现的某种商品或某种服务发生兴趣后，才可能产生购买欲望。

对于网络营销来说，诱发需求的动因常常局限于视觉和听觉。所以，网页和短视频广告整体的风格、色彩、文字、图片、声音等很多感官刺激，是诱发消费者购买的直接动因，对消费者的吸引具有相当大的作用。因此，应该巧妙地设计促销手段，展示自己的产品特点，从而去吸引更多的消费者，诱导他们的需求欲望。

迪迪儿童摄影网站通过开展家庭摄影大赛、亲子主题活动、微博直播、论坛、QQ群讨论和网站竞猜等多项营销活动，刺激家长对儿童摄影的兴趣，从而诱发他们的需求欲望。

2. 搜集信息

网络消费者形成了购买某种商品的动机后，如果不熟悉这种商品的情况，往往就要先搜集相关信息。这时，消费者会增加对有关广告、话题等的注意，并比以往更容易接受这种商品的信息。他们还会通过查阅资料、向亲友和熟人询问情况等方式，更积极地搜集信息。消费者搜集多少信息，取决于他的驱策力的强度、已知信息的数量和质量以及进一步搜集信息的难易程度。消费者一般从以下四种来源获得信息：

（1）自身信息来源：即从家庭、朋友、邻居和其他熟人处得到推荐。

（2）商业性来源：即从网络广告、品牌介绍、网站内容等得到信息。

（3）公众媒体来源：即从各大门户网站、传统的线下媒体等大众宣传媒介的客观报道和消费者团体的评论中得到信息。在网络环境下，他人的评价信息对于消费者购买所起的作用越来越大。

（4）购物经验来源：即通过以前的购买经验得到的信息。比如以前在沟宝网买过商品，沟宝网的商品质量、服务过程等就会成为消费者非常重要的一个经验信息来源。

网络购物的信息搜集带有鲜明的主动性，消费者通过互联网的各种方式，可以了解到各种想要了解的信息。一方面，网络消费者可以根据已经了解的信息，通过互联网跟踪查询更多的信息；另一方面，他们又不断地在网上浏览，寻找新的购买机会。这些特征提示企业交易网站应通过不同的途径，增加网站和产品宣传的覆盖面，了解潜在消费者经常浏览的网页，并进行宣传。

迪迪儿童摄影网站在当地人热衷的天健网、赶集网投放了广告，在各大论坛建立了以网站商标命名的论坛区域、微博互动，通过多种优惠活动鼓励老客户进行反馈评价，扩大网站的知名度和美誉度，吸引众多家长的眼球。

3. 比较选择

为了使自己的消费需求与购买能力相匹配，比较选择是购买过程中必不可少的环节。消费者把通过各种渠道汇集而来的资料进行比较、分析、研究，了解各种商品的特点、性能、价格、服务等各种因素，最后与自己的实际支付能力达成统一。网络购物虽然不直接接触实物，消费者会通过对网站的印象、网络商品的描述、多方面的评论以及自己的感受等多种因素给商品打分，选择出自己满意的商品。尤其是产品评论，犹如购物决策前的临门一脚，往往能直接决定了消费者的去留。

迪迪儿童摄影网站在网站的设计风格、网上订购价格、新闻动态、佳片欣赏、道具展示、套餐特色、网站更新等方面，达到了地区同业内的最高水准，让浏览者有耳目一新的感觉，获得了好评。通过对客户的回访调查，85%以上的客户觉得网站对他们的吸引力是最大的。

4. 购买决策

经过对选择产品的评价后，消费者便会形成对某个产品的偏好和购买意向，进入购买决策阶段。与传统的购买方式相比，网络购买者的购买决策过程也表现出鲜明的特点：首先，网络购买者理智动机所占比重较大，而感情动机的比重较小。其次，网络购买受外界影响较小，大部分的购买决策是自己做出的或是与家人商量后做出的。最后，网上购物的决策行为较之传统的购买决策要快得多。

5. 事后评价

网络消费者购买商品后，对自己的购买选择过程、商品的使用效果、商家的售后服务质量等多方面进行检验和反省，会再次考虑本次购买是否正确。这种购后评价往往决定了消费者今后的购买动向，而且他们愿意在网络上分享这种购物后的体验。

几乎所有的网站和网店把客户的购后评价放在了必不可少的反馈环节上，给客户创建了网站论坛、打分界面、邮件、短信、微信、微博等几乎可以想到的沟通方式，目的就是维持与客户的关系，也希望通过这样的途径找到存在的问题，提高产品和服务的质量，培养客户的满意度和忠诚度。

知识拓展

顾客购买意愿与感知价值的关系

顾客感知价值是影响消费者购买意愿的重要因素。意愿是个人从事特定行为的主观概率，而购买意愿是消费者从事特定购买行为的主观概率。

顾客购买意愿与感知价值的关系表现为：

- 顾客感知到的商品越好，则其购买意愿越强烈。
- 顾客感知到的网站专业度越高，则其购买意愿越强烈。
- 顾客感知到的服务越好，则其购买意愿越强烈。
- 顾客感知到的售后越完善，则其购买意愿越强烈。
- 顾客感知到的物流越方便，则其购买意愿越强烈。

实战演练

实训目的：通过实训，能够把握消费者的购买过程，了解影响消费者购买行为的因素，从而明确网络消费者的购买行为过程。

实训要求：学生以小组为单位完成实训任务，在实训过程中充分讨论，最终得出结论。

实训 1：分析下面案例中京东如何把握消费者的购买过程，做到增加消费者对京东手机的好感和信任的，并阐述理由。

京东手机“真香”服务

借助网络流行元素和一些很火的梗来做文章是当下很多品牌的创意营销特点，京东手机的“真香”服务很明显脱胎于网络知名表情包“真香”及其原创者王境泽。

网络上盛行的“真香”梗，其意思是“发誓绝不做某事但最后还是做了，并对此发出赞叹和认同的态度转变”。借助这个梗的热度，京东手机推出了“真香”服务。为了将借梗和“蹭热度”进行到底，京东手机还邀请了“真香”的原创王境泽合作拍摄了关于“真香”的视频广告，演绎了生活中手机碎屏、想要以旧换新、想随时退货的一些场景。广告的目的正是京东手机为消费者提供的碎屏保、以旧换新、7 天无理由退货这三大“真香”服务，表达出凭借着优厚周到的售后服务能够让消费者在不好的消费体验后能够通过售后服务来“打脸”。

“真香”服务借助热梗的话题度和王境泽本人的出镜成功引起了众多网友们的关注，而其广告内容也切中了很多消费者的内心诉求，其突出的“真香”服务针对这些诉求提供了非常周到优良的售后服务解决方法，让消费者打消了关于产品的许多后顾之忧，能够更加放心地进行产品体验和消费，从而增强了消费者对京东手机的好感与信赖。

实训 2：某消费者 A（年龄 23 岁，追求时尚，在校大学生），想买华为新款手机（nova 系列、P 系列、Mate 系列）。该消费者已经有了购买动机，但迟迟没有下决心购买。学生分组讨论可能影响该消费者购买行为的各种因素，将讨论结果填入表 2－2 中。

表 2－2　　购买行为影响因素分析表

<table>
<tr><th rowspan="2">序号</th><th rowspan="2">商品名称</th><th colspan="9">影响消费者 A 购买行为的因素</th></tr>
<tr><th>年龄性别</th><th>消费理念</th><th>经济状况</th><th>相关群体</th><th>社会环境</th><th>服务质量</th><th>交通安全</th><th>商品价格</th><th></th></tr>
<tr><td>1</td><td></td><td></td><td></td><td></td><td></td><td></td><td></td><td></td><td></td><td rowspan="4">其他</td></tr>
<tr><td>2</td><td></td><td></td><td></td><td></td><td></td><td></td><td></td><td></td><td></td></tr>
<tr><td>3</td><td></td><td></td><td></td><td></td><td></td><td></td><td></td><td></td><td></td></tr>
<tr><td></td><td></td><td></td><td></td><td></td><td></td><td></td><td></td><td></td><td></td></tr>
<tr><td>备注</td><td colspan="10">在你认为相符的影响因素上打√，同时可参考拓展知识的相关内容</td></tr>
</table>

项目评价

表 2－3　　学生学习评价表

<table>
<tr><th rowspan="2">序号</th><th rowspan="2">知识点</th><th rowspan="2">评价标准</th><th colspan="2">学生自评</th><th colspan="2">教师评价</th></tr>
<tr><th>达标</th><th>未达标</th><th>达标</th><th>未达标</th></tr>
<tr><td>1</td><td>消费者的身份</td><td>能够理解并区分种类</td><td></td><td></td><td></td><td></td></tr>
<tr><td>2</td><td>网络消费者的基本特征</td><td>能够说出四个基本特征并举例说明</td><td></td><td></td><td></td><td></td></tr>
<tr><td>3</td><td>网络消费者的购买动机的类型与购买行为</td><td>熟悉马斯洛的层次需求理论，了解心理动机的类型</td><td></td><td></td><td></td><td></td></tr>
<tr><td>4</td><td>影响网络消费者购买决策的主要因素</td><td>能够说出影响消费者购买决策的主要因素</td><td></td><td></td><td></td><td></td></tr>
<tr><td>5</td><td>引导消费者基本策略</td><td>能够说出自己总结归纳的引导消费者基本策略</td><td></td><td></td><td></td><td></td></tr>
<tr><th rowspan="2">序号</th><th rowspan="2">技能点</th><th rowspan="2">评价标准</th><th colspan="2">学生自评</th><th colspan="2">教师评价</th></tr>
<tr><th>达标</th><th>未达标</th><th>达标</th><th>未达标</th></tr>
<tr><td>6</td><td>用户、网民、网络消费者的区分</td><td>能够分析三者之间的关系</td><td></td><td></td><td></td><td></td></tr>
<tr><td>7</td><td>网络消费者需求新特征的描述</td><td>能够分析描述其新特征并举例说明</td><td></td><td></td><td></td><td></td></tr>
<tr><td>8</td><td>网络消费者购买行为不同阶段的行为特征</td><td>能够根据自己的理解说出网络消费者购买行为不同阶段的行为特征</td><td></td><td></td><td></td><td></td></tr>
<tr><td>9</td><td>网络消费者购买决策的主要影响因素</td><td>能够举例说明影响网络消费者购买决策的主要因素</td><td></td><td></td><td></td><td></td></tr>
<tr><td>10</td><td>引导网络消费者进行消费</td><td>能够说出引导消费者进行消费的方法与策略</td><td></td><td></td><td></td><td></td></tr>
</table>

续表

序号	素质点	评价标准	学生自评		教师评价	
			达标	未达标	达标	未达标
11	服务态度	能够根据网络营销的基本原理提高服务态度的意识				
12	学习能力	本着积极的学习态度，提升学习能力				
13	协助精神	与同学一起进行网络营销策划与分析				
14	工作作风	以严谨的工作态度，积极的工作精神进行专业知识学习				

思考练习

一、简答题

1. 网络用户、网民、网络消费者之间的联系是什么？
2. 网络消费者购买动机有哪些类型？
3. 网络消费者对产品的需求有哪些？

二、论述题

1. 根据你自己的理解，论述我国网上用户结构特征。
2. 论述马斯洛需求层次理论基本内容。
3. 论述网络消费者购买行为的特征。

三、案例分析

金融风暴中逆势崛起的优衣库一度被认为是日本最具活力的公司，创始人柳井正也曾问鼎日本首富的位置。优衣库在注重质量的同时，坚持按普通工薪阶层能接受的价格定价。一般来说，工薪阶层的收入不高，很少选择价格较高的产品，但是对质量的要求却不低，并喜欢购买固定的品牌。“国民服装、平价服装”的定位更是在2008年的经济危机中促成了该企业的发展。当年全球首富比尔·盖茨的资产缩水了180亿美元，日本任天堂董事长山内溥身家缩水至45亿美元，而优衣库却逆势上涨了63%，新开门店遍地开花。截至2012年4月30日，优衣库在中国有127家店面。进军海外的优衣库把店开在当地繁华商业核心区，1999年巴黎分店开业位置在最繁华的商业街，店面2150平方米；2006年纽约分店开业，地点在百老汇的对面，面积为3300平方米。优衣库的店址都与顶级奢侈品牌为邻，与高档服装的巨大价位差、方便的购物地点，都让优衣库为自己的海外扩张加了不少分。

（资料来源：腾讯教育，https：//edu. qq. com/。）

思考：分组讨论日本优衣库为什么能抓住工薪阶层的心，在竞争激烈的休闲服饰市场取得成功。

项目三

研究网络营销环境与市场

学习思维导图

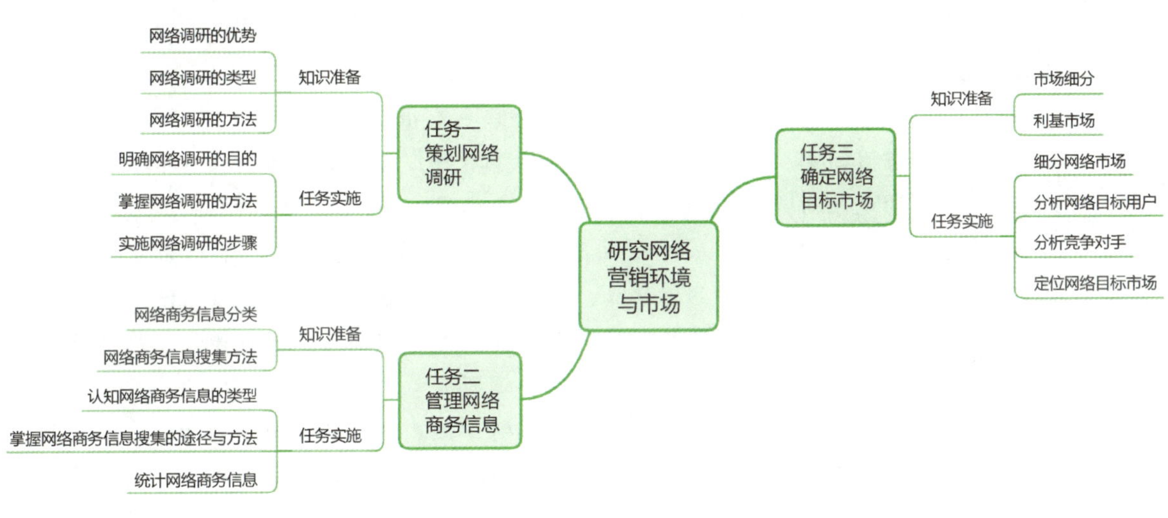

素质目标

- ☐ 具备协同创新能力，能够采取多种方式开展调研
- ☐ 具备信息检索能力，能够多渠道搜集网络商务信息
- ☐ 具备信息分析能力，能够使用平台整理和分析网络商务信息

知识目标

- ☐ 了解网络调研的优势
- ☐ 掌握网络调研的类型
- ☐ 掌握网络商务信息的类型
- ☐ 掌握网络商务信息搜集的要求

☐ 掌握网络调研的方法

能力目标

☐ 能够明确网络调研的目的
☐ 掌握规划并实施网络调研
☐ 掌握网络商务信息搜集的途径与方法
☐ 能够统计网络商务信息
☐ 能够进行网络市场细分
☐ 能够正确分析网络目标用户
☐ 能够实施差异化目标市场定位

任务一　策划网络调研

案例导入

小于是一名电子商务专业的学生，在他的家乡有很多农户种植苹果、桃子、石榴、蓝莓等水果。暑假回家，他发现很多水果销量并不好，果农们每年的收入很低，于是他计划利用所学的电子商务专业知识帮助果农们卖水果。

他首先和几位同学组建了一个小团队，计划在网上销售水果，帮助家乡的人民致富。目前，各大电商平台生鲜品牌林立，强手如云，竞争异常激烈，如果漫无目的就开始网络销售，凭借他们几个同学的财力、资源和实力，想在互联网中争得一席之地是非常困难的，于是小于创业团队计划先开始网络调研。

网络调研如何开展，小于制订了详细的调研方案。他计划调研分为两部分，一部分是实地调研，去县农业局、农产品交易中心、当地种植户进行实地走访，了解当地特色农产品行情。另一部分是开展网络调研，首先是设计调研问卷，针对购买水果的每月支出、购买水果最注重的问题、经常购买的水果类型、对水果价格的接受程度、购买水果的电商网站等问题设计调研问卷，然后利用问卷星平台大范围地发送调研问卷，获取第一手的水果需求信息。同时进入生鲜电商平台、销售水果的淘宝店和天猫店、生鲜水果直播等进行调研，获取大量的行业信息和竞争对手信息。

经过充分的网络调研之后，小于决定开设“新新果农”淘宝店来销售水果。在当地政府设立的返乡创业基金等项目的支持下，加上自筹资金，小于创业团队正式走上了创业路。

思考：

1. 根据你的了解，目前可以进行网络问卷调研的平台有哪些？
2. 小于开展调研时采用了哪些调研方法？

任务描述

兵马未动，粮草先行。市场调研就是运用科学的方法，系统、有计划、有组织地搜集、记录、整理、分析有关市场的信息资料，并客观地测定评价，从而了解市场发展变化的现状和趋势，为市场预测以及各项经营决策提供科学依据的过程。

网络调研是以互联网为手段开展的调研。网络调研在企业生命周期的各个阶段都有不同的使命，也是相伴企业而生、陪伴企业成长最行之有效，最为经济便捷的提供企业营销决策的基础。让我们一起来开启网络调研之旅。

知识准备

一、网络调研的定义

网络调研就是利用互联网作为沟通和了解信息的工具，对顾客需要、市场机会、竞争对手、行业发展等信息进行搜集、整理、分析和研究。网络调研的目的是解决网络市场细分和网络市场定位的重要手段，是为开展网络营销奠定合理的前提和基础。随着人工智能和大数据技术的普及，网络调研将会有更大的应用市场。

微课：网络调研

二、网络调研的优势

同传统市场调研相比，网络调研具有信息搜集过程的互动性、信息的及时性和共享性、调研的便捷性和经济性以及调研结果的可靠性和准确性四大优势。

1. 信息搜集过程的互动性

通过网络调研能够实现企业和用户良好的互动，用户可以参与到产品的整个生命周期中，企业与用户的有效互动不仅提高了消费者的参与性和积极性，更重要的是能使企业的营销决策有的放矢，从根本上提高消费者满意度。

2. 信息的及时性和共享性

网络调研可以节约传统调查中大量的人力、物力、财力和时间的耗费。一方面调研信息传递到用户的速度加快，另一方面用户向调研者反馈信息的传递速度也加快了。同时，网上调研是开放的，任何网民都可以参加投票及查看结果，这保证了网络的及时性和共享性。

3. 调研的便捷性和经济性

调研不会受到天气、交通、工作时间等的影响，调查过程中最繁重、最关键的信息搜集和数据统计工作在网络调研平台上都可以即时完成。

4. 调研结果可靠性和客观性

互联网平台开放性和共享性的特点给了用户一个自由发表见解的空间，用户自愿参与，调研结果真实性、可靠性较高。

三、网络调研的类型

网络调研，就是要回答“网络市场容量如何”“竞争者发展状况”“用户的体验如何”“是否要开展某项营销活动”等一系列问题，并给出初步结论，因此运用许多经济学和统计学的方法。根据调研的目的和功能可以分为描述性调研、因果性调研和预测性调研。

1. 描述性调研

描述性调研是通过调查搜集并描述事实，对市场上存在的客观情况如实地加以描述和反映，从中找出各种因素的内在联系，通过描述寻找解决问题的答案，解决“是什么”的问题。

例：这一网站的网络会员特征有哪些？购买这一产品的网络消费者收入情况如何？

2. 因果性调研

因果性调研是对市场上出现的各种现象之间或问题之间的因果关系进行调研，目的是找出问题的原因和结果，通过了解现象发生的原因，解释市场行为，并帮助网络营销者了解面临的问题和局面，解决“为什么”的问题。

例：增加门户网站的广告费用？却发现产品的销售额没有增加。

3. 预测性调研

预测性调研是在取得过去和现在的各种市场情报资料的基础上，经过分析研究，运用科学的方法和手段，预测未来某一环节因素的变动对企业市场营销活动的影响，是解决“做什么”的问题。

例：网络广告能否增加产品未来的销售额？如果能，增加多少？

任务实施

步骤一：明确网络调研的目的

明确网络调研的目的，是为了让你的调研团队或配合执行人员清晰地了解网络调研工作的主要目标是什么，方向在哪里，对目前项目或即将执行的项目有什么好处或目的性。只有清楚地定义了网络市场调研的目的，才能正确地设计和实施调研。企业通常针对行业市场分析、竞争对手分析、目标用户分析这三个方面内容开展网络调研。

微课：策划网络调研

1. 行业市场分析

行业市场分析的核心工作是通过互联网和线下市场及数据调研，完成项目的存在依据和发展前景数据支撑。

（1）行业背景。行业背景关乎着项目的前景和优势，调研的目的是了解行业发展状况，预测行业发展前景。可以利用搜索引擎查找、访问相关网站搜集资料、查询网上专业数据库、统计专家或从业者发布的信息等方式获得。

（2）细分市场前景与状况。在前期行业背景的基础上，对行业细分市场进行数据调研和问题调研是非常有必要的，调研的目的是为了支撑项目可操作性和可执行性。可以利用搜索引擎查找、访问细分市场相关网站、访问电子商务平台等方式获得。

2. 目标用户分析

目标用户分析是为了更好地理解用户，将用户的目标、需求与商业宗旨相匹配，能够帮助企业定义产品的目标用户群。调研的目的是企业根据用户的属性、偏好、生活习惯、行为等信息而抽象出来形成用户画像。可利用社交媒体平台观察、网上问卷法、专题讨论等方式获得。

知识拓展

用户画像

移动互联网时代，精细化运营逐渐成为企业发展的重要竞争力，“用户画像”的概念也应运而生。用户画像是企业通过对海量数据信息进行清洗、聚类、分析，将数据抽象成标签，再利用这些标签形成具体化的用户形象。用户画像的建立能够帮助企业更好地为用户提供针对性的服务，在各领域得到了广泛的应用。

用户画像的形成需要经历四个过程：数据积累、数据清洗、数据建模分析、数据产出。其中，数据清洗和数据建模统称“数据处理”。在经过数据处理之后，分析用户的线上兴趣偏好和线下行为场景，依据行业企业需求设计数据维度，形成用户画像。

用户画像主要是对同一类用户进行不同维度的刻画。例如：对同一个电商的买家进行用户画像设计，就是将买家进一步细分和具象，如闲逛型用户、收藏型用户、比价型用户、购买型用户等。

3. 竞争对手分析

做完上述调研后，我们的竞争对手也会越来越清晰。通过分析竞争对手的产品特色、运营方式、市场地位、价格策略、网络促销等信息，可以得到很多的借鉴和规避直接的品牌对撞。可以通过搜索引擎查询、访问竞争对手网站、访问竞争对手官方媒体号等方式获得。

【想一想】各小组同学上网找出三份调研问卷，分析每一份调研问卷的调研目的是什么。

步骤二：掌握网络调研的方法

开展网络调研主要有两种方法：一种是直接进行的一手资料调查，即网络直接调研；另一种方法是利用互联网的媒体功能，在互联网上搜集二手资料，即网络间接调研。

1. 网络直接调研

网络市场直接调研指的是为当前特定的目的在互联网上搜集一手资料或原始信息的过程。直接调研的方法有数据统计法、专题讨论法、在线问卷法和网络 A/B 测试法。

（1）数据统计法。数据统计法的实施主要是通过搜集网络用户行为数据进行分析。数据分析软件能够记录网络浏览者各种行为数据，如浏览的时间、点击的内容、购买的产品等等；也能够记录网络浏览者的各种设备数据，如使用的手机/电脑类型、使用的浏览器类型等。

（2）专题讨论法。专题讨论法可通过知乎话题、论坛帖子、社群等方式进行。通过分析调研的目标市场，策划目标市场中的讨论话题，通过制造话题的矛盾点，引发网络用户讨论，进而获取有用的信息。

（3）网络问卷法。网络问卷法是指借助网络问卷平台制作网络调研问卷，并邀请大量的目标用户参与问卷填写，网络问卷法既可以企业自主开展，也可以委托专业公司进行。其优点是快捷、高效、成本低、针对性强，既节约调查员的大量走访时间，又能够利用平台的数据收集功能，快速形成统计结果。

（4）网络 A/B 测试法。网络 A/B 测试法是通过在网络中所投放的广告内容与形式进行实验。设计几种不同的广告内容和形式在网站平台上发布，广告的效果可以通过服务器端的访问统计软件随时监测，通过查看客户的反馈信息来判断，能够提供给企业第一手的信息资料。

2. 网络间接调研

网络间接调研主要指网上二手资料的搜集。要想从互联网海量的信息中搜集到有价值的信息并不是一件容易的事情，既要洞察信息存在的地方，还要掌握挖掘信息的工具，更要具备鉴别信息的慧眼。

（1）利用搜索引擎查找资料。利用搜索引擎，通过关键词查询的方法，搜索结果是与关键词相关的商机信息，比如供求信息、产品信息、企业信息、行业动态信息等。也可以利用垂直搜索引擎对某类专门信息进行搜索，通过对专业特定的领域或行业的内容进行专业和深入的分析挖掘、过滤筛选，这种检索信息定位更为精准。

（2）访问相关网站搜集资料。信息搜索的渠道应该全面化，通过行业分析、竞争对手分析等方式，将目标锁定在某些或某类网站上。与传统媒体的经济信息相比，网站的内容更新速度快，实时性强，通过深度访问这些网站，也能够找到企业所需的资料。

（3）利用网上数据库查找资料。网上数据库有付费和免费两种。在国外，市场调查用的数据库一般都是付费的。我国的数据库业近十年有较大的发展，近几年也出现了几个网络版的数据库，但它们都是文献信息型的数据库。

【想一想】“知乎圆桌”是知乎网站的一个栏目，每期不同的主题，都可以引来不少有料的知友无私地提供有趣的回答。每小组同学在“知乎圆桌”上找到一个话题，统计话题中有价值的商业信息，与同学们进行分享。

步骤三：实施网络调研的步骤

网络调研方案的设计必须有清晰的架构及目标，这样才能让你得到高质量的调研结果，而网络调研方案主要包括以下几个方面的内容：

1. 网络调研的目的和任务

调研目的是指特定的调查课题所要解决的问题，即为何要调查、要了解和解决什么问题、调查结果有什么用处。调研的任务是指在调研目的既定的条件下，市场调查应获取什么样的信息才能满足调研的需求。

2. 确定网络调研对象

确定网络调研对象是指明确向谁调研和由谁来提供资料的问题，要确定调查对象的特点与数据资料搜集的可能性。网络调研对象主要包括产品的消费者、企业的竞争者、网络用户、企业所在行业的管理者和行业研究机构等。

3. 设计调研活动

针对调研目的和调研对象，确定符合网络调研工作的调研方法，如采用网络直接调研法应该实施哪些活动，采用网络间接调研法应该实施哪些活动。调查活动的设计应根据调查的目的和任务、调查对象的特点、调查费用的多少、调查的精度要求做出选择。

4. 确定调查时间和调查期限

调查时间是指调查资料的所属时间，即应搜集调查对象哪个时间段或时点的数据。确定调查时间是为了保证数据的统一性，否则，数据无法分类和汇总，会导致市场调查失效。

5. 网络调研的参与人员

确定参与调研的执行人员名单，明细具体工作时间排期、地点及工作人员的具体工作内容和执行目标。如需要线下访问或电话访问的，也可提前准备话术，提供给需要执行的工作人员作为参考。

6. 项目预算与活动效果预估

确定资金预算是保障调研活动顺利进行，活动效果预估是对总体网络调研活动的目标性、可预见性进行预估，待执行完成整体活动后，与实际活动效果对比，查看是否达到预期效果，并进一步优化提升调研结果。

7. 撰写报告

调研报告的撰写是整个调研活动的最后一个阶段。报告不是数据和资料的简单堆砌，调研人员不能把大量的数字和复杂的统计技术扔到管理人员面前，否则就失去了调研的价值。正确的做法是把与营销关键决策有关的主要调查结果报告出来，并以调查报告所应具备的正规结构写作。

实战演练

实训目的：通过实训，使学生能够掌握如何确定网络调研的目标、掌握网络调研的方法和实施网络调研的步骤。

实训要求：学生以小组为单位完成实训任务，在实训过程中充分讨论，最终得出结论。

实训 1：写出网络调研的主要方法（见表 3－1）。

表 3－1

调研方法	主要方法
网络直接调研	
网络间接调研	

实训 2：假如你是一家化妆品/服装类淘宝店店主，根据实施调研的步骤，拟订一份你在店铺产品选择上的调研方案。

任务二 管理网络商务信息

案例导入

小于创业团队的“新新果农”淘宝店正式开始营业了。由于刚刚开始创业，团队成员虽然积极做好了售前、售中和售后的各项工作，但是网店的生意平平，每天也只有三五单业务。团队成员们都非常着急，怎么样做才能打开销路呢？创业团队经过开会讨论之后，一致认为要统计并分析商务信息后再做决策。

首先是基于淘宝后台的“生意参谋”进行信息统计，了解分析店铺的流量来源，对访问数、浏览数、浏览量、访问店铺数、老访客数、新访客数进行统计分析，做好店铺运营工作。然后又查看了很多销售同类水果的淘宝店铺，采集了商品图片、商品详情、商品文案、商品价格、商品促销等多种信息。

团队利用百度指数等工具了解了人们在购买水果前的关键词检索情况，分析用户需求；在淘宝直播、一直播、花椒直播、快手、抖音平台了解水果直播的方式和特点。除此之外，小于还带领团队成员学习了水果行业发展现状与市场前景分析报告。

一周后，小于创业团队成员搜集到大量的信息，小于把这些信息进行分类，把数据型信息交给擅长数据统计的同学，把图片、视频类信息交给擅长美工的同学处理。小于把重要的内容型信息整理成一份份文档，如直播前的准备、直播技巧、直播文案、客服服务流程与话术等，这些商务信息都成为小于开展网络营销决策的重要依据。

思考：

1. 案例中，小于统计商务信息的类型有哪些？
2. 你认为什么样的商务信息最难统计，并说出你的理由。

任务描述

网络营销离不开信息。企业必须能保证提供源源不断的有效的网络信息，用于网络营销决策。

在商务活动中，信息通常指的是商业消息、情报、数据、密码、知识等。网络商务信息限定了商务信息传递的媒体和途径。只有通过计算机网络传递的商务信息，包括文字、数据、表格、图形、影像、声音以及内容能够被人或计算机察知的符号系统，才属于网络商务信息的范畴。搜集到及时有效的商务信息是开启成功之旅的第一步。

知识准备

一、网络商务信息的定义

网络商务信息，是指存储于各个网络站点并在网络上传播的与商务活动有关的各种信息的集合，是各种网络商务活动之间相互联系、相互作用的描述和反映。一个完整的企业网络商务信息搜集系统包括先进的网络检索设备、科学的信息搜集方法和业务精通的网络信息检索员。

二、网络商务信息搜集的要求

在开展网络营销活动时，对网络商务信息搜集的要求是及时、准确、适度和经济。

1. 及时

微课：网络商务信息搜集

及时，是指要搜集在有效时间内的信息，这些信息可以迅速、灵敏地反映销售市场发展各方面的最新动态。信息都具有很明显的时效性，其价值与时间成反比。由于信息的识别、搜集、传递、统计都要花费一定的时间，因此，及时统计最新信息，减少信息滞留时间，尽可能提高时效性是网络商务信息搜集的主要目标之一。

2. 准确

准确，是指信息应真实地反映客观现实，失真度小。在网络营销中，由于买卖双方不直接见面，准确的信息就显得尤为重要。准确的信息才可能导致正确的市场决策，若信息源提供的信息不完整，或者信息在传递的过程中受到干扰，都可能会造成信息偏差或信息失真。信息失真，轻则会贻误商机，重则会使决策失误，并造成重大的损失。确保信息的准确性是网络商务信息搜集时的重要原则。

3. 适度

适度，是指提供信息要有针对性和目的性，不要无的放矢。没有信息，企业的营销活动就会完全处于一种盲目的状态。信息过多、过滥也会使得营销人员无所适从。在当今的信息时代，信息量越来越大，范围越来越广，不同的管理层次又对信息提出不同的要求。在这种情况下，网络商务信息的搜集必须目标明确，方法恰当，信息搜集的范围和数量要适度。

4. 经济

经济，是指如何以最低的费用获得必要的信息。追求经济效益是一切经济活动的中心，也是网络商务信息搜集的原则。网上大量的可用信息，有的是免费的，有的是收费的。应当明确，我们没有力量也不可能把网上所有的信息全部搜集起来，信息的及时性、准确性和适度性都要求建立在经济性基础之上。此外，提高经济性，还要注意使所获得的信息发挥最大的效用。

任务实施

步骤一：认知网络商务信息的类型

1. 网络市场信息

观察网络市场、了解网络市场、确定目标市场、选择目标市场策略、掌握网络市场动态，是企业进行有效网络营销的必要活动，也是掌握信息的重要手段。企业只有依靠大量准确的网络市场信息，才能有效地开展网络营销活动，改善企业与网络环境的各种关系，进行正确有效的网络营销决策。为此，营销决策的科学化要求企业建立现代化的信息处理系统，并以此作为指导企业网络营销决策活动的前提。

狭义的网络市场信息，是指有关商品在网络上销售的情况、网络销售的平台、网络消费者的行为模式、网络销售渠道、产品评价等。

广义的网络市场信息包括多方面反映网络市场活动的相关信息，如网络环境情况、社会需求情况、流通渠道情况、产品情况、竞争者情况、原材料/能源供应情况、科技研究、应用情况及动向等。

2. 数据信息

微课：管理网络商务信息

随着互联网的发展，企业的营销推广阵地从电视、广播、杂志、报纸等传统平台转移到网站、微信、微博、今日头条等新媒体平台。在这些新媒体网站上，每天都有大量的数据产生，诸如流量数据、转化数据、浏览数据、阅读数据、下载数据、粉丝数据等，这些数据同样也是企业需要搜集的重要商务信息内容。数据信息的分析是企业运营、产品生产等方面不可或缺的决策手段，它包括数值型数据信息和图文型数据信息两种类型。

数值型数据信息主要由数字组成，以淘宝店铺后台数据为例（见图3－1），可以获得的数据有访客数、浏览量、人均浏览量、老访客数、新访客数，这是都是帮助网店决策的重要数据信息。

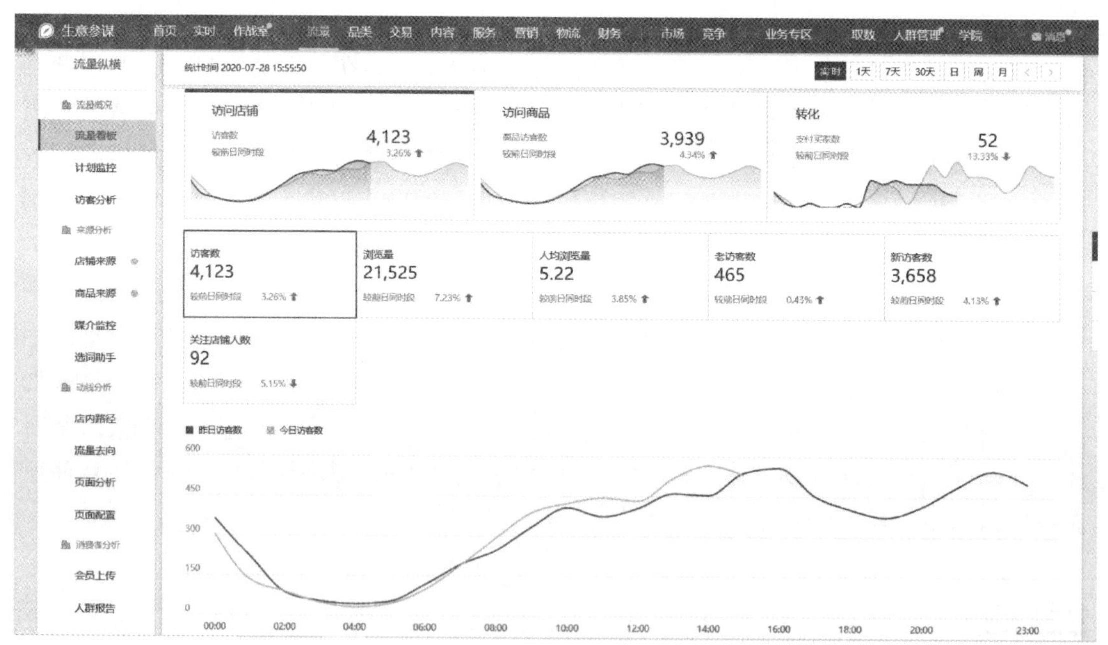

图3－1　淘宝生意参谋后台

图文型数据信息是由文字和图片等形式构成，这些图文型数据信息通常以比较形象化的图形、图表、曲线等形式表示，常见的图文信息包括网站栏目分类、账户粉丝分类、微信公众号自定义菜单归类、社会化媒体矩阵等（见图3－2）。

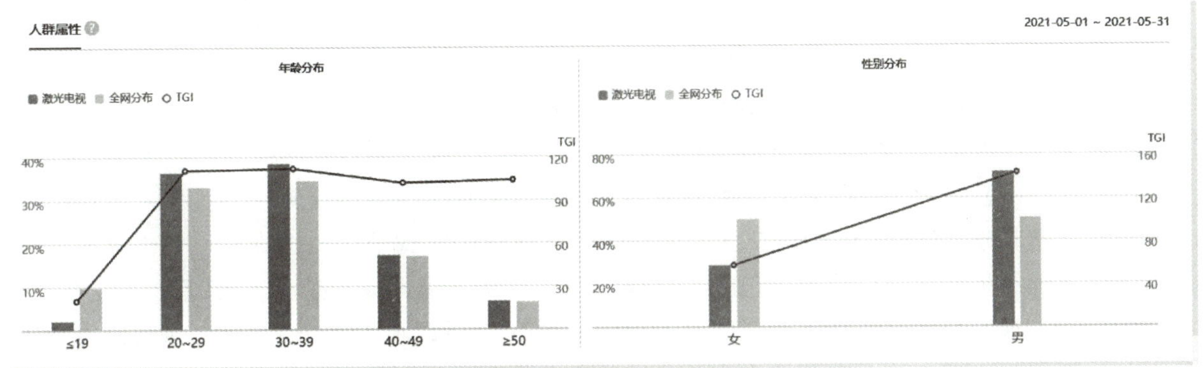

图 3－2　百度指数搜索人群属性分析图

【想一想】 百度指数是以百度海量网民行为数据为基础的数据分享平台。登录百度指数，分析一下你在这里可以获取哪些商务信息。

步骤二：掌握网络商务信息搜集的途径与方法

1. 市场信息搜集的途径与方法

（1）使用网络调研问卷。网络调研问卷法是指研究者通过向被调查人群分发问卷进行信息搜集的方法。网络调研问卷一般针对的是客户/消费者等个体，目的是探究调查对象对某些问题或现象的认识、看法或态度，比如客户画像、消费行为、购买偏好等。问卷主要用于统计大量用户信息，回答没有对错之分，只需要调查对象根据自己的真实情况做出问答。所以为了保证调查结果的真实性，问卷一般不需要填写被调查者的姓名，而采用匿名的方式。因为网络调研问卷填写不受时间限制，因此具有便捷性、经济性、较强的准确性。

（2）登录官方机构网站查询信息。官方机构网站包括政府部门、行业协会网站等，一般是查找行业数据、国家宏观数据等的首选。搜集政府部门的数据，首选国家统计局（http：//data. stats. gov. cn/）网站，基本上涵盖了绝大部分宏观数据，包括人口、产值、贸易等，而且还有国家各部委的相关数据。此外各省都有自己的政府统计网站，基本能找到本省的大部分宏观数据。行业协会是搜集行业数据的最好选择，大部分此类机构都是业内企业联合发起的专业性组织，一般都会定期公布行业数据。

（3）登录第三方咨询平台网站查询信息。第三方咨询是介于企业和信息技术、软件开发和服务提供商之间的第三方机构，凭借其行业专家、管理专家和 IT 专家共同组成的高水平咨询顾问人才队伍，长期的从业经验和产品市场信息优势，应用其独特的信息化咨询理论体系和实施方法，为企业信息化决策、规划、设计、实施和系统运行各个阶段分别提供信息化可行性研究、信息化总体规划、辅助招标和系统运行维护评价等服务。

（4）社交媒体网站信息统计。社交媒体已经是网络用户生活中不可分割的一部分。随着社交媒体平台数量的增多以及在大众中的不断普及，社交媒体影响力不断扩大。很多社交媒体平台开始关注垂直化内容的构建，打造垂直化的兴趣社区，兼具媒体和社区属性。企业可以充分利用社交媒体网站统计的各类信息，比如微博在推出兴趣信息流的同时，还在测试将兴趣信息流提升到更重要的位置。测试表明这对用户消费内容有明显拉动，尤其是对新用户的留存率和活跃率带来显著提升。

2. 数据信息搜集的途径与方法

（1）利用Web日志搜集数据信息。网站分析数据的搜集从网站访问者输入URL向网站服务器发出http请求就开始了。网站服务器接收到请求后会在自己的Log文件中追加一条记录，记录内容包括：远程主机名（或者是IP地址）、登录名、登录全名、发请求的日期、发请求的时间、请求的详细（包括请求的方法、地址、协议）、请求返回的状态、请求文档的大小等。一些专业的工具厂商会有专门的处理服务器对大量的Log数据进行处理，并将处理后的数据存放入自己的数据库中，网站经营人员通过访问分析报表系统查看网站的分析数据。也有一些中小网站主出于成本的考虑会借助简单的网站日志分析软件完成对Log数据的处理，当然处理后的数据会有一定的局限性。

（2）使用平台统计工具搜集信息。每个电商平台都会有自建的后台数据统计工具或第三方数据统计工具。如微信公众号后台可以查看账户的原始数据，如阅读量、粉丝数等指标，西瓜数据、清博指数、新榜等第三方微信数据统计工具能够实现阅读数监控、公众号诊断、公众号排行、公众号信息采集等更多功能，知微数据分析平台可以分析微博的传播路径、转发次数、地域分布等信息，淘宝平台生意参谋可以统计流量、用户、转化等多类信息。

【想一想】使用新榜数据平台，了解美食领域排名前列的账号有哪些？分析这些账号的基本运营情况如何。

步骤三：统计网络商务信息

统计网络商务信息一般分为三个步骤：搜索、集成、整理。

搜索就是“找信息”，使用各种搜索渠道快速找到所需的精准信息，这些信息可以是一手信息也可以是二手信息，信息的类型可以有文字、图形、影像、声音等不同类型。

集成就是“存信息”，把找到的信息定制成为资料库，按照自定义的主题进行分类存储，存储的方式可以按照逻辑思路整理，也可以按照信息的基本类型属性存储在方便访问的地方。

整理就是“理信息”，信息单纯集成而不加整理，时间长了就会杂乱无章，所以才会出现很多人自己的硬盘资料库已经塞满了，每当需要什么资料的时候，还是需要去搜索的情况。定期对所集成的信息进行整理，如归类、去重、留精、加可供搜索的标签等等，能够显著提升信息搜索效率。

实战演练

实训目的：通过实训，能够掌握网络信息搜集的类型和方法并进行合理的分类，能够根据商业行为需求搜集并整理适度的商业信息。

实训要求：学生以小组为单位完成实训任务，在实训过程中充分讨论，最终得出结论。

实训 1：假如你要创建一个美食类的微信公众号，完成公众号创建前的信息搜集。

实训 2：将搜集好的信息进行分类整理并填入表 3－2 中；各小组同学互相对比，发现自己的优势和问题。

表 3－2

搜集信息类型	搜集的地点	使用的工具

任务三　确定网络目标市场

案例导入

小于创业团队根据前期运行情况统计发现，在前期运营时，主要销售产品为中高端的精品水果，购买水果的用户主要是一些中高端用户，且以上海、广州等一线城市居多。他们对水果的品质、包装要求都比较高，属于高端消费人群。

但是水果不像一些标准化产品，同一个果园的水果品质也各有不同。为了拓展渠道，“新新果农”进一步确定了细分市场，打造了多个水果品牌，在推广上拓展了直播营销的方式。在直播中，主播或穿梭在果林里展示水果的生长环境，或坐在桌前将水果的口感、功效以及适合的人群介绍给观众，由此吸引了大量“00”后用户粉丝。在淘宝直播，用户可以一边观看直播一边直接下单购买。在一直播、花椒直播和快手、抖音等平台，团队则通过引导添加关注，发送微店名片等方式，引导用户到微店购买。

聚焦于互联网生鲜电商产品质量无法保证的痛点，“新新果农”创业团队从供应链的源头抓起，将规范化种植、采摘、分拣和品牌化运营及冷链物流系统建设融为一体，逐渐打造原产地品牌推广、互联网社群营销、直播营销的新模式。

【想一想】

1. 分析“新新果农”的两类用户分别具有什么特征？
2. 分析“新新果农”采取了哪些网络营销的新策略？

任务描述

企业必须对网络市场信息有深入的了解，根据人口统计特征、地理位置、心理特征和行为特征等多种要素确定细分市场，使用一些可行性、盈利性和增长性的标准选择对企业最具吸引力的目标市场。分析目标客户，完成用户画像是企业应重点开展的工作。网络营销人员要根据企业目标市场需求和市场竞争环境制定企业的经营战略和市场定位战略，信息、产品和服务在网上的传播要体现差异化的特点，这样才能吸引顾客并与之建立长期关系。

知识准备

一、什么是市场细分

市场细分，是指营销者通过市场调研，依据消费者的需要和欲望、购买行为和购买习惯等方面的差异，把某一产品的市场整体划分为若干个具有相似特征的市场。市场细分的结果就是形成若干个消费群，每一个细分市场都是具有类似需求倾向的消费者构成的群体。

微课：市场细分

二、什么是利基市场

利基市场，是指在较大的细分市场中具有相似兴趣或需求的一小群顾客所占有的市场空间。可以说利基市场是存活于大公司的缝隙之间，大公司经常忽略或者无法进入的市场。大多数成功的创业型企业一开始并不在大市场开展业务，而是通过识别较大市场中新兴的或未被发现的利基市场来发展业务。

任务实施

步骤一：细分网络市场

网络营销市场细分是企业进行网络营销的一个非常重要的战略步骤，是企业认识网络营销市场、研究网络营销市场，进而选择网络目标市场的基础和前提。企业需要针对网络消费者进行细分，可分为地理细分市场、人口统计细分市场、心理细分市场和行为细分市场。

1. 地理细分市场

尽管对于网络消费者来说开展网络经营的企业所处的地理位置并不重要，但是对于企业来说却是非常重要，大多数企业瞄准的是它所提供产品和服务在不同国家、城市和地区的销售情况。因为处在不同地理环境下的消费者，对于同一类产品往往会有不同的需要与偏好。例如，元宵节的节日食品是元宵/汤圆，它们在做法上和名称上都有所不同，在网上购买元宵/汤圆时，北方地区消费者的检索词往往是“元宵”，而南方地区消费者的检索词往往是“汤圆”。

（1）地理位置。可以按照行政区划来进行细分，如在我国，可以划分为东北、华北、西北、西南、华东和华南几个地区；也可以按照地理区域来进行细分，如划分为省、自治区，市、县等，或内地、沿海、城市、农村等。在不同地区，消费者的需求存在较大差异。

（2）城镇大小。可划分为大城市、中等城市、小城市和乡镇。处在不同规模城镇的消费者，在消费水平和消费习惯方面存在较大差异。

（3）地形和气候。按地形可划分为平原、丘陵、山区、沙漠地带等：按气候可分为热带、亚热带、温带、寒带等。防暑降温、御寒保暖之类的消费品就可按不同的气候带来划分。如在我国北方，冬天气候寒冷，雪地靴就有市场；但在海南，由于温度较高，基本上不存在对雪地靴的需求。

2. 人口统计细分市场

截至2019年6月，中国互联网普及率达到61.2%，网民规模突破8.5亿人。互联网的发展极大改变了人们的生活习惯，促使各细分人群服务需求的进一步发展，同时提升了细分群体市场的服务效率和服务边界，推动其加速发展。下面主要针对女性市场、Z时代用户市场和新中产市场三类进行分析。

微课：网络目标市场策划

（1）女性市场。根据统计显示：女性网民在娱乐、生活、购物方面对互联网依赖程度较高，对母婴、海淘、外卖需求较高，最受女性用户喜爱的产品涵盖摄影图像、女性健康、育儿亲子、视频娱乐、电商购物领域。当代女性更加追求美与时尚，愈发重视女性健康，网购也成为女性生活中不可或缺的购物方式，因此女性市场是重要的人口细分市场。

（2）Z世代用户市场。Z世代用户指在1995—2009年出生的人，又称网络世代、互联网世代，是伴随互联网、即时通讯、短讯、智能手机和平板电脑等科技产物发展长大的一代。

Z世代作为互联网的“原住民”，生活网络化程度较高，尤其体现在购物、生活和出行领域。Z世代用户最喜爱的产品有弹幕视频类、网络直播类、游戏类、求职招聘类、社交类、音乐类和K歌类的产品。随着Z世代逐步迈入职场，他们对求职应聘的需求比较高。而在娱乐社交方面，Z世代有着更多元化的需求，是推动互联网经济发展的重要力量。

（3）新中产市场。随着经济增长、收入水平提高、消费升级，新中产崛起，成为消费大军中的重要一员。他们成为中高端群体经济的代表，消费理念从“越便宜越好”转变为“满足自身情感需求的消费”，并且购物时越来越不注重奢侈品的品牌价值，偏向于高性价比、高质量商品。受新中产喜爱的产品涵盖了家居家装、租房、汽车、金融理财、健身、旅行、新闻资讯、有声阅读多个领域。新中产用户对居住、出行、理财、健身、获取资讯具有更多样化的需求。

3. 心理细分市场

用户心理特征包括个性、价值观、生活方式、兴趣及观念等，可以根据这些维度确定心理细分市场。

（1）兴趣。兴趣社区是指有相同兴趣和目的的人聚焦在某个网络社区，这些社区有非常明显的兴趣爱好导向且有极强的群体凝聚力。在兴趣社区上，用户可以一起创造有价值的内容，而伴随源源不断的优质内容的产生，又会提高这些用户的社区忠诚度。

在“90后”“00后”中较有影响力的兴趣社区如偶像社区、音乐社区和游戏社区等垂直性社区，这些社区可以基于品牌、地点和兴趣标签的图片进行分享，也可以向用户提供评论、点赞、转发等信息发布和互动讨论。

（2）购买动机。购买动机是指消费者购买产品的出发点，即消费者追求的利益。消费者对所购产品追求的利益主要有求实、求廉、求新、求美、求名、求安等，这些都可作为细分的变量。例如，有人购买服装为了遮体保暖，有人是为了美的追求，有人则为了体现自身的经济实力等。因此，企业可对市场按利益变量进行细分，确定目标市场。

（3）生活方式。很多行业需要按照消费者的生活方式来进行细分，如服装、化妆品、家具、娱乐等行业。生活方式是人们对工作、消费、娱乐的特定习惯和模式，不同的生活方式会产生不同的需求偏好，如“传统型”“时尚型”“节俭型”“奢侈型”“颜值型”等。这种细分方法能显示出不同群体对同种商品在心理需求方面的差异性，如根据网络消费者爱拍照、爱分享的特点，产品的“颜值”被很多商家所重视，很多产品在外观、外包装上提升品位，以满足网络消费者的需求。

4. 行为细分市场

按行为因素细分，就是按照消费者购买或使用某种商品的时间、购买数量、购买频率、对品牌的忠诚度等来细分市场。

（1）购买时间。许多产品的消费具有时间性，如礼盒的消费主要集中在春节之前，月饼的消费主要在中秋节，旅游点在旅游旺季生意最兴隆。因此，企业可以根据消费者产生需要、购买或使用产品的时间进行市场细分；网上书店可以在寒暑假期间大做广告，吸引学生网上买书；商家在夏季大做空调广告，可以有效增加销量；双11、6·18等电商节日更是网上促销的好时机。

（2）购买数量。购买数量在一定程度上指的是购买力的问题，可分为大量用户、中量用户和少量用户。为匹配不同类型用户，企业往往在产品包装和网络促销上进行区分。在网络促销上会考虑购买数量的因素，比如买300减20、满200包邮、第二件5折等。在产品数量包装上有量贩装、独立包装等形式。

（3）购买频率。购买频率可分为经常购买、一般购买、不常购买（潜在购买者）。根据购买频率，企业往往设置网站会员，如京东就设置PLUS会员，通过交纳会员年费，企业可以提供更多的超值服务，以增加消费者的购买频率和购物消费。

（4）购买习惯。根据购买习惯可将消费者划分为坚定品牌忠诚者、多品牌忠诚者、转移的忠诚者、无品牌忠诚者等。例如，有的消费者忠诚于某些产品、有的消费者忠诚于某些服务，有的消费者则容易被价格左右。为此，企业必须辨别忠诚顾客及特征，以便更好地满足他们的需求。

【想一想】请选择一个你感兴趣的产品市场，如服装、面膜、茶叶、土特产等，根据本节课学习的知识进行市场细分，得出分析结果。

步骤二：分析网络目标用户

截至2019年6月，中国互联网普及率已经达到61.2%，网民规模突破8.5亿人，整体发展进入成熟阶段。与此同时，互联网整体人口红利基本消失，各企业开始将竞争的焦点转移至垂直群体市场。网络消费者个性化行为更加明显，人们不再以价格、数量、新品、商标和可炫耀程度为选择商品的标准，买什么、何处买、为何而买以及购物后反思，受到更多关注。面对此种变化，服务各群体市场的产品也需要更具针对性。

1. 购物社交化

“埃森哲 2018 中国消费者研究”显示，近九成的消费者有自己的兴趣圈子，以美食、旅游、运动健身等最为普遍。兴趣圈子对消费者购买行为产生了极为可观的影响力，多数消费者表示更愿意相信和购买兴趣圈子中推荐的产品，就算价格偏高也可接受。

比如微信，当几乎所有中国消费者都拥有微信时，与其说生活在别处，不如说生活在别人的朋友圈里。微信上的种种推荐、分享，刺激着围观朋友的好奇心和购买欲。

2. 注重体验

在很多网络消费者看来，购物购买的不仅仅是商品，更是一种体验。关注用户体验的商家通常在用户、场景和营销上重新定义，抓住购物流程的每一个细节。比如，小米不仅注重成本的把控和售价，更关注用户的体验，小米能够成功收获如此多的“米粉”。再比如小郎酒“扫描赢红包”活动，增加了品牌与消费者之间的互动性，通过扫描赢红包建立起消费者数据库，既激活了消费者兴趣，又收集了消费者信息。

3. 商品综合信息比较

随着购物信息更加透明，比价行为正变得越来越大众化。值得注意的是，消费者“货比三家”不只是追求更低的价格，而是会比较商品的各方面信息，做一个“精明的消费者”。还有很多消费者对于购物时间尤其看重，不再追求商品的丰富化，而希望在短时间内买到自己需要的产品。

4. 绿色消费理念提升

网络消费群体越来越关注环保和安全问题，更看重商品的“绿色属性”，对绿色产品有更强的购买欲望和购买力，特别是在食品、母婴、保健品等方面。在购物时逐渐趋于理性消费，注重网购消费结构健康化，避免浪费。闲置商品促使二手交易平台更加活跃。

5. 共享理念提升

新时代不仅带来了冲动消费，也带来了反省意识以及对于平衡物质消费和精神消费的追求。越来越多的消费者希望物品可以更有价值、更合理地使用，比如通过共享使商品使用价值最大化。“共享经济”已渗透到各行各业，这片共享蓝海正留待互联网公司和传统企业共同开发。

步骤三：分析竞争对手

竞争对手是指在某一行业或领域中，与本企业拥有相同或相似资源（如人力、资金、产品、环境、渠道、品牌、智力等资源），提供功能相同或相似的产品或服务，争夺现实或潜在的顾客，对本企业持续发展可能造成威胁的任何企业。

竞争对手分析，是指企业通过某种分析方法识别出竞争对手，并对它们的目标、资源、市场力量和当前战略等要素进行评价。

1. 区分竞争对手

行业内的竞争对手有很多，哪些是需要重点关注的，可以按照竞争力的大小分为五个等级：

第一级：行业翘楚，也就是行业内排名靠前、竞争力最强的对手，行业翘楚就是我们需要学习和模仿的对象。

第二级：实力相当的竞争对手，是实力与自己不相上下的对手，这些企业是行业中强劲的对手，相互竞争度最大。

第三级：实力比自己略差，把你视作追赶目标的对手。比自己略差的竞争对手是要重点关注的，因为一不小心，对方就极有可能在短期内赶上或是超越你。

第四级：行业小企业，这类企业与你实力悬殊较大，竞争力比较小，在短期内不构成威胁。

第五级：行业新秀，行业新秀在起步阶段也要重点关注，因为新秀很可能就是市场上杀出的一匹黑马，直接进入第二或者第三级别。

2. 研究竞争对手

明确竞争对手后，就可以直接访问该企业网站，搜集第一手的资料。也可以利用常见的工具或软件，分析竞争对手的各项数据指标，并据此做出判断。

（1）访问竞争对手的网站，并对其进行分析。当你确定了一个竞争对手之后，第一步要做的就是进入其官方网站，并对该网站进行简单的分析。首先分析他们的网站是否是一个经过专业设计的网站，然后需要对网站的内容和质量进行分析。简单的分析之后，还要关注搜索引擎对该企业的收录情况，如果收录很好，还需要找出收录很好的原因。你的竞争对手网站可以给你传递很多有价值的东西，将这些内容进行记录。

完成一个竞争对手网络的分析后，再进入其他的竞争对手的网站，也进行同样的分析，得出结论，并根据对这些网站的简单分析，对比检查本企业的网站。

（2）评估你的竞争对手在社会化媒体的表现。社会化媒体的发展速度之快，需要企业时刻保持敏锐的洞察力。各种新媒体平台的崛起，也带动了更多直接广告之外的营销形式。企业可以通过这些营销形式抓紧消费者，例如，登录微信、微博、抖音、今日头条等新媒体平台，关注你的主要竞争对手在这些网站的表现，是对竞争对手进行分析的重要内容。

（3）去竞争对手的网站进行用户体验度检测。网络使所有东西商品化，要赢得客户，关键不是产品，而是用户体验。把自己作为一个用户，访问竞争对手的网站，从网站的布局、访问的流程、网站的服务等细节进行体验。然后再对比和分析自己的网站，根据不同的竞争对手对于用户体验度的优化，来总结并找出一个相同点，将这个相同点进行特色化或是个性化的加强，让本企业的网站更加突出并持续地优化这些内容。

【想一想】 选择一个你感兴趣的产品市场，如服装、面膜、图书、手机等，通过搜索引擎、电子商务平台等方式进行调研，确定三个竞争对手，对竞争对手的网站（网店）运营情况进行分析，得出分析结果。

步骤四：定位网络目标市场

市场定位是企业及产品确定在目标市场上所处的位置。市场定位是由两位美国营销学家在 1972 年提出的，其含义是指企业根据竞争者现有产品在市场上所处的位置，针对顾客对该类产品某些特征或属性的重视程度，为本企业产品塑造与众不同的、给人印象鲜明的形象，并将这种形象生动地传递给顾客，从而使该产品在市场上确定适当的位置。简而言之就是在目标客户心目中树立产品独特的形象，使产品在目标消费者心目中相对于竞争产品而言占据清晰、特别和理想的位置。因此，企业设计的市场定位必须使其产品有别于竞争品牌，并力争取得在目标市场中的最大战略优势。

1. 避免与大公司竞争

无论是线上还是线下，大公司在资金、品牌、渠道、推广等方面都有很大的优势，尤其是网络创业者在选择目标市场时，要尽量避免与大公司正面竞争，在渠道、资金、品牌方面理性定位。

网络营销渠道是利用互联网提供可利用的产品和服务，完成商品和服务从生产者向消费者转移过程的具体通道或路径。

目前网络营销渠道主要有网上直销、电子商务中间商和新媒体渠道。

网上直销与传统直接分销渠道一样，企业可以通过建设网络营销站点，借助网上支付工具并于物流公司合作，完成营销渠道中的订货功能、支付功能和配送功能。

中间商是指一些大的电商平台，这些电商平台信息资源丰富、信息处理速度快，基于平台可以提供大量的网络服务，称之为“电子中间商”。

随着智能手机、平板电脑等新媒体的普及，各种手机应用软件通过网络迅速传播开来。微信等新媒体渠道成为企业开展网络营销的重要渠道。电商企业也在不断探索这种新媒体平台上的营销模式。

2. 差异化市场定位

在设计企业的营销策略之前，企业应该根据目标市场的需求和竞争环境的状况制定市场定位战略。在目前的网络市场环境下，制定战略的目标是体现差异化优势。差异化市场定位的关键是积极寻找市场空白点，选择目标市场，挖掘消费者尚未满足的个性化需求，开发产品的新功能，赋予品牌新的价值。

著名战略管理专家迈克尔·波特是这样描述差异化战略的：当一个公司能够向客户提供一些独特的、其他竞争对手无法替代的商品、对客户来说其价值不仅仅是一种廉价商品时，这个公司就把自己与竞争厂商区别开来了。

差异化市场定位可以体现在产品创新、服务差异化和品牌形象差异化三个方面。

（1）产品创新。互联网技术的发展，带动了一大批互联网公司、互联网产品的兴起，将新技术赋能传统生产、生活方式，是对现有生产力、生产效率的有效升级。比如通过互联网技术实现资源的共享，出现了共享汽车、共享单车等共享出行新模式；通过机器学习、深度学习的发展，实现了智能安防、自动驾驶等解放人类生产力的新模式；通过区块链技术的发展，实现了食物溯源、智能协议的应用与落地。

（2）服务差异化。在日益激烈的市场竞争中，服务已成为全部经营活动的出发点和归宿。在互联网环境下，提升用户体验是网络营销企业的共同目标。企业可以从不同的客户接触点去全方位的了解和服务客户，更好地维护客户关系、开展客户服务。例如，唯品会首先实现“名牌折扣＋限时抢购＋IF品保险”的网络营销定位，其独特的差异化定位是成就其成为今天的全球领先特卖电商的第一步。而其限时性、限量性与奢侈品相结合的模式，较大程度地带动了消费者的购买冲动，提升消费者重复购买的可能性。

（3）品牌形象差异化。品牌形象包括两个方面：一是品牌视觉形象，包含品牌logo、网站界面等元素；二是社会形象，指的是品牌在各种社会阶层心中的形象。因此，可以从这两个方面着手实现差异化：生动、鲜明、易于识别的品牌形象设计和良好社会公益形象，使品牌更具亲和力。例如三只松鼠卡通的外观包装、江小白独特的文案都体现了这一点。

【想一想】 选择一个你感兴趣的产品市场（如服装、化妆品、电子产品、游戏等），进行网络市场差异化定位，将分析结果按照表3－3的形式进行作答。

表3－3

差异化市场定位	初步设想1	初步设想2	初步设想3
产品创新			
服务差异化			
品牌形象差异化			

实战演练

实训目的： 通过实训，使学生能够掌握网络调研的方法、商务信息搜集与统计、目标市场定位等内容。

实训要求： 学生以小组为单位完成实训任务，在实训过程中充分讨论，最终得出结论。

实训1： 网络调研方法分为直接调研和间接调研，分别写出相应的调研方法（见表3－4）。

表3－4

调研类型	具体调研方法
网络直接调研	
网络间接调研	

实训2： 统计网络商务信息一般分为三个步骤：搜索、集成、整理。完成表3－5中商务信息类型和相应的搜集途径。

表3－5

商务信息的类型	商务信息搜集的途径

实训3： 通过目标市场细分、目标用户分析和竞争对手分析，能够定位网络目标市场，针对知乎、百度知道、豆瓣的网络用户和用户场景进行分析（见表3－6）。

表 3－6

网站	用户群	特点
知乎		
百度知道		
豆瓣		

项目评价

表 3－7　学生学习评价表

序号	知识点	评价标准	学生自评		教师评价	
			达标	未达标	达标	未达标
1	网络调研的优势	说出三种以上网络调研的优势				
2	网络调研的类型	能够根据调研的目的和功能说出三种调研类型				
3	网络商务信息搜集的要求	能够说出网络商务信息搜集的要求				
4	网络商务信息的类型	掌握网络商务信息的分类				
5	网络调研的方法	能够掌握网络直接调研和网络间接调研的主要方法				
序号	技能点	评价标准	学生自评		教师评价	
			达标	未达标	达标	未达标
6	明确网络调研的目的	说明企业开展调研的三个方面				
7	掌握实施网络调研的步骤	能够设计网络调研方案				
8	掌握网络商务信息搜集的途径与方法	明晰不同类型的信息不同的搜集途径				
9	统计网络商务信息	掌握统计网络商务信息的三个步骤				
10	细分网络市场	能够针对网络消费者进行市场细分				
11	分析网络目标用户	能够举例说明网络目标用户特点和用户应用场景				
12	分析竞争对手	能够确定竞争对手、研究竞争对手和评估竞争对手				
13	差异化目标市场定位	在市场定位上实现产品创新、服务差异化和品牌形象差异化				
序号	素质点	评价标准	学生自评		教师评价	
			达标	未达标	达标	未达标
14	创新意识	能够差异化市场定位上提出自己的创新方法				
15	协作精神	能够和团队成员协商，共同完成实训任务				
16	信息搜集能力	能够借助不同的网络平台，搜集有价值的网络商务信息				

思考练习

一、简答题

1. 简述网络市场调研的一般流程和常用方法。

2. 网络目标市场选择的原则和依据是什么？

二、论述题

1. 独特卖点是给消费者一个理由，为什么要选择你的产品和服务。试举出四种以上产品的独特卖点。

2. 尝试归纳总结提炼独特卖点的方法。

三、案例分析

近几年江小白通过颠覆传统的营销方式，实现了低成本快速切入市场。

1. 开发“年轻化”白酒

白酒产品大多定位于高端市场。江小白酒业的创始人陶石泉表示，每次朋友聚会大家都要喝上一点白酒，但是太高端的酒对于年轻人来说消费不起，而廉价的白酒又感觉似乎上不了台面。于是开发一款“年轻化”白酒的想法在陶石泉的心中开始萌发。

2. 品牌的名称简单易记

对于品牌的名称，陶石泉曾有过许多的方案，当看到青春偶像剧《男人帮》剧中那个略害羞、略文艺、偶尔装深沉的男主角“顾小白”以及另一部电视剧《将军》里的主人公“虞小白”后，“江小白”这个既通俗简单，又一听就能记住的名字，在他的脑海里出现了。于是，一个长着大众脸，鼻梁上架着无镜片黑框眼镜，系着英伦风格的黑白格子围巾，身穿休闲西装的帅气小男生成为“江小白”的卡通形象。

3. 品牌形象有内涵

陶石泉的团队在之后的营销中不断尝试着赋予这个小男生鲜明的个性：时尚、简单、我行我素，善于卖萌、自嘲，却有着一颗文艺的心。这个形象还有一句常挂嘴边的口号——“我是江小白，生活很简单”。而正是这样一句简单却充满正能量的话语迅速在网上爆红。

4. 精准的市场定位

江小白的市场定位并不是一般的白酒，而是定位于“情绪饮料”，它提出了“不回避、不惧怕，任意释放情绪”的产品形象宣言。

这是一种“避强定位法”，这种定位策略可以让企业避免与强有力的竞争对手发生正面冲突，将自己的产品定位于竞争者未开拓的市场区域内，产品的某些特征或属性就可以与竞争者的产品形成差异化。江小白采用特色定位，用自己的特点在消费者心中树立独特的形象，以区别于其他品牌的白酒。

江小白针对自己的目标市场，进行这样的精准定位也是对大数据有效利用的结果。

思考：

1. 现在的商品同质化非常严重，请问案例中江小白是如何做好市场定位的？

2. 在网上查找关于江小白的相关内容，通过网络调研分析江小白如何做到产品场景化。

项目四

玩转自媒体图文推广

学习思维导图

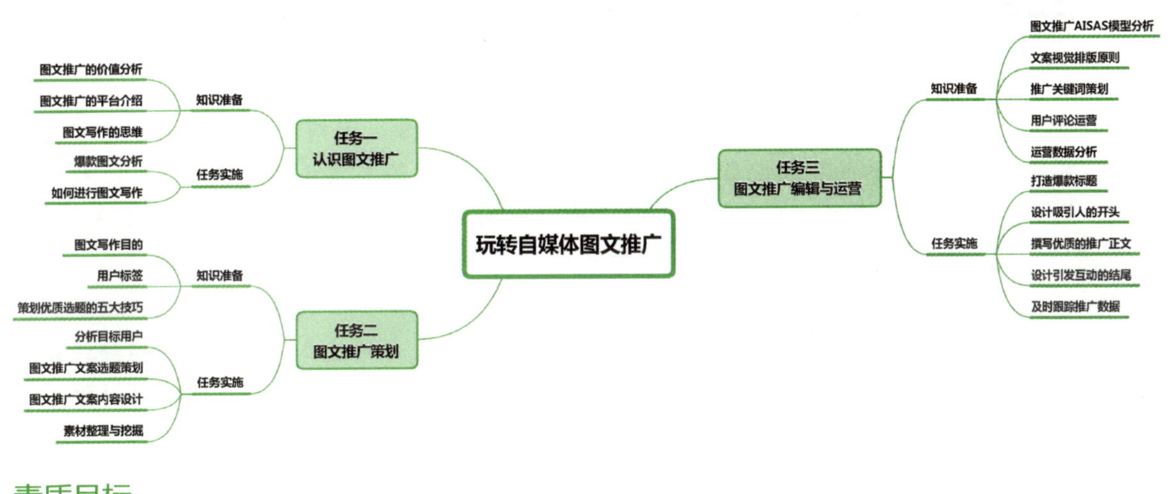

素质目标

- □ 具备团队合作精神，小组能够协调分工完成任务
- □ 具备开拓创新思维，能够推陈出新，创作优质图文内容
- □ 具备资源整合能力，能够借助外部资源进行图文运营与推广
- □ 具备正确的价值观，开展积极向上的图文内容创作与推广
- □ 具备职业法律意识，在图文内容创作方面，遵循并宣传相应的法律法规

知识目标

- □ 了解图文推广的价值
- □ 了解图文推广的平台
- □ 理解图文推广的整体思路
- □ 掌握图文推广的写作技巧

- ☐ 掌握图文推广的日常运营方法
- ☐ 掌握常用的数据分析工具与指标

能力目标

- ☐ 能够准确分析目标用户群体
- ☐ 掌握图文选题的原则与技巧，策划优质选题
- ☐ 掌握图文写作的原则与技巧，打造爆款图文
- ☐ 根据自媒体平台特性进行全平台运营与推广
- ☐ 通过数据分析进行图文内容优化与迭代

任务一 认识图文推广

案例导入

吴晓波谈自媒体

你的生活中一定有很多自媒体平台，如微信公众号、微博、抖音等。著名财经作家、知名自媒体人吴晓波，在一次演讲中分享了他对自媒体发展的看法。他说，自媒体是2012年开始出现的，经过这些年的发展，到现在这个阶段，自媒体的变化有三个：

第一个变化是，比用户数更重要的是用户关系。

以前自媒体的用户数有多少，粉丝量有多少，是特别重要的事情。但现在这个数据已经不是那么重要了。吴晓波觉得，更重要的是用户关系的建立。比如，有些粉丝数很多的自媒体号，投放了付费产品之后，几乎产生不了什么销量，反倒是一些粉丝比较少的自媒体能产生销售。也就是说，用户的活跃度并不与用户数的增长呈正比，用户数并不能反映出一个自媒体真实的用户关系。

第二个变化是，比10万+更重要的是“百万单品”。

之前大家除了看有多少粉丝，还有个习惯就是看这个公众号有多少文章的阅读量是10万+。吴晓波认为，未来公众号能不能产生10万+的文章，只是评价它价值的前提。而最重要的是，这10万+的文章最终能产生多少的商业价值。

第三个变化是，比排名更重要的是品类第一。

吴晓波觉得，自媒体的排名也好、用户数也好都不重要，重要的是，在整个格局形成以后，你在单一品类中的影响力有多大。不管你是做酒的自媒体，还是做财经知识的自媒体，在这个品类中，你在全国能够排到第几位，能不能做到品类第一，这比用户数更加重要。所以，品类的排名变成了最重要的衡量标准。

总结一下，自媒体发展的三个变化是：比用户数更重要的是用户关系，比10万+更重要的是“百万单品”，比排名更重要的是品类第一。

（资料来源：青瓜传媒，http：//www. opp2. com/38745. html。）

思考：

打开你的手机，看一下微信、抖音、今日头条等软件，找一找哪些自媒体做得好？

任务描述

自媒体时代已经到来，微信公众号、今日头条、抖音、快手等自媒体平台迅速崛起，图文、条漫、短视频、vlog、知识付费等内容形式随之火爆，自媒体越来越多地吸引了用户的注意力。在自媒体平台中，目前最常见的展现方式是图文。一个好的图文作品传播效果惊人，甚至在几个小时内就可能传播上百万人。想要撰写一个质量好的、具有推广价值的图文作品，首先要明白图文推广的基本要素，比如平台特点、思维模式等。让我们一起走进图文推广的世界。

知识准备

一、图文推广的价值分析

图文推广是目前自媒体推广最常见的类型，主要是以文字和图片相结合的形式输出内容和创意。自媒体时代，图文推广的营销价值主要体现在以下三个方面：

微课：图文推广价值

1. 打造个人品牌

正如微信公众号的 slogan：再小的个体，也有自己的品牌。事实证明，自媒体图文能够以最短的链接路径连接所有人，沉淀并放大个人品牌，形成超级个体闭环。所以，与传统营销推广方式相比，自媒体图文推广可以用更低的用户成本、更强的信任背书以及更便捷的线上支付获得更高的价值溢价。

2. 电商运营

图文曝光产生流量，流量带来用户，用户一旦沉淀在你的平台上，你就拥有了媒体属性以及商业价值，比如可以电商带货。目前常见的几大自媒体平台，如微信公众号、头条号、百家号等，都已经开通电商带货功能，在图文中插入商品链接，就可以直接达成交易。

3. 内容付费

内容付费的本质在于把内容变成产品或服务，收取用户费用，实现商业价值。自媒体平台如头条号、百家号都提供了比较好的内容付费工具：专栏。当用户看到感兴趣的内容时，可以直接付费学习更加系统、更加专业的内容。

【想一想】除了以上三点，自媒体图文推广还有什么营销价值？请举例说明。

二、图文推广的平台介绍

各种自媒体平台如雨后春笋般兴起，为人人都是自媒体提供了可能。基于不同的内容类型和运营方向，我们可以把自媒体平台按公众类、问答类、专业类、社区类、视频类、知识付费类等进行分类，如图 4－1 所示。

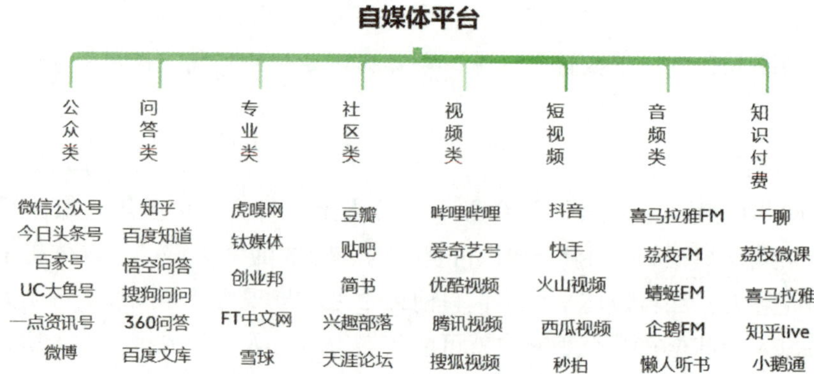

图 4－1　自媒体平台分类

公众类平台我们比较熟知的微信公众号、今日头条号等公众类平台，作为自媒体行业领头军，日活量大，平台稳定，聚合能力强，是图文创作者目前的主要阵地。

问答类平台，综合类如知乎、百度知道等，垂直类如医疗领域的 39 问医生、有问必答等。这类平台易于搜索，人群精准，也聚集了不少优秀图文创作者。

专业类平台主要是专注深耕某一行业领域，如虎嗅网、钛媒体、创业邦等，行业针对性强，适合垂直领域的图文创作者。

社区类平台如豆瓣、贴吧、简书等，具有社交属性，用户生成内容（UGC）易于传播，目前也聚集了一些优秀图文创作者。

随着 5G 时代的到来，音/视频平台异军崛起，特别是短视频，必将对图文推广产生一定冲击，但图文依旧是生成内容的主力军，在专业性和垂直深度上，图文推广拥有极大优势。

对于内容创作者来说，多平台发展似乎是必然的，同样的内容要在多个平台做最大程度的分发。但术业有专攻，特别是对新手来说，要明确自我定位，选择与自我定位相符的平台。建议新手可以从今日头条号、百度百家号等流量大、创作扶持力度大、容易操作的平台开始，选定一个主攻的核心平台，不断打磨内容，坚持输出价值，在积累了一定粉丝量和写作经验后，重点运营 3～4 个平台，进行多平台分发。当然，无论入驻哪个自媒体平台，内容为王，只有持续输出优质的原创内容，才可能打造出优秀的个人品牌，实现商业价值。

三、图文写作的思维

1. 产品思维

用户阅读图文的逻辑和购买商品的逻辑一样，可以说是用时间和注意力当作货币购买内容。所以，创作者要用做产品的方式去分析用户需求，逐步试错，验证迭代，最终输出一篇达到用户预期的文章。

2. 用户思维

用户思维是指了解用户，理解用户，写出用户心中的普遍期待。面对互联网时代的信息洪流，占领用户心智是自媒体图文推广的出发点也是主要目标。优秀的内容创作者一定是从用户需求出发，站在用户和社会的角度进行创作，还原用户真实的阅读环境，杜绝自嗨型写作。

3. 规则意识

无规矩不成方圆。打造爆款固然重要，但自媒体创作的底线不能丢。对于内容创作者来说，遵守社会主义核心价值观，遵守自媒体平台的管理规范，不制造低俗、夸张、虚假的内容，不涉黄涉赌，不恶意竞争，不恶意煽动情绪，杜绝抄袭、洗稿等行为。总之，不做有毒的自媒体是最基本的职业素养。

任务实施

步骤一：爆款图文分析

爆款图文，是指在特定或多个圈层（年龄、地域、行业等）内，实现大量曝光，造成传播现象的图文内容。常见的爆文阅读量可达到十万、百万甚至千万级别。

微课：爆款图文分析

爆款图文通常具备较高的阅读价值，易于传播，能够取得较好的推广效果。一般来说，爆款图文具备以下四点共同属性：

1. 激发用户的情感共鸣

事实证明，成功的爆款图文通常能够与用户建立情感连接，激发用户情感共鸣，也就是把话真正说到用户心坎上。通常来说，当内容聚焦在“爱”“向往”“留恋”等情感共鸣点时，往往具备“引爆”的特质。例如文章《谢谢你爱我》，选题聚焦于平凡生活里关于爱的正能量故事，打开率和阅读量惊人。

2. 提供适当的信息增量

“提供一定的信息增量”是目前大部分自媒体平台对图文内容的硬性要求之一。那如何界定信息增量是否合适呢？

适当的信息增量是指图文内容要能给予用户一些新的观念或者知识，但又不能太新，避免与用户已有的认知产生断层。如果信息密度过于饱和，用户消化和理解的成本太高，很难产生兴奋感，也就没有分享传播的动力。如果反之，信息密度过于稀薄，用户没有获得新知和新奇感，也不会分享传播。

3. 拟定强吸引力的标题

事实证明，吸睛的标题可以让同样内容的阅读量提升 10 倍之多。与传统媒体时代相比，自媒体时代用户的时间和注意力越来越少，阅读习惯和阅读环境已经发生极大改变。用户在地铁上或者排队时可以用三五分钟看完一篇文章，但如果图文标题不具有吸引力，他们根本不会点击阅读正文。所以，给图文拟定一个吸睛的标题十分重要。

4. 撰写生动有趣的正文

当前互联网环境下，用户的时间呈碎片化趋势，想要提高完读率就需要不断给予用户刺激，使其一直处于兴奋状态，吸引用户阅读到最后。通常，可以通过制造冲突或者悬念，引发用户好奇；也可以根据内容合理布局表情包、抖段子，让用户觉得有趣，吸引用户完成阅读。

【想一想】 自媒体图文写作与传统媒体写作一样吗？主要区别在哪里？

步骤二：如何进行图文写作

微课：如何进行图文写作

【想一想】如果你接到图文写作的任务，第一反应是什么？你会怎样完成写作任务？

一般来说，自媒体图文写作可以通过三个步骤完成，如图 4－2 所示。

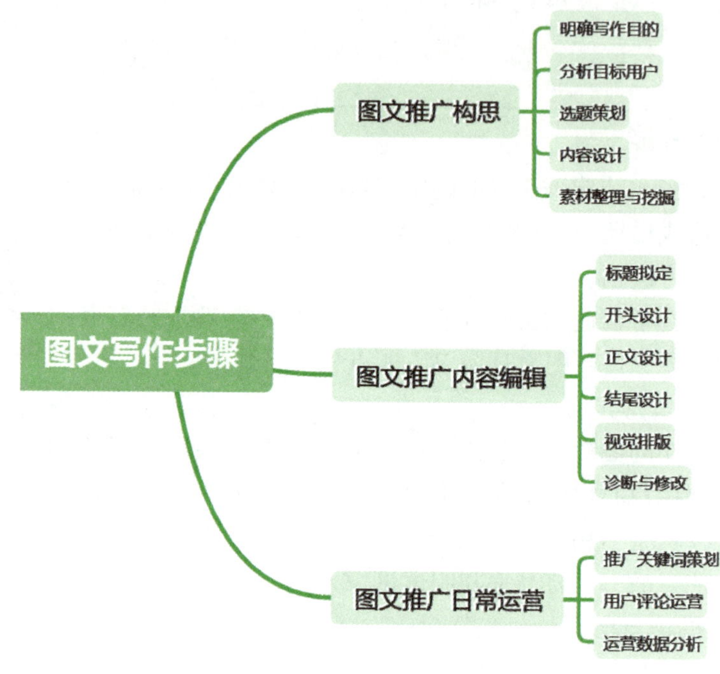

图 4－2　图文写作步骤

1. 图文推广构思

在写作之前，需要解决以下问题：此次写作的目标是什么？我们的目标用户是谁？我们要让用户了解什么信息？感受到什么？做出什么决定？

通常可以用列出提纲或者思维导图的形式梳理清楚以上问题，可以帮助我们明确写作目的，分析目标用户，策划选题角度，设计内容纲要以及整理素材，做好写作之前的准备工作。

2. 图文推广内容编辑

内容编辑主要是通过拟定标题、撰写正文、视觉排版、修改优化等步骤完成创意表达，实现吸引用户、销售转化、品牌传播或者活动推广等目的。

3. 图文推广运营

内容编辑完成后，还要进行内容的运营与推广。通过精心策划推广关键词以及运营用户评论，提高文章的传播效果以及用户互动率，加强用户对文章及账号的认知。通过对图文数据和用户数据进行分析，持续了解用户的真实需求，加强对图文质量的判断，不断优化内容，迭代升级内容。

实战演练

实训目的： 通过实训，能够对主流自媒体平台进行调研，比较、分析主流自媒体平台的异同，学会分析爆款图文的特点和规律。

实训要求： 学生以小组为单位完成实训任务，在实训过程中充分讨论，最终得出结论。

实训1： 对表4－1中的自媒体平台进行调研分析，比较自媒体平台的异同，完成表4－1。

表4－1　自媒体平台调研

	调研平台	目标用户	内容形式	推荐机制	平台激励	变现方式	平台特色/优势
调研结果	微信公众号						
	今日头条号						
	百家号						
	大鱼号						
调研方法							
调研步骤							
资料来源							

实训2： 请自主选择5篇近期爆款图文进行分析完成表4－2。要求：尽可能全面地拆解内容，寻找爆款规律。

表4－2　爆款图文分析

分析项目	爆款1	爆款2	爆款3	爆款4	爆款5
文章标题					
选题方向					
内容类型					
形式创意					
语言风格					
传播转化					

任务二　图文推广策划

案例导入

一篇传播100万+的推广文章（上）

这篇阅读量100万+的图文首发于“芥末微报”，标题是“上海宝格丽，你凭什么这么贵?”，推送日期是2018年7月23日，作者是巨土文化首席执行官池骋。数据显示，文章的最终阅读量为135万，分享转发人数12万；其中，分享人数是2.8万，文章的朋友圈阅读97万，新增粉丝2.3万。据池骋介绍，这篇爆款图文是按照以下步骤进行创作的：

1. 选题。2018年6月，池骋在朋友圈刷到了一篇来自公众号“一期一宿”的文章：“7年，20亿，全上海都在等的宝格丽酒店，我花6000去睡。”当时，这篇文章阅读量3万，而“一期一宿”的平均阅读量是2000。经过判断，池骋分析：“上海宝格丽开业”是一个有潜力被写成爆款的选题。这个选题既有话题性，又有资讯价值。所以，他开始一边定标题，一边想角度。

2. 标题和角度。经过思考，池骋确定了标题“上海宝格丽，你凭什么这么贵?”，一共12个字，可以在聊天栏完整地显示。前5个字是标题的视觉核心，用“上海宝格丽”，而不用“宝格丽酒店”，可以让标题更有价值感。因为“上海”两个字会让用户感觉文章的内容和自己有关。毕竟，就算人不在上海，也有机会去上海。而“你凭什么这么贵?”是制造冲突感的部分。同时，选题的撰写角度也确定下来。

3. 素材。对于种草类的内容，最优质的素材一定来自亲身经历。于是，池骋决定亲身体验一番，他入住了上海宝格丽酒店的精选外滩景观房，5830元一晚。素材来源有了，接下来是挖掘和整理素材。池骋把这篇文章的素材分成了三大类：(1) 镇楼素材，用于文章的前三屏，作用是超出标题给用户的内容预期，并且给用户读完全文的动机。(2) 主体素材，用来具体回答“上海宝格丽，究竟贵在哪里?”(3) 升华素材，设计一个好结尾带来更好的互动效果。

……

思考：请在网上搜索一下上海宝格丽酒店的相关信息，如果让你通过一篇图文介绍这个酒店，你想选择什么主题进行策划?

（资料来源：节选自池骋：《新媒体写作八节课》头条运营训练营。）

任务描述

写一篇好的文学作品，需要具备良好的语言功底和创意思路，而要写一篇具备营销价值的图文推广文章更是要功底深厚：首先你要了解企业想做推广的目的是什么，还要知晓这篇文章的目标人群是谁、有什么行为习惯。根据这两点进行选题的策划、内容的设计和基本素材的整理，万事俱备以后，才能进行真正的图文编辑。下面，让我们一起来看一看这几步应该怎么做。

知识准备

一、图文写作目的

明确写作目的是图文写作的第一步。通常来说，自媒体图文推广主要有销售转化、品牌宣传、活动推广、用户服务、内容传播等目的。基于不同的推广目的，图文主要可以分为产品销售类、品牌宣传类以及活动推广类。

微课：图文写作目的

产品销售类图文的核心目标是达成销售。这类图文通常要刺激用户产生需求，建立信任感，最终付诸购买行动。一个好的卖货图文，可以提高转化率，优化用户体验，增加品牌美誉度。

品牌宣传类图文的核心目标是塑造品牌。这类图文通常要体现企业的品牌形象与企业文化内涵，所以图文要符合品牌调性，能引起用户的情感共鸣，加深用户对品牌的印象。

活动推广类图文的核心目标是吸引用户、留存用户。这类图文往往形式多样化，交互性强，可适当运用语音、视频、表情包、网页元素等，吸引用户兴趣，提高用户留存率和用户黏性。

二、用户标签

提炼用户标签可以用一个公式来描述，见图 4-3。

图 4-3　用户标签提炼公式

研究用户固定属性、用户路径及用户场景后，提炼出关键词，就形成了一套完整的用户标签。不过，用户标签只是用户画像的中间过程，呈现的只是用户画像的基本轮廓，而不是最终的画像结果。新媒体运营者需要在用户标签的基础上进行画像描述，以呈现完整的用户特征。

描述用户画像看起来只是一个“写作文”或“写剧本”的过程，按照标签进行文字延展。但是在具体描述时，需要做到完整化、细节化。完整化，即用户行为全过程完整表述，不能人为地跳过一些步骤；细节化，即具体描述用户场景，不能一笔带过。

案例重现

如何绘制用户画像

Better Me 大本营是一个陪伴成长型社群，通过线上“微信群＋公众号”与线下“总舵＋城市营”相结合的形式不断裂变，成为国内有影响力的社群之一。Better Me 大本营不到一年的时间从零起步到上万人参与，除了运营团队本身的努力外，与社群精准的用户画像密不可分。

固定属性方面，Better Me 大本营的主要用户标签包括：年龄 20～25 岁、大学生或职场新人、女性、现居直辖市或省会城市等；用户路径方面，Better Me 大本营的主要用户标签包括：爱用微信聊天、爱看成长类公众号、爱学职场技能类知识等；用户场景方面，Better Me 大本营的主要用户标签包括：晚间在微信群听课、睡前翻看微信公众号等。

借助“用户标签＝固定属性＋用户路径＋用户场景”可得到 Better Me 大本营的用户主要标签。

标签类别	标签内容
固定属性	20～25 岁、大学生或职场新人、女性、直辖市或省会城市
用户路径	微信聊天、关注成长类公众号、学习职场技能类知识
用户场景	微信群听课、睡前翻看微信公众号

结合用户标签，运营者可以为 Better Me 大本营进行用户画像描述：“她们目前在直辖市或省会城市，以 20～25 岁的女白领和女大学生为主。白天她们爱用微信聊天；晚上她们喜欢在微信群参加职场技能类训练营；睡觉前她们还会再用手机翻一翻微信公众号，学习成长类干货。”

围绕以上用户画像，Better Me 大本营的各项运营工作便有章可循，如线下活动最好选择直辖市或省会城市；微信公众号尽量在 22：00—24：00 推送；线上训练营最好在微信群举办等。

（资料来源：勾俊伟：《新媒体运营》，人民邮电出版社 2018 年版。）

三、策划优质选题的五大技巧

什么是优质选题？必然是有质又有量的选题，即质量要硬，流量要大。如何策划优质选题？这要从如何保证文章的质和量这两个角度出发。

1. 选题要戳中普遍痛点

痛点，其实是恐惧。很多爆款文章都是在写人们的恐惧。例如“人到中年，职场半坡”，这篇文章针对的是人们对中年危机的恐惧。30 多岁的人普遍会面对职业瓶颈、家庭重压、身体透支等问题，看到这样的文章会点击阅读，即使 20 多岁的年轻人看到也会忍不住点击，这就是人们的普遍痛点。

2. 选题要引发群体共鸣

群体共鸣，可以理解为作者释放的某种情绪让很多人产生了相同的情绪，这些人因情绪共振而参与互动。我们追求的是群体共鸣，而不是极少数人的共鸣。比如“中年程序员都在想什么”，这个选题的核心就是“人到中年的程序员，生活不易，但职业初心不变”。这样的文章几乎能引发所有目标用户真正的内心共鸣，而且会让用户积极参与互动。这篇文章的评论区有近千条留言，很多人将文章转发朋友圈，阅读量超过了 10 万。所以，策划选题时，要找到群体性的共鸣。

3. 选题要制造身份认同

每个人身上都有很多标签，每一个标签其实是在定义一个群体，这就是身份认同。互联网上，在信息的洪流中，每个人都是孤独的，安全感来源于找到了同类。每一次具有身份认同的文章出现时，都会成为该群体中人与人之间的连接器，而一次转发行为，就是在对外释放自己的身份信号，确认自我，连接他人。比如“山东男孩过节回乡指南”“都市职场生存图鉴”等。

4. 选题要借用热点赋能

热点是指同一个时间段内有更多人关注的某一件事。作者之间的竞争，本质上是在争夺用户的时间和注意力。那么追热点就是作者追求流量过程中必须要做的事情。比如“17 岁追随张勇做服务员，海底捞上市后身价 30 亿：人这一生，框架重于勤奋”，这篇文章的核心主题“框架重于勤奋”以及分论点，是作者长期思考的产物。只是当“海底捞上市”这个热点事件出现时，作者意识到，该事件中的人和事是论证自己观点的绝佳案例，所以作者借助热点输出自己的思考成果，并广泛传播。

5. 选题要提供多维度新知

想要创造价值，就要提供新知：新知识、新认知、新方法、新材料、新故事、新视角、新形式、新联系、新组合等多种维度。同样的选题，如果不能给用户提供新的信息或者认知角度，与其他图文内容同质化严重，用户不会感兴趣点击阅读。因此，在策划选题时，必须要从多维度思考，给选题注入新鲜的生命力，比如以下选题：“这些照片你永远不会在历史书上看到”（提供新材料）、“阿里云的这群疯子”（提供新故事）、“滴滴裁员 2000 人启示：牛人都有铁饭碗”（提供新视角）。

任务实施

步骤一：分析目标用户

图文推广的目标用户群体不同，写作的内容和方法也会有所不同。正确的目标用户定位与分析，能够正确把握用户的消费心理，让图文推广更加精准，也更加深入人心。图文内容如果不能打动用户，即使写得再好也没有用。

通常，我们通过用户画像来分析目标用户。通过用户画像，我们可以清楚地了解我们的用户群体是谁？他们的行为是怎样的？他们有什么共同需求？也就是所谓的痛点。好的图文能将用户的痛点与共鸣点纳入内容创作之中，写出用户心中的普遍期待。

构建用户画像常用的数据信息主要来自于网站后台数据、实地调研分析、权威行业报告、第三方新媒体数据分析工具（如百度指数、百度搜索风云榜、西瓜数据、新榜等）。通过分析用户数据，确定用户基本信息（如年龄阶段、性别、地域、职业、收入水平、教育程度等），归纳提炼出用户群体标签，进而补充细节与场景，完善用户画像描述，让我们的目标用户分析更加科学、精准。

【想一想】分析你所熟知的一个项目（产品/企业）的用户，尝试找出典型用户，给用户贴标签，绘制该项目群体用户画像，要求尽可能考虑全面。

步骤二：图文推广文案选题策划

图文推广的关键环节是进行选题规划。策划选题，实际上就是明确要让用户了解什么信息？感受到什么？做出什么决定？

微课：图文推广文案选题策划

一个好的选题，要具备以下特征：

1. 与目标用户关联度高的选题

不同目标人群关注点是不同的，比如中产阶级，可能比较高频的关注词汇是健身、房价、升职等；母婴群体比较高频的关注词汇是辅食、早教、海淘、奶粉等。所以，我们可以运用马斯洛需求理论来洞察不同目标群体的关注点（如图4-4所示）。马斯洛需求层次理论将人的需求从低到高依次分为生理需求、安全需求、社交需求、尊重需求和自我实现需求。马斯洛认为，越是底层的需求越是基本的，只有当一个人满足了较低的需求之后，才能出现较高级的需求。

图4-4 马斯洛需求层次理论

依照马斯洛需求层次理论进行选题策划，能够更好地了解目标用户需求，找准引爆点。比如某职场领域自媒体策划了两个选题，一个是教你如何写出阅读量 10 万 + 的文章，另一个是教你如何在下班后赚到 100 万。前者属于社交和尊重需求，后者属于安全需求。该公众号的用户是职场年轻人，安全需求大于社交和尊重需求。所以，后一个选题要比前一个更受欢迎。

2. 与近期热点关联度高的选题

除了洞察目标用户的需求，选题策划者还要多关注社会热点。关注社会热点，特别是那些低门槛、高共鸣、新观点、反常态的热点，很容易引发用户情绪共鸣。例如，目前“95 后”“00 后”着迷的流行文化如“汉服文化”“新国潮”等，都可以成为热点选题。但在借势热点的同时，要注意深挖话题，实现用户信息增量，凸显品牌特征。

3. 与日常生活关联度高的选题

人们对身边的事情和与自己生活关联度高的事情会投入更多关注，也更乐于阅读、讨论和传播。自媒体时代，人人都是自媒体，UGC（用户生产内容）顺应而生，用户成为内容生产的合作者。比如某微信公众号，经常发起话题讨论活动，从用户身上挖掘大量素材并整理成文，阅读量非常可观，更容易引发用户共鸣。

步骤三：图文推广文案内容设计

有了好的选题和足够的素材，下一步就是内容设计。内容设计，实际上是基于选题撰写一份图文内容大纲，为之后的正式写作理清思路，明确观点。

微课：图文推广内容设计

1. 内容设计步骤

① 基于选题和素材，进行思维发散，把所有可写的观点罗列出来。

② 整理出这些观点之间的逻辑关系，并进行适当的增减和修改。

③ 确定引领全文的核心观点，之后的子观点和案例，都是为核心观点服务。

④ 整理出完整大纲（开头引入、中间子观点/案例、收尾），并进行相应描述。

2. 内容设计大纲

优质的图文内容要求核心观点明确、整体逻辑清晰、素材指向观点。在内容设计上，特别要注意整体逻辑清晰。撰写内容设计大纲的目的就是让用户更容易看懂，减少用户的阅读负担。

内容设计大纲通常采用“金字塔”结构，因为金字塔原理符合人们获取信息的原理。常见的金字塔结构有两种（如图 4－5 所示）：

一是并列结构：一篇文章有一个核心观点，开头即引出核心观点，中间正文通过多个案例来支持核心观点，结尾总结升华。并列结构在情感故事类、热点类图文中比较常见。

二是总分结构：一篇文章有一个核心观点和多个子观点，一般在开头引出核心观点，通过多个子观点（最好 3～4 个）来支撑中心思想。总分结构在偏议论说服类的干货文、热点文、情感文中比较常见。

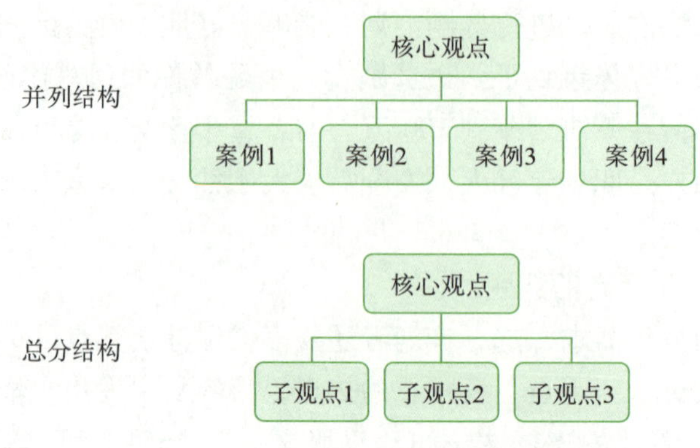

图4－5 常见的两种金字塔结构

例如，小米推出某款新品手机，核心观点是“性能怪兽”，通过三个子观点“骁龙835”“护眼屏”“后置双摄”进行论证，每个子观点有充足的素材支撑，在此基础上进行细节补充，就可以写出一篇产品类图文了（见图4－6）。

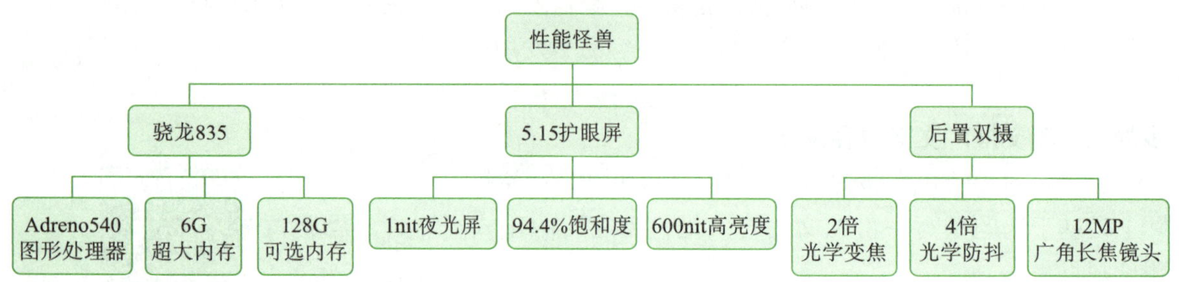

图4－6 金字塔原理案例（小米手机）

步骤四：素材整理与挖掘

策划一个好的选题只是打造优质图文的第一步，接下来还需要相当多的素材积累。素材可以协助确定选题的角度和观点。

素材是图文的“血肉”，有了丰富的素材，图文内容才能给用户提供“价值感”。素材往往是生动具体的、有故事性的，但素材并不等同于故事。素材种类并无局限，能够丰富图文内容的都可以作为素材，比如独特新颖的观点、金句、段子或者书摘等。

关于素材，图文创作者需要有足够敏感的意识和搜集渠道。一般来说，素材来源于自身经历、身边人经历、用户反馈、流量平台、专家或权威人物、引起广泛讨论的节目或影视剧、书籍等。

用户反馈是很好的素材来源。素材来自用户，反映的是用户本身的痛点，从中挖掘出来的选题成为爆款的可能性很高。图文创作者可以多关注好奇心日报、新榜以及知乎等用户意见聚集的平台，能够搜集到很好的素材，从中了解用户的真实想法；也可以多关注文章评论区，感人的故事或者精辟的句子，都是非常好的素材；还可以通过某个话题引导用户分析，直接整理成文或者专门做用户调研。

素材收集，本质上就是“从量变到质变”的过程。作为图文创作者，对生活要时刻保持敏感和兴奋感，发现并搜集有新意的、有趣的或有话题的素材，养成随手记录素材的习惯，整理一个自己的素材库，最好把素材根据类型或主题分类，方便需要的时候快速查询。

实战演练

实训目的： 通过实训，能够针对企业的品牌或者产品，为某个电商节进行图文推广的选题策划，并能够条理清楚地设计推广文章的内容大纲。

实训要求： 学生以小组为单位，充分讨论，利用发散思维，尽可能提出更多的观点进行比较、选择。内容设计应突出产品卖点/品牌特性，条理清晰、有新意。

实训 1： 选择某个企业，以“双 11”电商大促为背景，助力企业“双 11”营销活动为目的进行选题策划，按照表 4 –3 的形式完成实训。

表 4 –3　选题策划

选题	选题角度	立意阐述	预期效果
选题 1			
选题 2			
选题 3			
……			

实训 2： 通过整理素材以及思维发散，找出至少三个可写的观点，讨论确定一个核心观点，并采用所学的金字塔结构，理清整体逻辑，按照表 4 –4 所列形式完成内容设计大纲。

表 4 –4　内容设计大纲

选题	
核心观点	
子观点或案例	简要描述子观点或案例素材，并给出选择理由。 1. 2. 3. 4.
金字塔结构图	利用金字塔结构，列出核心观点和子观点/案例之间的逻辑关系。

任务三　图文推广编辑与运营

案例导入

一篇传播100万+推广文章（下）

……

4. 编辑。文章一定得看起来“高大上”。池骋决定在版面设计上要做到极致的视觉体验。比如，主体文案的每一行都做到了字数相同；再通过留白、对齐、统一风格的照片来提升视觉上的冲击力。

5. 成稿。成稿之前必不可少的是优化。池骋的方法是把自己想象成用户，然后反复读文章。在读的过程中，只要有一点不顺畅的地方就马上修改，直到改无可改了，才算成稿。

6. 互动。成稿推送后的评论区互动主要包括精选什么样的留言以及如何回复留言。池骋的经验是：(1) 点赞动机相同的留言，最多选两个。(2) 批评性质的留言，如果是恶意的，要有理有据地回复留言，然后把留言展现出来。(3) 如果用户的批评有理有据，也要回复，肯定留言的观点，给出自己的想法。

以上步骤就是一篇有传播力的爆款文章从选题到成稿的过程。

最后就是推广后图文的复盘。一篇有传播力的文章，从选题到成稿，最重要的是以下四点：

1. 保持敏感度。
2. 理性地分析判断。
3. 有逻辑地整理素材。
4. 站在读者角度，不断优化文章。

（资料来源：节选自池骋：《新媒体写作八节课》，头条运营训练营。）

思考：在图文推广中能不能把负面留言直接删掉？为什么？

任务描述

随着互联网的发展，大家对网络中呈现的图文、视频作品要求越来越高，不仅要能从中获取有价值的东西，还要赏心悦目、幽默风趣……一个亮眼的标题可以让你的读者点开文章，优质的文章内容可以让你的读者记住并传播你的文章，良好的用户互动让读者有参与感……图文编辑运营的每一个环节都很重要，都是这篇文章能够成功推广的要素。下面，让我们一起来学习图文推广的编辑及运营。

知识准备

一、图文推广 AISAS 模型分析

互联网智能时代来临，与传统媒体广告不同，自媒体图文必须围绕互联网用户进行设计。AISAS 模型是基于互联网时代的市场特征出现的一种用户决策分析模型，如图 4－7 所示。在图文推广中，我们可以运用该模型了解用户的阅读行为与心理，进行有目的的写作，即围绕互联网用户进行图文内容创作，引导用户持续阅读下去并激发用户产生互动行为。AISAS 在图文推广中的应用见表 4－5。

微课：图文推广 AISAS 模型分析

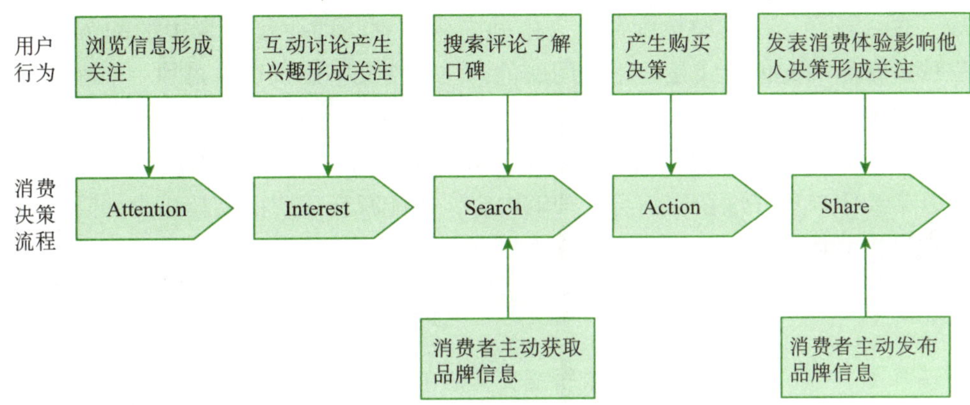

图 4－7　AISAS 模型

表 4－5　AISAS 在图文推广中的应用

AISAS 模型	图文	预期效果
引起注意	标题	吸引人注意力、引导点击阅读正文
引起兴趣	开头	引入场景，有代入感，愿意继续阅读
进行搜索	正文	信任感、价值感、信息增量，主动获取品牌/产品信息
用户行为	结尾	强互动、引导购买、转发、点赞、评论等用户行为
分享推广	推广	较好的传播力、口碑营销

二、文案视觉排版原则

排版是内容的门面。优秀的排版能够给用户更好的阅读体验。虽然，不同自媒体平台对排版有不同的要求，但都有一个共同的基本诉求，那就是让文章内容条理清晰，让用户更轻松地读完全文。不论是在哪个自媒体平台，要做出优秀的排版都要遵循一定的原则和要求。

微课：图文推广排版原则

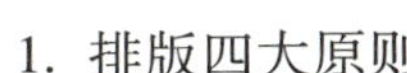

1. 排版四大原则

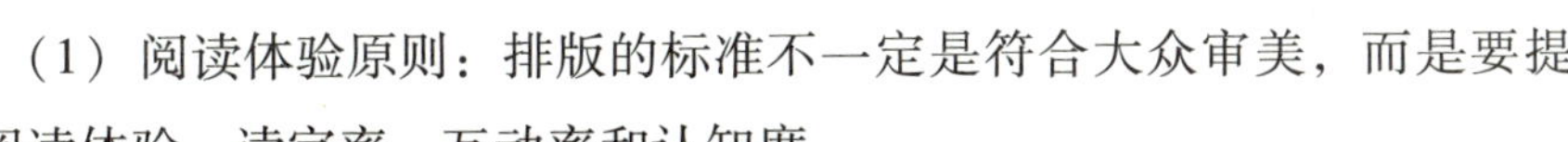

（1）阅读体验原则：排版的标准不一定是符合大众审美，而是要提升阅读体验、读完率、互动率和认知度。

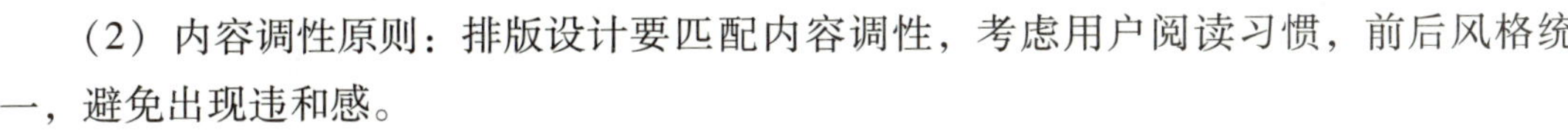

（2）内容调性原则：排版设计要匹配内容调性，考虑用户阅读习惯，前后风格统一，避免出现违和感。

（3）加深认知原则：在体验优先、调性匹配的基础上，通过个性化排版形式和视觉元素，制造账号辨识度，加深用户对公众号的认知。比如，插画、表情包的运用、真人出镜等。

（4）持续稳定原则：避免频繁更改封面图案和排版风格。稳定的视觉设计体现账号的专业度，加深用户认知。

2. 排版基础要求

（1）文字规范。关于文字规范，最重要的一点是要尽量符合用户一贯的阅读习惯，不要增加用户阅读负担。此外，还要突出重点，引导用户关注我们想要表达的重点内容。通常，我们通过特殊排版如加底色、加边框、标注颜色、加粗、配图等突出重点。

（2）图文配色。图文整体配色建议遵循三色原则，即一篇文章中的配色最好不要超过三种。常见的配色方式是：正文用黑色，注释性文字用灰色，再加一个固定的亮色突出重点内容。

（3）内容模块化。模块化就是把正文分成几个部分，为每个部分提炼一个小标题，这样可以帮助用户更好地获取信息、理解内容，也能减轻用户的阅读压力，防止注意力和耐心被过快消耗。

知识拓展

微信公众号图文排版的基本要求

一、文字排版

基础的文字排版主要包括设置字体、字号、配色、行间距、字间距、页边距、空格、标题符号等，核心目标是更直观体现文章的内容逻辑，降低用户的思考成本，给用户更好的阅读体验。所以，我们可以通过上下间隔、左右缩进等方式留白，让用户更加聚焦，也可以通过图片间隔文字，提升文章内容的逻辑性。

此外，在不影响阅读体验的前提下，我们可以依据账号内容调性和目标用户阅读习惯突出排版的独特个性。统一使用独特的排版，会让粉丝产生亲切感，并熟悉品牌风格。无论是在哪个自媒体平台上，有特色的排版会被粉丝第一时间“认出来”。

好的文字排版可以突出重点，辅助内容引导网友做出相应的动作，如关注、转发、点赞、购买等。比如，微信公众号可以通过顶部关注、底部引导、文字强调等方式，突出重点，加深用户印象，引导用户行为。

但有一点，用户拒绝很 Low 的排版。如果用户觉得你的排版很 Low，那会严重影响文章的传播效果。所以，在排版时要注意避免动态背景、颜色过多、风格不定、样式繁杂等容易引起用户反感的排版问题。

二、图片排版

图片排版主要涉及正文配图和封面图片。随着短视频的兴起，我们可以看到自媒体头部大 V 对于图片排版的重视，对于图片、动图、表情包的运用越来越多，甚至直接将文字内容变成信息长图、漫画形式。比如公众号“有趣青年”“不会画出版社”“长图汽车站”“GQ 实验室”出品的条漫都非常受欢迎，经常出现刷屏爆款，值得我们学习。

通常来说，自媒体正文配图的基本要求有以下几点原则：

- 图片清晰、图文相关；
- 风格统一、不带水印；
- 每屏可见、大小适中。

微信公众号后台的图文排版功能已经比较完善，并且可以借助第三方编辑器如秀米编辑器、135 编辑器等进行更加专业化的视觉设计。

封面主要有纯图片、纯文字以及图片 + 文字三种形式。同样的内容，图片 + 文字的封面阅读量要相对更多。

微信公众号封面图尺寸要求为 900 × 500 像素，格式为 JPG、PNG、GIF。封面图大小不超过 5M。我们可以通过 PPT 裁剪并制作封面图，优点在于：一方面可以把图片进行尺寸裁剪，另一方面可以压缩图片大小，并且通过 PPT 进行封面图的设计，大大降低了图片设计的难度。

需要注意的是，不论是正文图片还是封面图片，如果是通过互联网搜索图片，你必须确定找到无版权、可商用的高清图片。

今日头条图文排版的基本要求

1. 文章有小标题进行分隔。如果不能加小标题，至少有序号，建议使用头条号后台的标题符号，将序号加粗展示，也可以直接用公众号的图片序号。

2. 文章开始有导语引入文章，结尾有简短的个人简介，加强顶部关注和底部引导。

3. 每部分的重点语句加粗显示，突出重点。

4. 每一部分有至少一张配图，全文至少 3 张配图，更有利于推荐；但也不要太多以至于割裂文章内容的连贯性。

5. 配图要求像素清晰、大小一致、内容健康、符合主流审美、不侵权。头条号后台也有自己的图库，可供创作者使用。

6. 头条号封面图尺寸没有要求，封面可选择三种模式：自动、单图模式、三图模式。“自动”即从图文中随机抓取一张图作为封面图；“单图模式”即上传图片后进行在线裁剪；“三图模式”仅在 Wi－Fi 环境下显示。

（资料来源：池骋：《新媒体写作八节课》，头条运营训练营。）

三、推广关键词策划

自媒体时代，用户阅读习惯和信息获取渠道都发生了巨大改变。通常来说，用户可以被动接收平台推荐信息，比如接收微信公众号推送文章；也可以主动搜索，比如在百度、微信等平台搜索所需要的信息。

这里的“关键词”是指在图文推广中能够满足目标用户搜索需求的词。当用户搜索时所输入的词与关键词足够相关，就会“触发”关键词，图文内容就会在用户面前展现。比如，某微信公众号图文选择“雅思英语”作为关键词，当用户在微信里搜索“雅思”“雅思英语”时，搜索结果列表里就会展现该图文内容。

因此，策划关键词，一方面便于平台机器算法识别，根据关键词推荐给相关用户，增加图文曝光；另一方面便于用户在搜索引擎中快速查找，吸引精准用户。策划关键词可分为关键词罗列、关键词选择以及关键词布局三大步骤。

1. 把与图文内容相关的、能想到的关键词都列出来

关键词要语义明确，多用语义明确的实体词，也就是有实际意义的名词和动词，以便于机器识别和搜索。以今日头条平台为例，两个图文标题“老板如何设计工资体系才能有效激励员工？这个模板非常实用”“启航中队的学生致敬最美‘逆行者’”，前一个标题中机器可识别的词有“老板”“工资”“激励”“员工”“模板”，机器根据判断将图文推送给关注职场领域的用户，用户精准，推荐量和阅读量都很高；后一个标题机器只能识别“学生”这一个词，“启航”“中队”“致敬”可用于多个领域，指代不明，机器无法做出准确判断，也就无法完全推送给精准用户，即使机器推荐量很高，阅读量并不理想。

2. 在选择关键词时，可多参考近期热点事件

借助自媒体平台自带的热词推荐、热点榜单或者第三方数据工具如百度指数、微信指数等，了解用户关注的热点，结合热点，定出热点关键词。如果标题中涵盖 1 ~ 2 个热点关键词，就会被机器判断为热门标签，给到更高的推荐量。

3. 将关键词合理布局在图文内容之中，特别是标题和开头

机器识别图文内容，对于关键词的判定原则是：高频词。机器会根据在文中多次出现的固定词汇，提取标签，划分内容类别。比如，自媒体写作类图文，如果文中出现“自媒体”“写作”“新手”“大牛”“爆文”等高频词，机器容易识别和判断，就会将图文推送给对自媒体写作感兴趣的用户。标题和开头是机器首先识别的部分，所以在标题和开头中尽量使用精准的关键词，有利于机器判断标签类别。

四、用户评论运营

互动是图文内容的延伸。优质的图文内容不仅能吸引用户阅读，还会制造参与感，吸引用户评论。很多自媒体账号非常看重用户评论，将用户评论看作图文推广不可或缺的一个重要组成部分。良好的用户评论运营可以有效提升用户活跃度，获得用户的真实感受，与用户建立“情感桥梁”，增强用户黏性，为之后的推广转化做好用户沉淀。

据新榜数据显示，新榜排行榜上排名前 500 的微信公众号，47% 的评论发生在推文后 1 个小时内，而评论后超过半数会在 10 分钟内被回复。对于大部分自媒体账号来说，在图文推送后通常是作者回复用户评论，也有账号是由专人负责。如果单篇图文留言不多，作者基本做到一一回复；如果留言过多，作者会精选一部分有观点、有故事的、具有可看性的留言进行及时回复。

用户评论区常见的回复方法主要有置顶评论引发讨论，作者留言引导评论方向，解答用户实际问题，故事有奖征集，常规有奖互动，评论区打卡等。适当的引导和奖励有

助于提高用户评论的积极性。

优质的用户评论可以成为绝佳的选题来源。比如，某情感类微信公众号认为留言是选题灵感来源，他们会把70%的时间花在留言回复上。每天公众号后台能收到近一万条留言消息，他们的回复率在95%以上。基于用户评论，该公众号策划了一个新栏目“见字如面”，每周从留言中挑选一位用户来信，写一封专属回信，与用户一起分享生活故事（如图4－8所示）。新栏目一推出就非常受欢迎，用户积极在评论区分享自己的故事，不仅活跃度大大提升，也成功为该账号带来数量客观的新增粉丝。

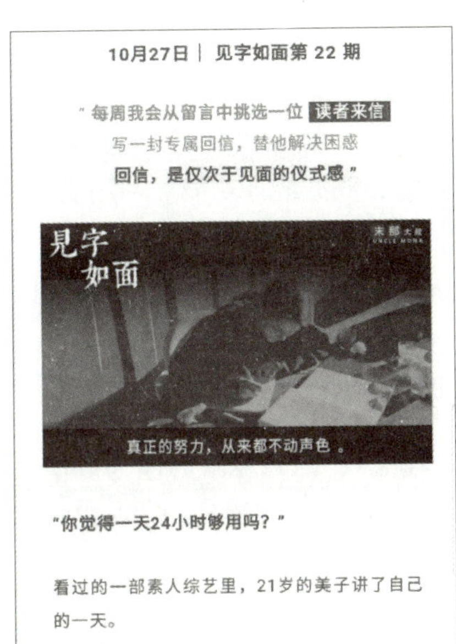

图4－8　基于用户评论而策划的新栏目

五、运营数据分析

在图文推广中，数据分析可以帮助我们持续了解用户的真实需求，基于分析结果不断优化图文内容。

1. 数据分析的思路

不同的自媒体平台关注点不同，不同的推广目的需要挖掘与分析的数据指标也不同，因此，我们需要根据具体的平台和推广目的，统计需要分析的数据指标（见表4－6），采取适当的方法进行分析和呈现，然后基于分析结论进行内容优化。

表4－6　数据分析常用数据指标

推广目的	需要分析的数据指标
销售转化	阅读完成量、页面浏览量、用户访问时长、用户浏览页面数、转化率等
品牌传播	微博粉丝数、微信用户数、今日头条粉丝数、喜马拉雅订阅数等
活动推广	用户评价数量、主动转发的用户数、主动打赏的用户数、留言频次高的用户数等

2. 数据分析的内容

（1）图文分析。图文分析，即对自媒体内容平台的发布情况进行统计，包括微信公众号阅读量、转发量、今日头条文章推荐量、点赞量等。通过分析单篇图文和全部图文的数据详情，得出用户的真实阅读需求，可以有效地对文章标题、文章内容、文章推广等进行评估。

基础的数据分析指标：打开率、分享率、点赞率、留言率；

高级的数据分析指标：（以7/30/60天为节点统计）平均打开率、平均分享率、最大阅读量、最高打开率。

（2）用户分析。分析来自不同渠道的用户占比、取关人数的相对峰值，判断用户对图文推广内容的需求。

用户增长数据分析指标：新增关注人数、取消关注人数、净增人数、累计关注人数；

用户属性数据分析指标：性别、语言、城市分布、机型分布等。

3. 数据分析的工具

（1）自媒体数据分析工具。无论微博、微信还是今日头条等自媒体平台，都具有完整的数据统计功能。利用后台自带的数据分析工具，我们可以直观地看到用户增长、后台互动等数据（见表4－7）。

表4－7 自媒体平台自带的数据统计功能清单

平台	自带统计功能
微信公众号	用户分析、图文分析、菜单分析、消息分析、接口分析、网页分析
今日头条	文章分析、头条号指数、粉丝分析、热词分析
百家号	文章分析、百家号指数、粉丝分析
大鱼号	文章分析、视频分析、用户分析、大鱼星级

（2）第三方数据分析工具。第三方数据分析工具指的是非官方平台自带的、需要官方平台授权后才可以使用的数据分析工具。

虽然微博、微信等自媒体平台已经具有统计功能，但是对于精细化数据，如单篇图文转发效果、用户评论管理、推广数据跟踪等，依然需要借助第三方分析工具。常见的第三方分析工具包括新榜数据、西瓜助手、清博大数据、新媒体管家、壹伴等。

（3）行业数据分析工具。目前百度、腾讯等大型互联网公司都已经将大量数据开放，用户可以直接登录相关网站查看大数据。分析行业大数据，有助于判断自媒体内容、活动、推广是否要和网络热点结合。常见的行业相关大数据包括百度指数、新浪微指数、微信指数、头条指数、阿里指数等。

任务实施

步骤一：打造爆款标题

微课：打造爆款标题

首先，我们要明确一个原则：标题要符合其内容类型以及分发平台调性。不考虑内容和分发平台，单纯谈论标题的套路，是不会拟出亮眼标题的。多平台分发已经成为内容创作的一个趋势。那么，同样一个标题，发布到微信公众号、头条号等大流量平台上，效果必然是不同的。因为微信公众号和头条号的分发机制是不同的。微信是一个社交平台，分发基于社交关系，所以带有社交话题属性的内容和标题（比如男女情感、星座等），更容易受到欢迎。而今日头条是一个资讯平台，采用机器算法分发。一些意义具体的词汇，更容易被机器识别，然后将它们推送给喜欢阅读这些“标签”的用户，而用户也更喜欢点击具有故事感的标题。

明确了不同自媒体平台喜欢不同标题这一事实之后，我们需要考虑如何写出吸睛的爆款标题。这里，我们以微信公众号和今日头条的精选标题为例，介绍五种爆款标题技巧。

1. 与己相关

研究表明，人们更加容易注意与“我”相关的的内容。标题考虑用户身份，加入年龄、行业、地域、生活态度、消费文化等身份标签，呈现出对用户有用的、有价值的内容并与用户相关，就会吸引注意力。例如，标题“北京，有2000万人假装在生活”“北方人吃饺子图鉴”等。

2. 制造对比

对比即把两种相应的事物对照比较，使目标用户感受更加强烈。标题可以通过对比制造“冲突感”，特别是那些非常规的、超出人们认知的信息，可以激发用户的阅读欲望。例如，标题“他是快手‘最没用网红’，却治好了300万人的焦虑”“停更‘两微一抖’”等。

3. 引发好奇

标题中含有引起用户好奇心的内容，可以有效吸引用户注意力。例如，标题“多厉害，才可以在简历上写精通Excel?”“抖音粉丝7000万，papitube①做对了什么?”

4. 启动情感

标题也要善于启动情感，引发用户情感共鸣。例如，标题“《战狼2》是自嗨？现实告诉你，中国军人有多牛！”“谢谢你爱我”等。

5. 关键词借势

大多数人会对知名人物、权威头衔、热点人物或事件等感兴趣，借助这些关键词的势能，可以大幅提高标题吸引力。例如，标题“爱因斯坦：什么是最好的教育”“马云还是不懂，我们为什么反对‘996’”等。

需要注意的是，标题还有一个重要原则就是要真实、准确，不要做标题党。标题党为博眼球往往断章取义、歪曲甚至捏造事实等，与正文内容不符，会严重伤害用户信任。

【想一想】 不同自媒体平台对于图文标题有什么偏好？同一标题分发不同平台能获得同样的效果吗？请举例说明。

步骤二：设计吸引人的文章开头

微课：设计吸引人的文章开头

如果说标题决定了用户是否会点开文章，那开头则决定了用户是否愿意继续往下阅读。开头具有承上启下的作用，一方面与标题相呼应，另一方面引导用户往下阅读。移动互联网的出现，改变了用户的阅读习惯。用户从以前的每行阅读到现在的每屏阅读。所以，能让用户读完前两屏的开头就是成功的。

一个成功的开头具有五个特点：符合用户预期、开门见山、与“我”相关、引起好奇、简明有力。基于这五个特点，下面介绍四种常见的文章开头设计技巧。

1. 场景式开头

场景式开头是指开头描述情景，这个情景是大部分目标用户熟悉的，能唤起用户情感共鸣，比如直戳痛点或者打动人心。场景式开头能让用户有代入感，提高文章的吸

---

① 注：papitube为公司名称。

引力。

例如，奥美公司经典文案《我害怕阅读的人》的开头：“我害怕阅读的人。一跟他们谈话，我就像一个透明的人，苍白的脑袋无法隐藏。”

2. 金句式开头

金句是对文章核心点进行高度概括，展现文章的重要性和价值，让用户觉得值得阅读。例如，文章《周润发：人活到极致，一定是素与简》的开头：“人活着有三个层次：第一个层次：活着；第二个层次：体面地活着；第三个层次：明白地活着。周润发活到了第三个层次。”

3. 冲突式开头

通过制造反差，激发用户的猎奇心理，也是一个好的开头方法。例如，文章《我见过情商最低的行为，就是不停地讲道理》的开头：“最近，我对‘情商’这个词有了新的理解——高情商的人，原来最不讲道理。”

4. 故事式开头

开头讲故事的好处是让用户有代入感，阅读压力小，很容易就能读下去。例如，文章《一个北大毕业生决定去送外卖》的开头：“北大硕士毕业，还是有很多想不清楚的问题，一来二去，就送了外卖。”

【练一练】 除了以上案例，分享三则令你印象深刻的图文开头，并给出理由。

步骤三：撰写优质的推广正文

用户点开一篇图文可能是因为精彩的标题和开头，但真正为用户创造价值、吸引用户的是正文内容。

微课：撰写优质的推广正文

1. 结构设计

正文撰写是重头戏，而重中之重则是结构框架。有效的结构框架是一篇图文的写作方向和重点大纲，可以让逻辑表达更加清晰、用户更加信服并准确接收我们想要表达的内容。通常来说，自媒体图文常用的结构框架有以下几类：

（1）故事类图文结构。故事类图文常用“冲突、行动、结局”或“起承转合”的结构，将故事起因、经过、高潮、结果详细展现出来，增加内容张力，吸引用户。

（2）论述类图文结构。论述类图文常用金字塔结构，围绕观点进行“阐述、分析、解决、总结”，构成“总—分”的金字塔结构，逻辑思路清晰明了，便于用户阅读和理解。

（3）营销类图文结构。营销类图文中也有较固定的结构框架。比如，销售类图文开头设计用户熟悉的场景，提出用户痛点；正文层层递进，赢得用户信任；结尾设计价格锚点或重复卖点，引导用户转化。品牌类图文有重情感、利传播、有调性等特点，通常是让品牌人格化，或者借助节假日氛围突出品牌情感，或者借助热点吸引用户注意力，加深用户对品牌的认知。

2. 文字及内容

文字表述是文章的血肉，流畅恰当的文字表述能为内容增加感染力，给予用户良好的阅读体验。通常，可以通过给内容做加法，提高信息总量；给内容做减法，让文章更加简洁，符合碎片化阅读场景。

（1）补充不该省略的信息。写作时，要站在用户的角度去思考所表述的信息量是否方便用户理解。当表述的信息涉及陌生概念时，需要补上概念解释，或者补充背景信息。

（2）适当增加论点、案例。论证一个观点，最好展开 3 ~ 5 个论点。增加论点维度，不仅丰富文章信息，深化内容，还可以提升观点的可信度。论据最好使用 2 个以上的由案例、评论性文字和数据的组合来丰富内容，用户也易于理解。

（3）聚焦主题、优化表述。重复啰嗦很容易导致用户产生厌烦情绪。比如，相近的观点、同质的案例、用不同的措辞表述同样的意思，在写作时应该尽量避免。与主题无关的信息也要果断删除。通过精简，有时候可以把一篇 3000 字文章删减到 1500 字。

步骤四：设计引发互动的结尾

微课：设计引发互动的结尾

心理学上有个“峰终定律”，是指人们对体验的记忆是由高峰时和结束时的感觉产生的。用户阅读图文的感受也是如此，一方面受到阅读过程中峰值体验的影响，一方面受到结尾的影响。

图文写作的核心目标之一是通过内容激发用户做出我们期待的行为，而结尾就是用户行为的触发器。比如，对于一篇销售图文来说，成功的结尾能提高购买转化率；对于一篇情感图文来说，成功的结尾能触动用户情感，引发共鸣，并引导用户留言、点赞、分享、打赏等；对于一篇干货图文来说，成功的结尾交付给用户更多价值，加深用户印象，引导用户关注、收藏。

通常来说，写好一个结尾有很多方法。下面介绍四种常见的结尾方法。

1. 升华情绪式结尾

升华情绪式结尾通常会提炼一两个金句，用来深化主旨，升华情绪，激发用户情绪共鸣。金句放在结尾的好处是用户可以直接复制转发，操作简单。

例如，文章《努力工作，就是年轻时最好的生活》的结尾：“后来，我终于不再考虑这种问题了。因为，我从内心深处渴望更好的生活。渴望更不一样的视野，更强大的生存能力。所以，我心甘情愿选择：在精力最旺盛的青春里，努力工作。”

2. 引发讨论式结尾

引发讨论式结尾通过制造话题，引发讨论，促使用户思考。结尾为用户提供话题讨论，就是为用户提供社交工具，更有利于传播。

例如，文章《朋友圈 3 分钟治愈短片：余生不长，谢谢你来过》的结尾：“2018 年，不论它是好是坏，都是你我共同经历的人生。2019 年，你会选择怎样的人生？2019，请回答。”

3. 观点总结式结尾

观点总结式结尾通过总结观念、梳理重点以及深化主题，再次强调文章价值，增强用户阅读的回报感、获得感，加深用户的印象，触发用户下一步行为。

例如，文章《任何成长，都离不开痛苦而持久的自律》的结尾："自律的人一生可以完成其他人几辈子都做不到的事情，他们的生活高效、轻松、时刻充满自信和掌控感。别人眼里的苦行僧，拥有的却是人生终极的自由。"

4. 引用式结尾

引用名人名言作结尾更有说服力，用户更愿意相信，而且当你说不清楚一件事的时候，可以用名人背书，让用户从名人身上受到启发。

例如，文章《未来十年，我们所认为的能力将荡然无存》的结尾："在结束之际，我还是想跟大家分享汤因比的这段话。他说，一个文明怎么能够延续几百年、上千年？对一次挑战做出了成功应战的创造性的少数人，必须经过一种精神上的重生，方能使自己有资格应对下一次、再下一次的挑战！希望我们一起能够经受时代和技术给我们带来的挑战！"

【想一想】除了以上案例，分享三则令你印象深刻的图文结尾，并给出理由。

步骤五：及时跟踪推广数据

及时跟踪图文发布后的推广数据分析，对于运营有重要的意义：

（1）了解用户增长趋势和用户属性特征，构建粉丝群体画像；

（2）分析图文阅读量增长变化趋势，了解粉丝内容喜好，优化内容及找准推送时间；

（3）对用户来源渠道和图文消息传播渠道进行分析，判断粉丝来源途径，了解核心用户所在渠道，方便产品传播造势。

下面，我们以微信公众号图文推广的数据分析为例，讲解如何进行数据跟踪和分析。

1. 用户数据分析

在用户数据分析模块，主要分析的数据是用户增长和用户属性。通过前者，运营者可了解账号粉丝增长趋势与原因；通过后者，运营者能更熟悉粉丝情况。

（1）用户增长。在这个指标中，运营者需要重点关注新增关注人数，以便准确判断粉丝增长趋势。监测新增关注人数的数据，需要特别留意数据的突然变化。此外，运营者还需要进行数据对比分析。

（2）关注来源。在用户分析这一栏里，主要看关注来源：公众号搜索、扫描二维码、图文右上角菜单等。这个数据代表了你的开源渠道。明确了开源渠道，就要合理地利用开源渠道，有针对性地对开源渠道进行设计，通过活动、电商运营等方式，在原来的基础上加大宣传力度。

（3）用户属性。从用户属性中可以看到性别、语言、省份、城市、终端、机型等数据，其中最有价值的是男女比例、城市分布、手机机型。

男女比例数据，能够帮助运营者更好地调整发布内容。如果账号女性比例偏多，那么运营者的写作风格可以更亲切、可爱、调皮一些，让更多女性粉丝喜欢。

机型分布的数据，主要为运营者对用户质量分析提供了参考。若一个公众号的粉丝中，苹果机型比安卓机型要多，则用户的打赏、购买比例会相对更高。

2. 图文分析

基础数据指标定义如图 4－9 所示。

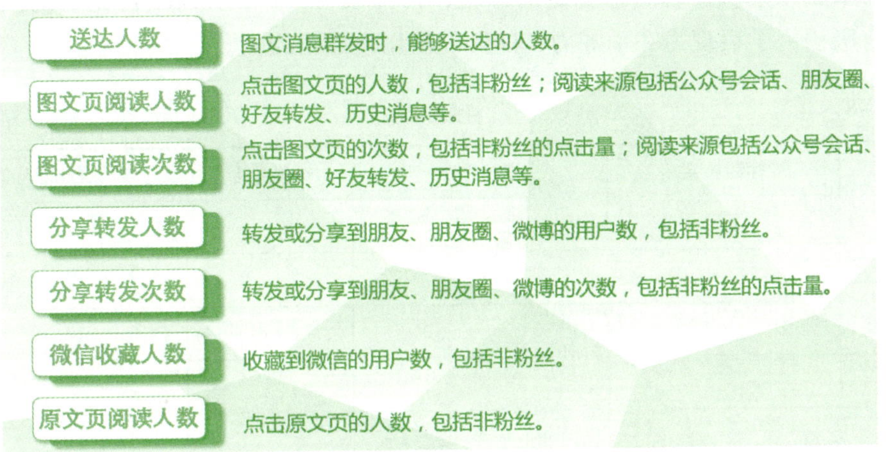

图 4－9　微信公众号基础指标

微信公众号后台的图文分析主要分为单篇图文和全部图文两个部分。

(1) 单篇图文。打开单篇图文，运营者能看到最近文章的阅读数据的图表。需要注意的是，单篇图文的数据范围，仅统计了图文发出后 7 天内的累计数据。7 天以外的数据，可以到首页查到单篇图文的整体数据。

(2) 全部图文。单击全部图文，运营者能看到昨日关键指标的 4 项数据，分别是图文页阅读次数、原文页阅读次数、分享转发次数和微信收藏人数。针对这 4 项数据，微信公众号提供了 3 种分析：

第一种是按照时间维度，提供最近 7 天、最近 15 天、最近 30 天阅读来源分析及趋势图。

第二种是不同时段的趋势对比分析，比如选择图文页阅读次数后，然后任意选择 7 天、15 天、30 天，再单击页面右侧的按“时间对比”，即可进行数据对比。

第三种是每日关键指标明细，与之前公众号每日增长的粉丝数据明细一样，支持自定义时间筛选和导出 Excel 文件。

总之，数据分析最重要的是：找出规律，并将规律用于迭代工作。

【想一想】 请你参考微信公众号数据指标分析，对头条号的后台数据指标进行分析并对图文内容优化给出建议。

实战演练

实训目的： 通过实训，能够针对企业的品牌或产品，撰写一篇完整的图文，同时能运用相关软件或工具对图文进行排版，监测图文发表后的推广效果并进行优化。

实训要求： 学生以小组为单位，在标题拟订阶段进行头脑风暴，再分别撰写、排版，最后每个小组选择优质文章进行发布、数据跟踪。

实训 1：以小组为单位，根据写作前的内容构思，针对不同的分发平台，为所构思的图文设计 8 个标题，并借助标题助手（西瓜助手、壹伴等）进行诊断与优化，最后小组进行头脑风暴，推选出最合适的标题，按照表 4－8 中所列项目完成实训。要求：标题具有吸引力、表现力和引导力，能够促使用户点击阅读。

表 4－8　　标题拟订

	标题内容	设计思路	分发平台	优化后标题
标题 1				
标题 2				
标题 3				
标题 4				
标题 5				
标题 6				
标题 7				
标题 8				
选用标题				

实训 2：以个人为单位，根据写作前的内容构思，针对不同平台和推广目的，为此次图文设计 5 个开头，按照表 4－9 中所列项目完成实训。要求：开头设计有场景感、画面感、代入感，与标题呼应，承上启下。

表 4－9　　开头设计

序号	开头内容	设计思路
开头 1		
开头 2		
开头 3		
开头 4		
开头 5		

实训 3：以个人为单位，撰写正文。要求：紧扣主题、结构清晰、逻辑自洽、语言风格与行文布局符合内容调性和用户阅读习惯。

实训 4：以个人为单位，根据写作前的内容构思，针对不同平台和推广目的，为此次图文设计 5 个结尾，按照表 4－10 中所列项目完成实训。要求：能够突出重点、画龙点睛，触发用户互动或转化行为。

表 4－10　结尾设计

序号	结尾内容	设计思路
结尾 1		
结尾 2		
结尾 3		
结尾 4		
结尾 5		

实训 5：以个人为单位，将写好的文章根据平台要求，利用相关工具进行排版，排版后的文章可在小组内进行展示。

实训 6：以小组为单位，将小组讨论后的最优文章发布在公众号上，在图文发布之后搜集近一周的数据表现，按照表 4－11 的形式撰写图文运营数据分析报告。

表 4－11　运营数据分析报告

运营数据分析报告	
分析思路	
分析方法	
数据呈现	图文数据：
	用户数据：
分析结论	
后续改进措施	

项目评价

表 4－12　学生学习评价表

序号	知识点	评价标准	学生自评		教师评价	
			达标	未达标	达标	未达标
1	图文推广的价值	能够叙述图文推广对企业营销的价值有哪些				
2	图文推广的平台	能够说出五种以上图文推广的平台				
3	图文推广的选题策划技巧	能够利用马斯洛需求理论、身边热点等方法进行选题策划				
4	文案视觉排版原则	掌握图文排版的原则和要求				
5	图文推广的日常运营方法	能够说出关键词策划的步骤				
6	常用的数据分析工具与指标	能够说出五个以上常用的数据分析指标				

续表

序号	技能点	评价标准	学生自评		教师评价	
			达标	未达标	达标	未达标
7	图文推广目标用户分析	能够利用用户画像对目标用户进行精准分析				
8	图文推广文案选题策划	能够依据选题原则与技巧，策划出爆款选题				
9	图文推广文案内容设计	能够给出优质的内容创意以及清晰的逻辑框架				
10	图文推广文案标题拟定	能够依据标题拟定原则与技巧，拟定吸睛标题				
11	图文推广文案正文撰写	能够设计出吸引用户的开头、结尾和正文内容				
12	图文推广文案视觉排版	能够利用图文编辑器完成排版，图文规范、配比恰当				
13	图文推广文案诊断与优化	能够利用AI写作辅助工具完成文案诊断与优化				
14	图文推广用户评论运营	能够提取用户评论有效信息，反馈用户，优化内容				
15	图文推广运营数据分析	能够对图文内容进行图文数据分析、用户数据分析				
序号	素质点	评价标准	学生自评		教师评价	
			达标	未达标	达标	未达标
16	创新意识	能够在图文推广构思与图文内容编辑等阶段提出课本之外的其他方法				
17	协作精神	能够和团队成员协商，共同完成实训任务				
18	资源整合能力	能够借助网络资源、周围人脉提出更多图文推广的方法或寻找到图文推广更有价值的资源				

思考练习

一、简答题

1. 图文写作中的内容编辑主要包括哪些内容？
2. 文案标题撰写的技巧有哪些？
3. 如何对图文内容进行数据分析？
4. 如何策划一个好的选题？

二、论述题

1. 寻找一个自媒体推广的企业品牌或产品案例，分析它在图文推广方面的具体做法。

2. 搜集完美日记自媒体推广的相关资料，分析其图文推广的具体做法。

三、案例分析

请扫描右侧二维码，查看半亩花田公司的促销软文，并思考以下问题：

1. 请问案例中标题命名用了哪种方法？你能把标题再优化一些吗？

2. 案例中哪些环节可以引发读者后续的互动？

从开始到未来，
半亩花田持续“手护”

项目五

玩转搜索引擎营销

学习思维导图

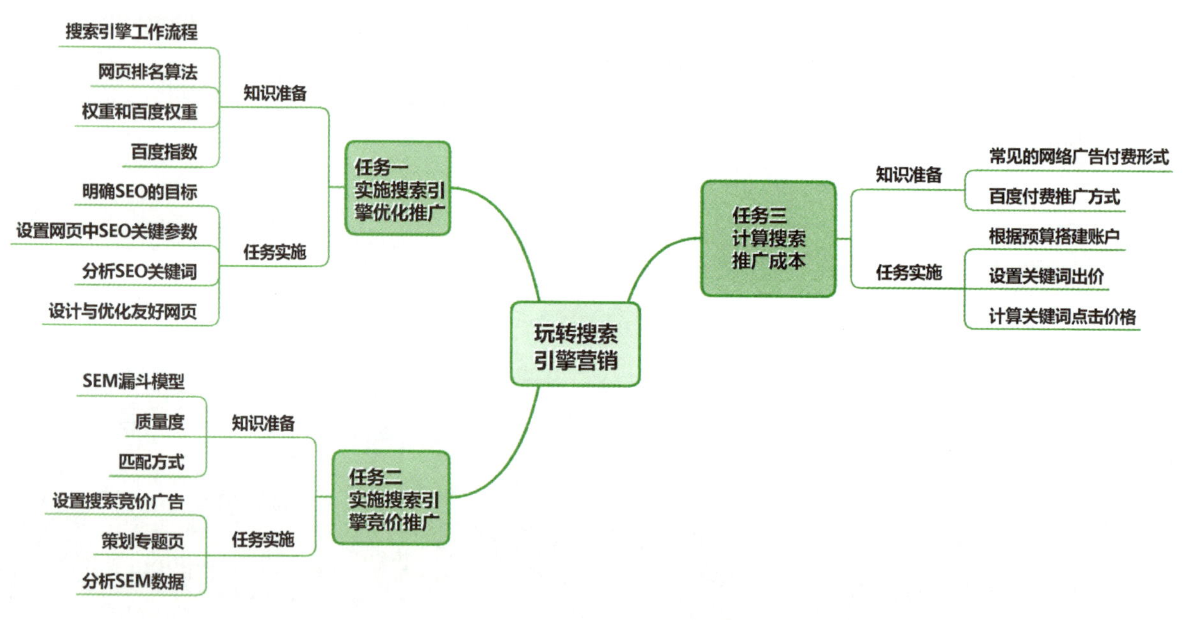

素质目标

□ 具备发现问题、解决问题能力，能够根据推广目标设计推广活动

□ 具备流程化思维能力，能够根据竞价推广流程实施任务

□ 具备分工协作能力，小组能够协调分工完成任务

知识目标

□ 了解搜索引擎网页排名算法

□ 掌握搜索引擎优化关键参数设置

- ☐ 了解关键词部署的金字塔原则
- ☐ 熟悉搜索引擎营销漏斗模型
- ☐ 了解关键词质量度和关键词匹配方式
- ☐ 了解搜索引擎营销推广渠道
- ☐ 掌握搜索引擎营销数据统计与分析方法

能力目标

- ☐ 能够根据企业开展搜索引擎优化的目标，制订搜索引擎优化方案
- ☐ 能够完成搜索引擎营销关键词分析与挖掘
- ☐ 能够策划、设计、优化专题页
- ☐ 能够对搜索营销数据进行分析和优化
- ☐ 能够根据预算搭建账户
- ☐ 能够正确进行关键词出价

任务一 实施搜索引擎优化推广

案例导入

小程序是一种不需要下载安装即可使用的应用，用户“扫一扫”或者“搜一下”即可打开应用。它实现了应用“触手可及”的梦想，也体现了“用完即走”的理念。移动互联时代下，小程序正发挥着越来越大的作用，特别是在场景连接、性能和基础能力上已发布了百余次新能力，因此很多商家开始投入开发小程序。小程序可以根据不同品类上线不同的平台，如游戏行业将重心放在微信小程序、泛家装领域的企业和平台可以选择百度智能小程序。

“好好住”是家居分享社交平台，专注于分享家居生活灵感与装修经验。因为家装需求与搜索行为存在天然的连贯性，如用户有装修需求，想了解装修流程、装修风格、装修效果图等相关信息时，首先想到可能就是百度而非其他。因此，“好好住”选择上线百度智能小程序。

智能小程序如何能获取更多的自然流量呢？“好好住”智能小程序在建设时首先考虑如何对搜索友好，小程序页面结构和链接良好，页面结构清晰、各模块划分清晰；分类划分明确，设置醒目，分类主题的文章对应发布到相应分类下。这样做的目的是既便于搜索引擎抓取信息，又能够提供良好的用户体验。在内容优化上，主要考虑页面基础信息中的标题、摘要和 Keywords 三大要素，分别进行标题优化、摘要优化和 Keywords 优化。

除此之外，“好好住”还为用户提供从获取信息到获取服务的连贯体验，缩减操作流程、优化用户体验，完成了更好的用户沉淀。“好好住”选择上线百度智能小程序得到了比较多的搜索流量，上线仅 45 天，月活用户便成功突破 110 万，日活用户也突破

了 10 万。

（资料来源：https：//ziyuan. baidu. com/college/articleinfo? id =2899。）

思考：

1. 为获得较多的搜索流量，“好好住”智能小程序在建设时注意到哪些问题？
2. 对比分析百度、搜狗、必应和 360 搜索的搜索差异及特点。

任务描述

假如你有一个销售服装的电商网站，你希望人们通过搜索引擎（百度、谷歌、搜狗等网站）找到你，并进入你的网站购买产品，此时你就需要对网站做搜索引擎优化。

搜索引擎优化是一种利用搜索引擎的搜索规则来提高目前网站在有关搜索引擎内的自然排名的方式。通过技术的方法优化网站在搜索引擎中的排名，用户在搜索一些关键词时可以在搜索结果靠前的位置看到本企业的网站，从而起到网络推广的作用。随着市场竞争的日益激烈，赢得客户的成本越来越高，营销广告的成本也逐年上升。搜索引擎优化的成本比较低，还能实现网站稳定的排名，是带来客户的重要渠道。让我们一起来打开搜索引擎推广的金钥匙。

知识准备

一、什么是搜索引擎优化

搜索引擎优化（Search Engine Optimization，SEO），是指通过分析各搜索引擎对网站网页的抓取、收录规则，在网站设置和网页内容上进行优化，从而提升网页在搜索引擎自然搜索结果中（非商业性推广结果）的收录数量以及排序位置。搜索引擎优化的基本目标是增加网页收录、提高关键词排名，从搜索引擎中获得更多的免费流量，以及更好地展现品牌形象。

微课：实施搜索引擎优化工作原理

二、搜索引擎工作流程

搜索引擎的工作原理是从互联网上抓取网页，建立索引数据库，在索引数据库中搜索排序。它的整个工作过程大体分为信息采集、信息分析、信息查询和用户接口四部分。基本步骤如下：

1. 在互联中发现、搜集网页信息

搜索引擎首先按照一定的方式和要求对网络上的 WWW 站点进行搜集，并把所获得的信息保存下来以备建立索引库和用户检索。

2. 对信息进行分析建立索引库

搜索引擎对已经搜集到的资料按照网页中的字符特性予以分类，并以巨大表格的形式存入数据库，这个过程即是索引（index）。在索引数据库中，网页文字内容、关键词出现的位置、字体、颜色、加粗、斜体等相关信息都有相应记录。

3. 对用户输入的搜索词进行处理

用户在搜索引擎界面输入关键词，单击“搜索”按钮后，搜索引擎程序即对用户输入的搜索词进行处理，如中文特有的分词处理，去除停止词，判断是否需要启动整合搜索，判断是否有拼写错误或错别字等情况。

4. 根据排名结果排序并返回搜索结果

对搜索词处理后，搜索引擎程序便开始工作，从索引数据库中找出所有包含搜索词的网页，并且根据排名算法计算出哪些网页应该排在前面，对将要输出的结果进行排序，并将查询结果返回给用户。

三、网页排名算法

搜索引擎的网页排名算法是非常复杂的，也很少全部对外公开。但是研究网页排名算法的得分要素有利于我们开展搜索引擎优化。

1. 谷歌排名算法

谷歌发布的网页排名算法公式如下：

谷歌得分 =（关键词得分 ×0.3）＋（域名权重 ×0.25）＋（外链得分 ×0.25）＋（用户数据权重 ×0.1）＋（内容质量得分 ×0.1）＋（人工提分）－（人工/自动降分）。

关键词得分影响因子包括网页 title、Hx、文本内容、外链中和域名/网址；域名权重得分影响因子包括注册历史、域名年龄、外链权重、外链及给出链接相关度、使用历史和链接形式；外链得分影响因子包括链接时间、链接域名权重、锚文本、链接数量和权重（PR 或其他参数）、外链网页的主题；用户数据得分影响因子包括搜索引擎结果页面（SERPs）的点击率、用户在网页上浏览的时间、域名或 URL 搜索量、访问量及其他 Google 能够监测到的数据（如工具条、GA 等）；内容质量得分影响因子包括流行的内容/关键词人工加分、Google 投票人员。

2. 百度排名算法

对于中文网站来说，在百度获得好的排名就是 SEO 工作成功的关键。百度的排序算法非常复杂，依据公开的文档，大致可以归类以下几个影响网页排序的重要因素：

（1）页面相关性。页面相关性即用户检索的词和网页内容的匹配程度，比如用户搜索“打印照片”，那么排在前面的页面应该都是和打印照片相关的页面，即搜索到的结果应该是和关键词完全相关或者是部分相关的。相关度越高的页面，在排序方面越会获得更高的加分。

（2）网页内容的质量。百度对于内容的质量审核越来越严格，为了保证搜索质量、提高用户使用满意度，百度搜索引擎每周都会进行网页质量抽样评估。百度搜索引擎在衡量网页质量时，会从内容质量、浏览体验、可访问性三个维度综合权衡给出一个质量打分。网页低质量问题有广告过多、占据网页主要位置以及超预期弹窗带来的浏览体验差、内容空短和信息过期等，百度对于内容比较差的网站给予的权重非常低，甚至不给排名。

（3）权威性。用户喜欢有一定权威性网站提供的内容，相应地，百度搜索引擎也更相信优质权威站点提供的内容。如果网站域名是政府专用的 . gov 类，或者网站的所属权是权威的公司或者部门，一般会将这样的网站排名靠前。

（4）时效性。时效性指的是网页更新的速度。从用户角度来说，也是希望看到最新鲜的内容。目前时效性在搜索引擎中日趋重要，比如在搜索引擎显示微博结果的时候，总是优先展现最新的信息，甚至直接按照时间进行倒排序。

四、相关指标

1. 权重

权重是一个相对的概念，即对于统一指标而言，A 和 B 相对比哪个更重要。在搜索引擎中一般会体现在具体数字上，比如，在 Google 中使用 PageRank 来衡量一个网页的重要程度，所以现在一般认为 PR 值就是网页在 Google 中的权重值。

权重是指搜索引擎给网站和各个网页赋予的权威值，这是对网站和各页面的一个整体的评分。网站权重值越高，说明搜索引擎对于网站的认可度越高，网站在搜索引擎中的排名就越好。在站长工具可以查询网站的权重值，这里的权重是指网站预计流量，按照流量大小来分等级的。

2. 百度权重

百度权重是爱站、站长工具等网站推出的针对网站关键词排名预计给网站带来流量，划分等级 0 ~ 9 的第三方网站欢迎度评估数据。百度官方明确表示不承认百度权重。“百度权重”虽不是百度官方的权威数据，但是也为站长和 SEO 人员带来了新的网站评价参考数据。

3. 百度指数

百度指数是以百度海量网民行为数据为基础的数据分析平台，是当前互联网乃至整个数据时代最重要的统计分析平台之一。通过研究关键词搜索趋势、洞察网民兴趣和需求、监测舆情动向、定位受众特征等，可以为企业营销决策提供重要的依据。

4. Alexa 排名

Alexa 排名是目前比较权威的世界排名网站，主要分为综合排名和分类排名。Alexa 提供了包括综合排名、到访量排名、页面访问量排名等多个评价指标信息，大多数站长或 SEO 人把它当作较为权威的网站访问量评价指标。Alexa 排名是网络营销人员非常重要的工具，因为它显示了电商网站的广告宣传潜力。数字越小，表示网站获得的流量就越多，网站用户也越多。

任务实施

步骤一：明确 SEO 的目标

搜索引擎优化，就是通过技术手段从搜索引擎中获取免费流量，自然搜索也是大多数企业获取流量并完成订单转化的重要渠道。在实际工作中，搜索引擎优化不仅仅是把流量拉到网站上就结束了，还要注重这些流量的质量，一般以转化率为考核目标。不同的企业进行搜索引擎优化的目的不同，主要分为以下几种：

微课：策划搜索引擎优化

1. 获取精准流量并提升转化率

通过搜索引擎优化，可以让企业通过网站获得精准潜在用户的搜索，带来更多精准的流量，从而提升转化率。

2. 提升品牌知名度

通过搜索引擎优化，企业网站的权重将会增加，在搜索引擎上获得靠前的排名，让网民通过搜索行业关键词时，在搜索引擎首页展现企业或品牌信息，使企业品牌的知名度和曝光度得到提升。

3. 新品宣传

企业新产品上市或新的项目上市，由于网上搜不到相关信息，用户不敢购买。通过搜索引擎优化策略来有效传达企业的可靠性和信誉度，让企业信息出现在用户需要它们的地方，这样才能建立完善的客户关系，在新品宣传中由被动转化为主动。

4. 企业品牌口碑维护

信息技术的发展尤其是新媒体技术的发展，使得越来越多的人习惯在网上获取信息，民众对企业的认知往往来自网络信息的影响。通过搜索引擎优化，使用户在搜索企业或品牌时在搜索结果前三页甚至前五页看到的都是企业品牌相关的正面报道，而且每月都有新的网络信息，这对提升企业品牌的网络热度，维护企业的形象与口碑发挥着重要的作用。

【想一想】 举出三个你使用搜索引擎的应用场景。

步骤二：设置网页中 SEO 关键参数

1. 网页标题（Title）的 SEO 参数设置

网页标题对于搜索引擎排名来说是非常重要的第一要素。网页标题应该涵盖更多的关键词，这样该网页才有机会获得更多关键词的排名机会。对页面标题进行 SEO，有几个重要的原则：

（1）标题中的关键词与内容题文相符。标题中要合理部署页面关键词，需要在标题中充分考虑当前页面的内容。分级化的关键词设置：首页、频道页、栏目页、列表页、详情页这些都是逐级的上下关系，所以关键词应该根据页面属性不同分级设置。例如在线教育行业网站，首页的关键词是“在线教育”，频道页的关键词可以是“英语在线教育”或“奥数在线教育”等，栏目页的页面关键词是“英语口语”或“雅思英语”，这样才更加符合页面逻辑，也是正确的标题设置方法。

（2）主要关键词的位置靠左。希望在搜索引擎获得更好排名的关键词应该写在最左边，这样设置不仅能让用户更快地看到，还能让搜索引擎意识到左边的更加重要。

以一个家电网站的儿童台灯页面为例：

页面关键词是“儿童台灯”，可以这样写：儿童台灯——××家电网。

如果关键词是“儿童护眼台灯”，可以这样写：儿童护眼台灯——××家电网。

（3）关键词不要堆砌。关键词不要堆砌是指同一个关键词不要在标题中出现多次，搜索引擎在处理的时候会对重复字进行去重处理。所有的网页标题中，字数控制一般要求控制在 30 个字左右。但是，SEO 人员往往会面临一个难题，即一个页面会有多个关键词，因此，一般建议一个页面部署 1～2 个核心和长尾关键词。

（4）添加品牌词。网页标题不单是为了用户流量，还要能够促进品牌曝光。当用户在查看搜索结果时，品牌就会多次在用户面前曝光。用户搜索后进入你的网站，一般的点击率在1%~2%。如果你网站从搜索引擎获得的流量每天是10000UV（独立访客），那么你的品牌曝光就是100万次。

2. 关键词参数的SEO设置

关键词参数（Keywords）是代码里面的一个重要元素，主要作用是告诉搜索引擎本页内容是围绕哪些词展开的，因此Keywords的每个词都要能在内容中找到相应匹配，才有利于排名。关键词在代码中位置如下：

<meta name = “Keywords” Content = “关键词1”，“关键词2”，“关键词3”，“关键词4” >

关键词一般不超过3个，每个关键词不宜过长，每个关键词之间用半角逗号分隔开，同时每个关键词需要被双引号标注起来，尽量将重要的关键词靠前放置。

选择关键词的时候，我们应该遵循两个基本原则：

（1）围绕核心关键词进行设置；

（2）适当拓展长尾关键词组合。

3. 描述参数的SEO设置

描述（Description）参数与上面的Keywords一样，是用户不查看源代码便看不到的，同样是代码的一个元素。该元素用来告知搜索引擎当前页面的主要内容，不同的是，关键词是由几个词语组成的，而描述则是完整的一句话。描述一般不超过150个字符，描述内容要和页面内容相关。描述在代码中位置如下：

<meta name = “description” content = “页面描述内容” >

在描述的设置上，需要考虑的因素如下：

（1）尽量简洁准确地描述内容。描述本身就是内容摘要，只有准确的描述才能打动用户，才能触发点击。每个页面应该有不同的描述，不同的页面侧重的主题不同。描述的字符一般规定在80个字符（包括标点符号）内就可以了，如果太多，快照结果展现的就是省略号，起不到应有的作用。

（2）对于广告或者商业类页面，建议将联系方式等放在描述进行展示，这样搜索引擎在展示的时候，用户可以直接看到联系方式，减少用户跳转到页面再次搜寻的流失率。描述作为用户与网站之间的桥梁环节，主要是和用户体验有关，对网站流量、用户体验、品牌建设都非常重要。

步骤三：分析SEO关键词

在大型网站的SEO工作中，“关键词库”往往是被强调和研究的重点对象，因为关键词精准地代表了用户的搜索需求。关键词的选择一般有两种类型，一种是为自己的网站配置精准的关键词，以便在搜索引擎中获得较好的排名；一种是从SEO角度挖掘的关键词，这些关键词用来为网站提供内容运营的方向。

1. 关键词的分类

关键词通常按照搜索目的、关键词长短和关键词热度进行分类。

（1）按照搜索目的分类。按照搜索目的分类可分为：导航类关键词、事务类关键词和信息类关键词。

导航类关键词，是目的性很强的品牌性关键词，用户想找特定的网站但是不知道网站网址或者是觉得输入网址太麻烦，就直接输入关键词。导航类关键词又分为明确型和模糊型：明确型的导航类关键词是如“京东”“淘宝”“唯品会”等精准导航类关键词，这些词对于非官方网站没有研究价值；模糊型导航关键词是指用户搜索该词时，没有明确的意向，不知道用户是想找官方网站还是找相关新闻或者评价信息，对于这种关键词，非官方网站就有了抢夺流量的空间。

事务类关键词，是用户有明显的购买意向或者动作目的而搜索的关键词。这类关键词是营销型网站重要的定位词，比如“如何办理会员卡”“手机新品价格”等。

信息类关键词，是用户在寻找某种信息时所使用的关键词，用户搜索不具有消费倾向，只为找寻当前需要解决问题的答案所使用的关键词。对大多数网站来说，这些搜索词占据了总搜索词的绝大比例，用户的检索目的会有很多种，比如找资料、查店铺、查评价等，可以对这一类关键词进行仔细的研究。

（2）按照关键词长短分类。选择长短关键词时，通常会使用 2/8 理论和长尾理论进行分析。这两种理论是相悖的，但在 SEO 工作中有时需要兼顾。

2/8 理论指的是用 80% 的精力去主攻 20% 的主要关键词，20% 的精力去做 80% 的关键词。主攻主要的关键词用来获得品牌效应、用户信任度和转化率，2/8 理论应该成为大多数关键词策略的指导理论。

长尾理论也就是长尾关键词理论，大多数时候主关键词的竞争力是很大的，有一定的优化难度，并且带来的流量也是非常有限的，而长尾词所带来的流量不容忽视，特别是对于大中型网站。长尾词一般比目标关键词字数多，通常用于网站的栏目页面、内容页面和专题页面优化。长尾词的个数是没有限制的，一个网站可能有成千上万个。长尾关键词具有多样性、多元化、个性化的特点，能给网站带来更多的流量。

（3）按照关键词热度分类。关键词热度分析分为热门关键词、一般关键词和冷门关键词。热门关键词一般为较短的主关键词，其搜索量非常大。一般关键词是指有一定搜索量，但是搜索量并不大的关键词，比如每天都有几百个的搜索量，这类关键词更容易转化为经济效益。冷门关键词是指搜索量极少的关键词，虽然单词带不来多少流量，但是词库量非常大，在大型网站中，处理好这类关键词，其搜索流量也可以带来非常大的占比。

2. 关键词的挖掘

（1）关键词挖掘方法。

①竞争对手网站。当我们进行关键词挖掘时，通常需要首先关注我们的竞争对手。通过关键词挖掘工具，我们可以查询彼此站点的权重，并导出整个站点的关键词。根据行业现状，可以批量收集整理竞争对手的关键词，并进行有效筛选。

②搜索结果 TOP10。对于少量的关键词挖掘，可以手工查询百度排名前 10 的自然搜索结果，提取每个站点的标题供参考。若要批量查询多个关键词，可以使用 Phyton 软件批量读取百度的搜索结果。

③百度相关搜索。百度相关搜索主要分为搜索框下拉搜索和搜索列表底部的相关搜索。从这里检索到的关键词具有高度的相关性，它们通常是选择长尾关键词的重要参考指标。

④官方指数。对于关键词挖掘，我们可以参考百度指数。其次，为了更接近热点，应更关注社交媒体平台发起的指数查询。如果你是一个电子商务网站，就需要更加关注阿里指数。

（2）关键词挖掘工具。

①在线平台。目前，主流站长平台如 ChinaZ、aiku、5118 都引进了成熟的关键词挖掘工具，其中 aiku 也推出了相应的客户端。对于基本的关键字挖掘，我们可以充分利用这些在线平台。

②百度关键词策划。为了更好地为百度竞价用户服务，百度正式推出了免费的关键词扩展工具：百度关键词规划师，从这个工具到屏幕关键词，相对更准确，并给予关键词热度，可以很容易地了解一个关键词的竞争力。

3. 关键词的处理

在对关键词进行发掘之后，就要对关键词进行挑选和分组，目的是提供给编辑人员将合适的关键词部署在相应的内容页面。

（1）关键词挑选。对挖掘出来的关键词进行挑选：首先挑选出和自己网站主题内容相关的关键词，只保留能够带来“有效流量”的关键词；然后是挑选搜索量大但是市场竞争小的关键词。这一类词是挑选关键词的难点，要从搜索的关键词量级上来进行挑选，这些关键词能更快速地为网站产生流量效益。在关键词挑选的过程中，可以配合关键词指数值批量查询之类的工具进行辅助挑选。

（2）关键词分组。根据网站页面类型来对挑选出的关键词进行分组，比如可以按照首页关键词、核心目录页关键词、子目录页面关键词、专题页面关键词等进行分组。在对关键词进行分组的时候，要充分考虑关键词的长度、搜索量、竞争强度、词性、商业价值及所属细分类型等要素。

4. 关键词的部署

一般合理的整站关键词部署类似“金字塔”形状（见图 5－1）。不同类型关键词部署在不同页面，页面之间的关键词不可重复或相近。

网站关键词部署“金字塔”定律如下：

首先可部署核心关键词，少而精，一般为 2～3 个词。

分类页可以部署二级拓展词，它仅次于核心关键词，每个分类页包含 2～3 个结构相同或意义相近的关键词。

专题页可以部署比较热门的关键词，这些关键词比较热门但不易分类，一般通过专题页进行优化。

标签页可以部署次热门关键词，标签是分类的有效补充，标签关键词介于热门关键词和长尾关键词之间。

文章页可以部署长尾关键词。长尾效应的前提是放量，要不断研究用户的搜索习惯并针对内容更新。

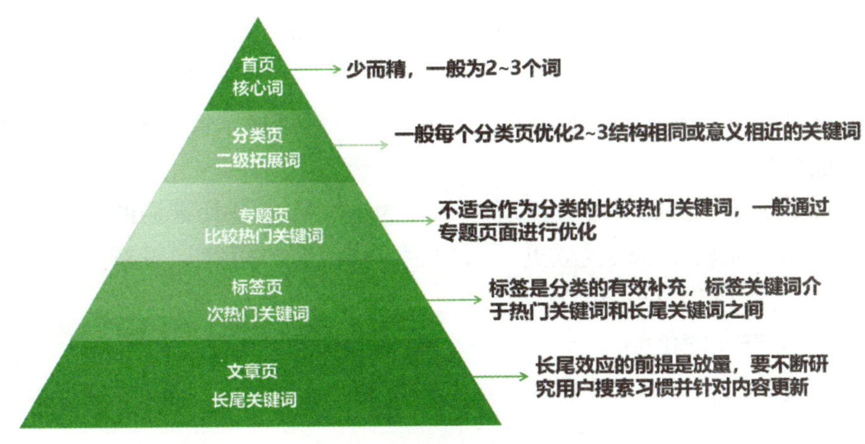

图 5－1　网站关键词部署金字塔

【想一想】 请同学们分小组自主选择母婴电商网站、在线英语教育、二手车交易、家庭装修或体育用品销售网站进行分析，利用关键词挖掘工具，在表 5－1 中写出相应的关键词。

表 5－1

关键词分类		关键词举例
按照搜索目的分类	导航类关键词	
	事务类关键词	
	信息类关键词	
按照关键词长短分类	主要关键词	
	长尾关键词	
按照关键词热度分类	热门关键词	
	一般关键词	
	冷门关键词	

步骤四：设计与优化友好网页

网站的页面优化是对网页的程序、内容、版块、布局等多方面的优化调整，使其适合搜索引擎检索，满足搜索引擎排名的指标，从而使网站更容易被搜索引擎收录。有效的页面优化可能让网页加载更快，让用户操作起来更加方便，给用户更友好的体验度。

1. 单个网页 SEO 优化

（1）网页内容的长度。对于搜索引擎优化来说，理想的网页内容长度不能小于 250 个字。250 个字是指网页中的实际内容，不包括网页头部、侧边栏以及底部。250 个字是单一网页的最低限度，如果网页内容能超过 1000 个字，那么在搜索引擎中可以获得更好的排名。在这种情况下，我们就要尽量将网页的内容扩大，其中最简单的一种方法就是在内容上部增加一些固定的 Tag 关键词或网页导航链接目录。

（2）网页内容的段落使用。根据网页内容进行有效的分段不仅对于搜索引擎友好，同样也可以提高用户的体验。分段数量以 3 ~4 段为宜，这样分段最符合用户的阅读习惯。

（3）网页内容的相关度。一般来说每个网页都会有一个相关性主题，所有的关键词也是围绕这个主题，标题和关键词一定要高度统一。在标题和文章中要点题产品业务的关键词，把难优化的关键词放在首页着重安排做好超链接，长尾关键词放在权重较低的二三级页面优化。

（4）关键词密度。关键词密度在2%~5%为宜，特别是关键词的布局，一定要自然、合理（提示：原创文章最受欢迎，写原创，持续且有规律地更新内容，比单独地堆砌关键词效果要好很多）。

2. 网站图片SEO优化

跟网页关键词排名一样，图片被收录、被展现只是第一步，而最关键的是用户体验要好。为此，要在以下方面进行恰当设计：

（1）图片的大小。图片的尺寸并非越大越好，而是要恰到好处：太大的话有可能影响到网页的打开速度，而太小的话又可能会影响到图片的视觉效果。一般来说，每一个网站根据应用页面的不同，图片适用的尺寸也是不尽相同的，所以可以通过测试来调整图片大小。通常，文章中的图片宽度与文章整体的篇幅一样即可，高度遵循pc端：121:75，移动端：3:2的比例来设置，而具体使用哪种尺寸，可以根据图片的实际内容来确定，重点是要把用户体验放在第一位。

（2）图片的格式。图片的常见格式有：JPG、PNG、BMP、GIF等。

① JPG图片是常见的图片格式。它的优势是体积小、加载速度快，缺点是压缩过大会导致图片清晰度降低。

② PNG、BMP图片的优势是无损压缩，一般在工程制图中比较常用，网站中站点图标一般都使用这种格式；缺点是体积太大，一般都是JPG图片的几倍。

③ GIF图片是动图，可以有不错的交互性；其缺点也比较明显，就是图片体积过大。

为了降低页面缓冲时间，一般可以选JPG图片，但要注意压缩比，最好的效果是图片既清晰并且体积小。

（3）图片的外链。网页的排名需要外链，图片排名也是一样。做软文的时候加入站点图片URL，很多人转载文章都是直接引用图片的URL。图片被引用的情况同样会影响图片的排名，在外部引用这个图片的次数越多，那么搜索引擎发现它的机会就越大，其权重在同类型的图片当中就会逐渐提高，就能得到一个比较好的排名。

【想一想】小组成员互相交流自己最喜欢的网站（网页），并说明原因。

实战演练

实训目的：通过实训，应用搜索引擎优化的内容与方法，能够完成对具体网站优化指标的分析、关键词选择以及详情页优化任务。

实训要求：学生以小组为单位完成实训，在实训过程中充分讨论，最终得出结论。

实训1：网站基本情况分析。在网站的基本分析中，页面收录是一个重要的指标。其中，对域名进行分解，然后针对每个域名的收录情况进行分析是一项很重要的工作。

“起点文学网”是一家原创小说网站，网站在运营过程中经过了几轮优化，但仍有可优化的空间。下面以该网站为例进行分析，相关内容填入表5－2中。

表5－2

域名	收录数量	备注
		交流中心
		搜索
		小说免费区
		游戏
		校园
		男生版
		女生版
		支付

实训2：核心关键词排名。整理出该网站的核心关键词，然后监控对应搜索引擎排名数据。相关内容填入表5－3中。

表5－3

核心关键词	百度排名	搜狗排名	360排名
小说			
网络小说			

实训3：详情页优化。分小组任选该网站的某一网页，提出优化的策略。

任务二　实施搜索引擎竞价推广

案例导入

小冬家最近打算装修，于是登录百度查找关于装修风格、装修材料、装修知识等相关内容，同时加入了几个类似“装修知识大全”的微信群，也经常和朋友在微信中讨论与装修相关的话题。小冬发现，他在浏览网页内容时，随处可见与装修相关的内容。比如，他在刷微信朋友圈时就经常弹出很多和装修相关的信息，这样的信息让小冬感觉既高兴又担心，高兴的是这些广告信息确实是他需要的，担心的是感觉自己的信息被泄露了。

思考：

1. 小冬的朋友圈为什么会出现装修类型的广告？
2. 与小组成员分享，在你的微信朋友圈看到过哪些内容、哪些形式的广告。

任务描述

信息大爆炸时代，人类的信息呈指数式爆炸增长，搜索成为网民获取信息和知识最高效的渠道。一部分搜索词明确地表达了某种商业意图，即希望购买某一产品、寻找提供某一服务的提供商，或希望了解该产品/服务相关的信息。同时，提供这些产品/服务的企业也在寻找潜在客户。

如何根据网民搜索的大数据统计结果，精准分析用户需求，将高价值的企业推广内容精准地展现给有商业意图的搜索网民，同时满足网民的搜索需求和企业的推广需求，是网络推广的重要内容。

知识准备

一、搜索引擎营销漏斗模型

搜索引擎营销（Search Engine Marketing，SEM）漏斗模型是指在营销的过程中，从最初匹配用户到最终转化成交的过程就像一个漏斗，它包含五个环节：展现、点击、访问、咨询到生成订单。营销漏斗每个环节都会有消费者流失。企业需要把从展现开始的每个层级尽可能做大，并且减小流失率，从而保证最后的订单量增加。

微课：搜索引擎营销漏斗模型

1. 展现量

展现量即关键词展现在用户面前的次数，是漏斗原理的第一层。

影响展现量的因素主要是账户整体设置、关键词和网民搜索量。在账户整体设置方面，账户的投放地域、时段对展现影响较大。投放地域多、全天投放，账户的展现自然就高。在关键词方面，影响最大的是关键词的匹配模式。在百度搜索推广中，匹配模式主要分为广泛、短语—核心、短语—同义、短语—精确、精确这五种。匹配模式越宽，展现越大。除此之外，还有关键词的排名和数量。

2. 点击量

点击即网民看到搜索推广广告后的点击次数。

影响点击量的因素主要是关键词和创意。关键词的排名是影响点击量的主要因素，此外，关键词的展示样式也是一个重要因素，如闪投的点击率一般会高于普通创意（可见创意展现的重要性）。创意方面，除了流畅性影响对网民的吸引程度外，创意还与账户的结构有关，因为创意以单元为单位，账户结构越合理，单元的关键词越相像，创意也就越流畅。

3. 访问量

访问量即网民到达网页的次数。用户顺利又快捷地打开你的页面，才算访问到你的页面。这主要跟网站的打开速度和网页能否打开有关。

4. 咨询量（注册量）

当用户点击后登录你的页面，能否吸引用户的购买欲望而去咨询。对于一些行业来说，这一层为咨询量（如教育行业的访问咨询），对于搜索推广的目的是用户注册的公司来说，这一层级即为注册量。

影响网民注册的因素主要是登录页面。关键词与登录页面的相关性、登录页面内容是否满足用户的需求、登录页面的体验好坏程度都会关乎这一层的流量流失。

5. 订单量

当用户有欲望就会去购买你的产品，订单量靠的是产品或者销售。

以上是 SEM 中的漏斗原理。用户随着漏斗的层级一层一层流失，为了最后的订单量（或者注册量、咨询量）足够多，需要把从展现开始的每个层级尽可能做大，并且减小流失率。

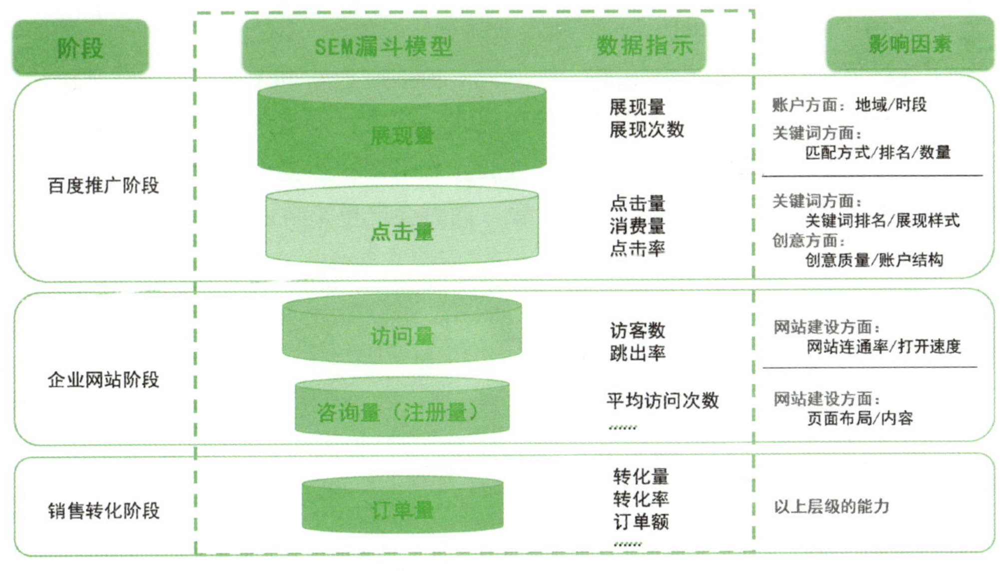

图 5－2　搜索引擎营销漏斗模型全景图

二、关键词质量度

关键词质量度是各类搜索推广中衡量关键词质量的综合性指标。影响关键词质量度得分有三个维度：预估点击率、业务相关性、着陆页体验。

1. 预估点击率

预估点击率是影响质量度得分的关键因素，它衡量的是当相应的关键词触发了推广结果进行展现的时候，推广结果获得点击的可能性有多大，系统主要会参考关键词的历史点击率和账户当前的设置。预估点击率是假设搜索字词和关键词完全匹配的基础上计算出的估算值。网民搜索字词、用户购买的关键词、对应的创意、展现样式以及推广着陆页的内容，它们之间的相关性、对网民的吸引力等都会影响关键词的历史点击率。在不考虑影响排名的其他因素时，关键词预估点击率越高，排名就越有机会靠前。

预估点击率有三种评分等级：高、中、低。当系统判定关键词预估点击率低时，展现概率较小。

2. 业务相关性

业务相关性衡量的是关键词和推广业务之间的相关程度，系统主要会参考创意设置以及推广着陆页的设置来判断推广业务。关键词业务相关性越高，排名就越有机会靠前。

业务相关性有三种评分等级：高、中、低。当系统判定关键词业务相关性低时，展现概率较小。

3. 着陆页体验

着陆页体验主要衡量推广着陆页的内容和质量。优秀的推广着陆页，不仅会给网民带来出色的用户体验，同时也有助于更好地展现产品/服务信息或者品牌形象。推广着陆页是否能够被系统抓取，呈现内容是否清晰、充实、易于浏览等都是影响着陆页体验的因素。在不考虑影响排名的其他因素时，推广着陆页体验越好，排名就越有机会靠前。

推广着陆页有三种评分等级：高、中、低。当推广着陆页无法被抓取或无法访问或网站内容缺乏对于推广业务的文字描述等情况时，都有可能被评判为低等级，应该结合自身网站的情况进行优化。为了保障用户体验，如果用户点击推广着陆页链接后未经用户允许直接下载 App，也会被判定为低等级，同时会严重影响展现概率。

知识链接

搜索引擎营销的五个阶段

企业对搜索引擎营销的认识经历了五个阶段：

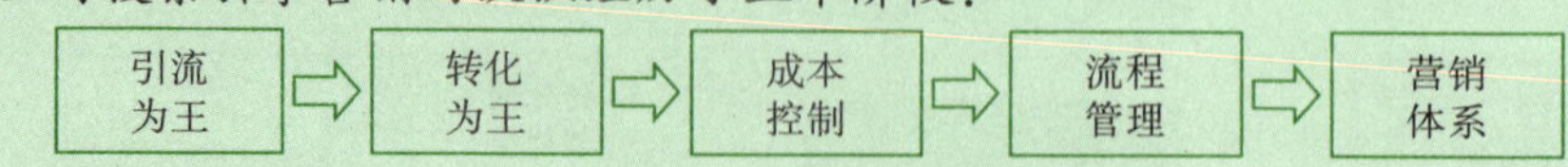

企业开展搜索引擎营销的五个阶段

引流为王：最初企业推广的目的是获取更多的有效流量，因此工作中心放在挖掘关键词上。百度推广引入质量度后，重心又放在抓质量度上，通过优化质量度降低 CPC（Cost Per Click，每次点击付费广告），在预算相同的前提下，引入更多的有效流量。

转化为王：随着 CPC 的攀高，企业明白引流不是目的，流量要能够实现转化，工作重心主要放在整理转化词上，将能够带来转化的词重点进行监控，确保其排名。

成本控制：流量有转化以后，企业发现广告投入或许比较多，转化成本未必理想，因此开始重点关注数据分析，着重研究数据跟踪、归因模型、代码部署等。

流程管理：企业跳出了单一推广的桎梏，来到了整合营销的高度，开始明白团队合作的重要性，形成了行业营销的一般流程：推广引流—页面浏览—在线咨询—电话邀约—上门来访—成交缴费—口碑传播。

营销体系：随着推广渠道越来越多，众多的突发情况让企业发现单纯依靠流程是不行的，应该建立整个推广营销体系，强大的营销体系才是企业做好 SEM 的关键。

三、开展搜索引擎营销的四项重要工作

开展搜索引擎营销，首先要做好四步：账户操作、专题页策划、数据分析、效果优化。

账户操作：根据不同的行业以及需求，熟练搭建出高质量的账户，制定合理的投放策略，对不同问题做出调整。

策划专题页：分析用户需求，满足用户体验，制作优秀的广告创意、文案、图片及视频。

数据分析：评估指标，需要掌握一些数据处理公式，对数据进行分类研究。

效果优化：针对账户操作做出细节调整，如：创意、关键词等设置；通过数据分析，总结出高产出比的关键词，进行重点优化；针对专题页进行调整，反复测试。

任务实施

步骤一：设置搜索竞价广告

搜索竞价广告，是一种依据关键词定向的精准广告，是通过调整价格来进行排名，按照广告效果付费的新型网络广告形式。

微课：搜索竞价推广

1. 搜索竞价广告的特点

（1）见效快。竞价广告相当于花钱买流量，有很广的展示面，因此广告效果见效快，和 SEO 做对比，节省了漫长的等待时间。

（2）效果好。搜索竞价广告属于关键词精准定向广告，有效地匹配了用户的搜索需求，看到广告的正是需要购买的用户。

（3）灵活性。目前搜索竞价广告已经发展得非常成熟，搜索引擎的后台管理方便，很多投放细节都可以进行设置，可以即时更改广告价格和内容，能够满足企业多种投放目标。

（4）评估精准。竞价是数字化营销渠道的重点，数据统计已经非常成熟，广告主可以对用户点击广告情况进行统计分析，还可以根据效果实时调整广告投入。

2. 搜索竞价广告账户

为了达到良好的竞价推广效果，竞价后台应该设置竞价账户。账户结构一般分为4层：账户—推广计划—推广单元—关键词创意。常规账户里的关键词一般在几千到几万个，大的账户关键词在十几万到几百万个。

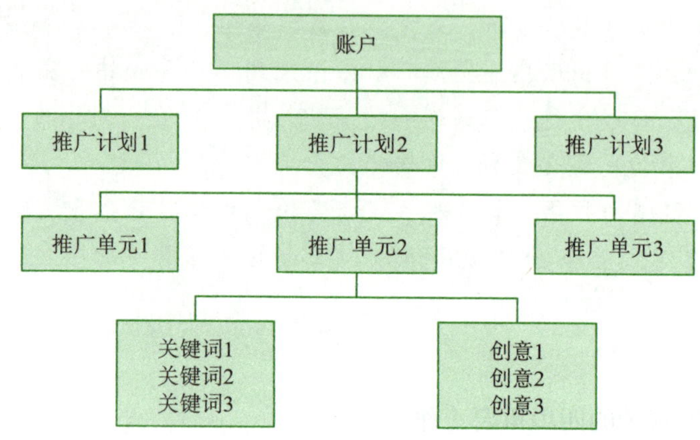

图5－3　竞价广告层级结构示意图

（1）推广计划设置思路

推广计划主要反映商家的营销目的，推广计划设置可以从以下四个维度去解析划分：

产品维度：适用于多产品的账户，每类产品都设置相对应的推广计划。

如：线上教育的客户有英语线上学习、数学线上学习、语文线上学习等多种细分项目，就可以把这些细分的项目放在不同的计划中进行针对性的推广。

时段维度：可对计划设置不同的推广时段及不同时段的出价比例。

如：某产品上午9—11点推广效果较好，出价比例就可以调高些，比如可设置为1.2；下午3—5点效果较差，出价比例就可以调低些，如设置成0.7；凌晨4—6点这段时间转化差，就可以停止推广。

地区维度：就是对不同的地区设置不同的推广计划。

如：某产品要在山东、天津推广，就可以针对山东和天津这两个地区设置两个推广计划。

购买阶段维度：分为问题发现、寻求方案、意向下单三个阶段，意向从弱到强。

首先是问题发现阶段。当用户产生了某种需求就会主动去搜集与需求相关的信息。如用户有购买英语线上课程的意向，就会去搜索“英语在线学习”“英语在线教育”等关键词。

其次是寻求方案阶段。在用户获取到想要的信息后，就会寻找解决方案，或找朋友问，或上搜索引擎。如用户在了解了英语在线学习的基本信息后，就会急于寻找解决方案，会搜索“平台英语学习怎么样”“平台英语学习费用”等关键词。

最后是购买意向阶段。用户已经决定购买英语在线教育课程，但还是有些许犹豫，他还想货比三家，对企业的口碑、实力进行评估。如用户会搜索"英语在线教育排行榜""平台英语教师"等关键词。

（2）推广单元搭建思路。推广单元在搭建时以关键词性质来进行设置，业务类型相近、词性相同、意图一致的放在同一个单元，保证创意的通顺度。根据词性去划分单元，单元内大致可分为四类词性：动词、疑问词、名词、短句。依据这四类词性可以搭建四个推广单元。

表5－4　推广单元搭建举例

名词	动词	疑问句	短语
英语学习	学习英语	英语学习网站哪家好	英语学习费用
口语学习	学习口语	学习口语多少钱	英语口语学习平台

（3）关键词设置思路。关键词的添加可以利用搜索引擎后台自带的关键词规划师工具来获取，通过这个工具可以查询到你想获得的各类关键词。此外还可以利用各种关键词查询工具、搜索词报告等，获取高匹配高质量的搜索词。

关键词匹配方式是指用户搜索词和广告主设置的推广关键词的匹配方式，大致分为四种：精准匹配、短语匹配、广泛匹配以及否定匹配。

①精确匹配，是指目标人群搜索词语与关键词完全一致时，才会展现推广内容。若搜索词中包含其他词语，或搜索词与关键词的词语顺序不同，均不会展现对应的内容。

例如：推广关键词"口语"与搜索词"口语学习"或"口语培训"就没有精确匹配，仅在有人搜索"口语"时推广信息才被触发。精确匹配设置可以对展现条件进行完全的控制。

②短语匹配—精准包含：是指目标人群搜索词语完全包含关键词时，才会展现推广内容。

例如：推广关键词"英语在线学习"，在短语—精确包含匹配选择下，可能触发推广结果的搜索词为"英语在线学习""高中英语在线学习"等等。

③短语匹配—同义包含：是指目标人群搜索词语完全包含推广关键词以及关键词的插入、颠倒和同义形态时，才会展现推广内容。

例如：推广关键词"英语在线学习"，在短语—同义包含匹配选择下，可能触发推广结果的搜索词为"英语在线学习""英语在线教育""高中英语在线学习""英语学习在线""英语网上教学"等。

④短语匹配—核心包含：是指目标人群搜索词语完全包含关键词或关键词的核心部分，或者包含关键词核心部分的插入、颠倒和同义形态时，才会展现推广内容。

例如：推广关键词"英语在线学"，在短语—核心包含匹配选择下，可能触发推广结果的搜索词为"英语在线学习""北京高中英语在线学习""英语在线培训""学习英语网络""英语口语学习""英语网络培训"和"英语学习"等等。

（4）创意展现样式。创意是指用户利用搜索引擎进行搜索并触发搜索结果时，所展现的推广内容，包含标题、描述以及访问 URL 和显示 URL 等。目前百度有基础创意和高级创意两种创意类型。高级创意类型主要包含图片类、子链类、文案类、列表类四种创意类型。高级创意通过图片、子链、文本、列表、视频、线索等多创意管理投放素材，多样式叠加拼装，扩大展现边界，吸引用户注意力。百度常见的创意样式如图5－4、图5－5所示。

在线英语培训_VIPKID英语_精选7万+优质外教_1对1在线授课

在线英语培训,VIPKID专注青少儿在线英语教育,精选7万+优质北美外教1对1在线授课,给孩子100%的关注,让孩子灵活掌握知识,轻松..

刘涛代言　北美师资　1对1授课

www.vipkid.com.cn 2020-02 - 评价 广告

图5－4　百度基础创意样式

西藏旅游——2020去西藏旅游实用攻略-亲历游玩经验

西藏旅游 2020去西藏旅游度假，小姐姐亲身体验经历分享，轻松畅游西藏十大景点。西藏山高水美，景点分散，一篇好的攻略能不花冤枉钱，不走冤枉路，直省30%的预算!

布达拉宫
西藏拉萨布达拉宫

巴松措
打卡景点巴松措

苯日神山
仙境苯日神山

雅鲁藏布江
雅鲁藏布江大峡谷

查看更多相关信息>>

湖南途上客国际旅行社 2020-08 - 评价 广告

图5－5　百度高级创意样式

步骤二：策划专题页

专题页对于搜索引擎营销起着决定性作用，因为无论优化、竞价，最终目的都是把用户带到你的网站上来，并促成交易。专题页面的类型有很多，可以是产品页、品牌形象宣传、活动宣传、事件营销等。

1. 专题页策划四步法

专题页策划的原则就是抓住用户眼球、吸引用户点击、提供良好的用户体验，一般流程遵循引入—痛点—产品—召唤四个环节。

（1）引入环节。页面第一屏，可向用户展示公司实力或所获荣誉，吸引用户深入了解。首先抓住用户的眼球，如果内容相对复杂，可以在第二屏继续展示，目的是留住浏览者，吸引用户把内容看完。

（2）痛点环节。在分析目标用户的基础上，深挖用户痛点，并根据痛点向用户展示解决方案。如果痛点不容易找，那么就需要说明产品或服务的卖点来刺激用户感受。

（3）产品环节。前面的铺垫，主要就是为了引出产品，满足客户的需求，解决其痛点，这个环节一般篇幅较多，会将产品从各个角度全面介绍。

（4）召唤环节。这个环节也就是常说的 CTA（Call To Action），引导用户留下信息，召唤浏览者完成某个动作，例如点击咨询、拨打电话、关注扫码、填写表单等。

2. 专题页案例分析

以下我们以新东方早鸟抢课季专题页为例分析专题页的设置。

（1）引入环节。新东方早鸟抢课季专题的第一屏是引入环节，首先用大写的“86 折大放价”吸引住浏览者，文案：雅思 86 折大放价，在家也要做学霸（见图 5－6）。

图 5－6 新东方培训专题页首屏示意图

（2）痛点或者卖点环节。引出痛点“备考”。这同样也是平台的卖点，如图 5－7 所示。

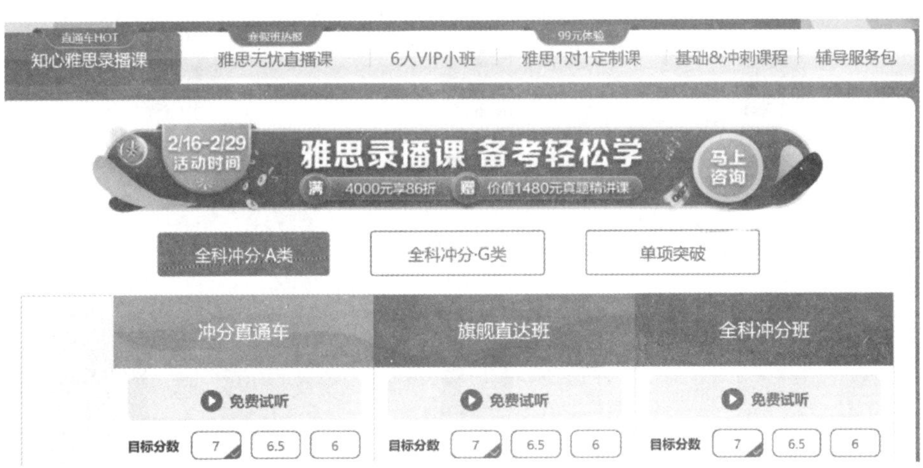

图 5－7 新东方培训专题页痛点及特点展示图

文案：雅思录播课，备考轻松学。

全科冲分 A 类：冲分直通车，目标分数 7、6.5、6；

全科冲分G类：旗舰直达班，目标分数7、6.5、6；

单科突破：全科冲分班，目标分数7、6.5、6。

（3）产品详情环节。解决痛点，详细介绍产品。这部分通常篇幅较多，这里只截取部分图示（见图5－8）。

图5－8 新东方培训专题页产品详情介绍示意图

文案：课程信息，课程特色、适合学员、课程内容、特色服务、超值赠送等。

（4）召唤行动。通过不断地展示实力，期望访客点击咨询，整个页面设计多个咨询按钮（见图5－9）。

图5－9 新东方培训专题页产品详情介绍示意图

文案：2020 年雅思考试时间、我该如何备考雅思、如何短期内提 1 ~ 1.5 分、考雅思我能得几分、当季雅思口语话题库、雅思精华备考资料。

【想一想】每小组在网上任选一个专题页，分别从引入环节、痛点环节、产品环节、召唤环节进行分析。

步骤三：分析 SEM 数据

数据分析是指通过对账户数据有目的地搜集、整理和分析，发现账户中存在的问题，并根据问题制订相应的解决方案，以此来提高投入产出比。

1. 分析维度

当很多数据呈现在你面前的时候，我们首先要考虑的问题是从什么维度着手。着手的维度主要有三个方向：整体维度、细分维度、其他维度。

（1）整体方向上的维度。整体方向上的维度主要包括：渠道、设备、地域、时段。

渠道维度：目前做 SEM 主流的渠道包括百度、360、搜狗、神马，其中 PC 端一定要做的是百度和 360，移动端一定要做的是百度、神马、搜狗。我们会从渠道层面去判断哪个渠道的整体成本更低或者哪个渠道的 ROI（投资回报率）更高。

设备维度：个人用户使用的设备主要还是在移动端，比如：教育培训；企业商家用户使用的设备主要还是在 PC 端，但是，对于广告主而言，哪个端的用户多，哪个端的竞争就更激烈，那么它的性价比可能就会下滑。对于某一个渠道而言，不同的行业，PC 端、移动端的性价比可能不一样，这个时候需要分析该渠道的两端的成本或者 ROI。

地域维度：由于每个地域的经济发展情况和人群结构不同，每个地区的竞争程度不一样，平均点击价格（ACP）会不一样，从而转化成本也会不一样。对于通投全国地区的广告主而言，往往会加大三四线城市的投放，因为名片成本会低一些，从而可以拉低整体的名片成本。比如：做在线教育的网校，学员不用去校区现场上课，跨区域已不再是问题，优秀的师资可以得到充分的发挥。

时段维度：在不同的时段会有不同数量的广告主参与，不同数量的用户在线搜索，而这直接就决定了不同时段的点击成本会不一样，也决定了不同时段的转化成本会不一样。比如：10：00—11：00 这个时段一般参与者众多，因为是黄金时段，转化成本就比较高；而 17：00—18：00 这个时段，可能有不少广告主的预算已经撞线，这个时候参与者就少了，转化成本可能就低一些。

（2）细分方向上的维度。细分方向上的维度主要包括：计划、单元、关键词、创意。

计划维度：计划一般按照项目、产品、地域或者词根划分，这样能看到某个产品、某个地域、某类关键词的数据情况，进而能找准重点模块找到某些指标快速上升的方法。

单元维度：单元一般按照词义、词性细分，这样细分的好处不是为了给别人好看，而是为了便于后面的优化操作。对于某一个单元而言，如果它其中某一个词表现比较好，该单元类的其他关键词也可以适当提价，该单元的创意可以单独有针对性地优化。

关键词维度：关键词是 SEM 账户操作的根基，调整频率也最多。最直观的，哪个关键词表现好，就相应提高它的出价；如果是精确匹配的话，相应该词的短语匹配方式也可以尝试。同时，该词所在的单元创意可以考虑使用该关键词作为默认关键词。

创意维度： 创意是展现给用户看的最前面的东西，是第一印象，创意点击率越高，对于关键词质量度优化越有利。在足够展现的情况下，点击率低的创意需要替换或者暂停。

（3）其他维度。主要包括着陆页、接线客服、电销团队。

着陆页维度： 着陆页是承接用户获取名片的很重要的载体，有时候名片成本的降低，只需要换一个着陆页，账户无须任何操作就可以实现好的效果。

接线客服： 采用 SEM 引流获取用户信息的方式主要包括咨询模式、表单模式、注册模式，其中，咨询模式是最常见也是效果最好的一种。

电销团队： 到了销售环节，产品或者服务是否能卖出去，取决于销售如何把自己“卖”出去，很多时候，客户之所以购买你的产品或者服务，你的在线服务是很重要的。

2. 数据评估指标

数据评估指标是根据考核情况衡量某一维度工作的好坏。一般而言，可采用下面几个指标来衡量某一维度的好坏：

（1）转化成本。主要涉及的维度有：渠道、设备、地域、时段、计划、单元、关键词。

转化成本 = 广告费/转化量。

（2）点击率。点击率衡量的维度主要是创意。

（3）投入产出比。投入产出比衡量的维度有渠道、设备、地域、销售。

（4）留单率。留单率衡量的维度是在线客服。

3. 数据分析方法

在数据分析方法上，我们主要学习获取数据的方法和处理数据的方法。

（1）获取数据环节。需要注意两点，第一点是 URL 标识（添加相关追踪代码），第二点是设置转化目标（主要是页面转化和事件转化，其中事件转化主要指下载、提交、注册、播放按钮）。

对于传统企业，涉及线下转化，一般是对广告的 URL 设置唯一标识，从而追踪后续线下转化行为，将广告投入和转化关联起来。对于营销流程基本在线上的行业，例如电商、游戏、社交软件等，一般是设置转化目标进行追踪，常用的是页面转化目标和事件转化目标，设置后可以自动得到相关数据。

知识拓展

四象限分析法

四象限分析法也叫矩阵分析方法，是指利用两个参考指标，把数据切割为四个小块，从而把杂乱无章的数据切割成四个部分，然后针对每一个小块的/数据进行针对化的分析。

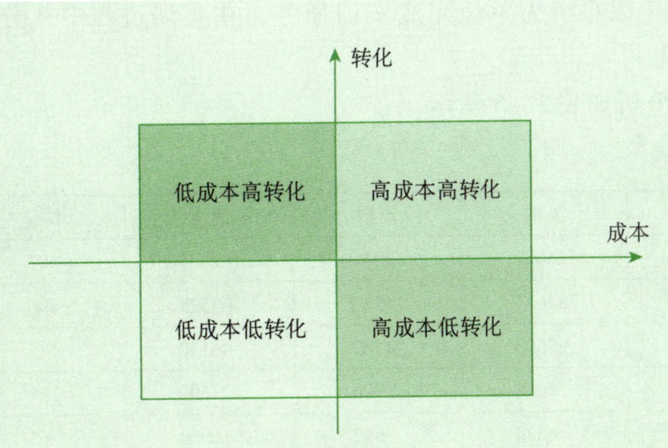

四象限分析法

1. 高转化，高成本。

- 查看排名是否虚高，如果排名过高可以适当降低排名。
- 优化关键词质量度，降低关键词消费成本。
- 关注搜索词报告，添加否定关键词。
- 更改匹配模式为精确匹配。
- 检查着陆页质量，提高网站打开速度及页面吸引力。

2. 高转换，低成本。

- 查看关键词排名，如果排名较差，则提高关键词出价。
- 保证这类关键词的推广时长与预算。
- 增加同类型的关键词，挖掘更多有价值的关键词。

3. 高成本，低转化。

- 首先调整出价，降低关键词排名，停止无效预算的支出。
- 提高客服与销售人员的能力。
- 优化网站质量，提高网页的相关性。
- 对照搜索词报告，检查匹配模式是否精准，缩小匹配范围，添加否定关键词。

4. 转化低，成本低。

- 调整关键词出价，提高排名，获得更多的展现机会。
- 优化推广创意，吸引网民点击。

（2）处理数据环节。需要熟练运用 Excel，常用的主要有：数据透视表、VLOOKUP 函数、COUNTIF 函数等。在重视营销的比较大的企业，都会有营销系统作为支撑，各种衡量指标都会在系统中很直观地呈现。

实战演练

实训目的：以教育培训行业某项目为例，尝试在渠道维度、时段维度、关键词维度和主题页维度进行分析，掌握搜索引擎优化的方法。

实训要求：学生以小组为单位完成实训任务，在实训过程中充分讨论，最终得出结论。

实训1：渠道分析如表5－5所示。

表5－5

渠道	展现	点击	消费	转化	成本（元）
百度PC	528087	12041	182584	602	303
百度移动	784641	14537	103527	490	211
360PC	99503	4502	46112	175	263
搜狗PC	4638	796	23690	126	188
搜狗移动	4374	692	16953	65	260
神马	52539	2965	9026	100	90
合计	1413903	32426	381892	1558	255

实训2：时段维度分析。

不同时间的转化量和转化成本如图5－10所示。

图5－10　不同时段的转化情况

实训3：关键词维度分析如表5－6所示。

表5－6

百度PC词	展现	点击	消费	转化	成本（元）
总计	531988	11041	182584	582	314
英语教育	34201	323	17043	36	473
英语培训	14281	366	14084	33	427
在线英语	14725	180	5133	15	342
少儿英语	1232	125	3915	3	1305

续表

百度 PC 词	展现	点击	消费	转化	成本（元）
英语在线学习	7220	130	3558	6	593
小学英语	3152	96	3456	3	1152
英语口语	5830	308	3033	12	253
英语真人外教	6771	194	2848	12	237

实训 4： 专题页面维度分析如表 5－7 所示。

表 5－7

专题页面	接待	转化	转化率（%）
总计	829	574	69.24
页面 1	187	143	76.47
页面 2	161	78	48.45
页面 3	154	119	77.27
页面 4	115	87	75.65
页面 5	80	59	73.75
页面 6	52	36	69.23
页面 7	47	30	63.83
页面 8	33	22	66.67

任务三　计算搜索推广成本

案例导入

小冬：学长，我最近在管理百度推广账户，已经入不敷出了，感觉每天都在烧钱啊！

学长：你现在正在为什么产品做推广？有没有做过账户预算？

小冬：我现在推广的是一个在线小说的网站，老板只给了我每个月 1000 元的推广费用啊。

学长：那你首先要对账户进行分析，根据要推广的目标做个预算，然后重点考虑关键词出价问题。

小冬：关键词点击价格我已经搞明白了，虽然有点击但是转化很低，导致成本很高。

学长：那就需要考虑降低成本提高转化率。

小冬：花钱还有这么多道理了，看来我要抓紧学习了。

思考： 你了解的百度推广营销人员的主要工作有哪些？

任务描述

搜索竞价本身需要支付费用，如果操作管理得不好，就会出现“高成本、低询盘”的现状，对于中小型企业的长远发展是不利的。要学会控制成本、减少没有效果的消费。

当搜索竞价账户的成本一直呈上涨趋势的时候，要学会去分析是什么原因造成成本上涨，并形成持续优化的思路与策略。本任务以百度搜索推广为例进行学习。

知识准备

一、常见的网络广告付费形式

1. CPT

CPT 是一种以时间来计费的广告付费形式，国内很多网站所设置的广告位都是按照“一个月多少钱/一年多少钱”这种固定收费模式来收费的，如搜狐首页即是按天计算费用。这种计费形式很粗放，由于看到广告的人群精准度不高，无法保障客户的利益。但是 CPT 是一种很省心的付费方式，无论展现、点击多少次，费用不变。

微课：搜索推广广告

2. CPM

CPM 是一种按展示付费的广告付费形式，只要展示了广告主的广告内容，广告主就要为此付费。我们常见的各大视频类网站，如优酷、爱奇艺、搜狐视频等，主要的收入来源就是以 CPM 的形式付费的。简单来说，如果你是广告主，并且在某网站平台投放了 CPM 类型的广告，那么就按照有多少人看到你的广告来付费。如果一个广告横幅的单价是 10 元/CPM，那么就意味着每 1000 个人看到这个广告便收取广告主 10 元的费用。以此类推，10000 人次访问网页就收取 100 元。至于每 CPM 的收费究竟是多少，要根据网站平台的热门程度来决定。

3. CPA

CPA，即根据每个访问者对网络广告所采取的行动收费。行动包括达成一次交易、获得一个注册用户、获取一个用户的留言或者对网络广告的一次点击等。这样的计价方式对于广告平台网站而言，有一定的风险性，如果访问者没有完成相应行动，那么广告主则不需要支付任何费用给广告平台网站。但若广告投放成功，其收益也比 CPM 的付费形式大得多。

4. CPC

CPC 是指根据广告被点击的次数收费。这种付费形式是目前广告主选择最多的广告投放形式，也是目前搜索引擎广告的主要收费形式，比较典型的有百度搜索推广广告及百度网盟推广广告、360 竞价广告、搜狗竞价广告等。

CPC 广告也被称为“按效果付费的广告”，这里的“效果”不是指销售量或者注册量，而是指这种形式能为网站带来多少潜在顾客，如广告被点击的次数。CPC 广告能够更快地带来访问量，只要不惜成本，就能占据最优秀的广告位。由于广告位数量一定，在竞争激烈的行业点击价格就会更高。比较热门的关键词，单次点击费用可以达到数十元甚至数百元。

二、百度搜索推广付费方式

百度搜索推付费方式是按点击付费，广告排名 = 出价 × 质量度。该种付费推广方式是最常用也最常见的一种推广方式，一般在结尾处都会标注有“广告”字样，如图 5 – 11 所示。

图 5 – 11　百度搜索推广

任务实施

步骤一：根据预算搭建账户

账户根据预算可分为小账户、中账户、大账户。不同的账户有不同的策略，需要考虑不同的搭建维度。

微课：计算搜索推广成本

1. 小账户

小账户的预算一般为 100 ~ 1000 元，在计划层级上搭上 1 ~ 3 个计划即可，在搭建维度上选择单维度即可。

在小账户推广中，一般分为单产品单地区推广、单产品多地区推广。单产品单地区推广可以以用户需求维度搭建账户，通过对用户需求细分，统计分析每类需求的转化情况。单产品多地区推广，可以以地区维度搭建账户，根据每类地区转化情况，后期进行有重点的推广。

2. 中账户

中账户的预算一般为 1000 ~ 5000 元，预算相对比较宽裕，可以按访客需求维度、产品维度、地区维度来搭建。

中账户的推广可分为以下四种情况：

（1）单产品单地区推广：以“设备+访客需求”或“设备+购买阶段”维度进行组合搭建账户。

（2）单产品多地区推广：以“地区+产品”或“地区+购买阶段”进行组合搭建账户。

（3）多产品单地区推广：以“产品+购买阶段”维度进行组合搭建账户。

（4）多产品多地区推广：以“产品+地区”“产品+购买阶段”或“产品+设备”维度进行组合搭建账户。

3. 大账户

大账户的预算一般为5000元以上，在计划层级上搭建6个+计划，版位选择上也可以更多。

大账户的推广可分为以下四种情况：

（1）单产品单地区推广：可根据“购买阶段+设备”“购买阶段+设备+时段”维度进行组合搭建账户。

（2）单产品多地区推广：可根据“推广地区+设备”“推广地区+购买阶段+设备”维度进行组合搭建账户。

（3）多产品单地区推广：可根据“产品+购买阶段+设备”维度进行组合搭建账户。

（4）多产品多地区推广：可根据“产品+地区+设备”“产品+地区+购买阶段”维度进行组合搭建账户。

因为预算的不同，在策略上一定是有所偏差的，百度信息流平台的账户的推广策略如表5-8所示。

表5-8

账户	预算（元）	推荐版位	计划数	定向方式	出价方式	覆盖人群
小账户	100~1000	百度信息流列表页	1~3	• 行业意图词+历史搜索	CPC	• 目标人群
中账户	1000~5000	百度信息流列表页/详情页	3~6	• 行业意图词+历史搜索 • 行业意图词+全网行为	CPC/OCPC	• 目标人群 • 意向人群
大账户	5000以上	不限	6个以上	• 行业意图词+历史搜索 • 行业意图词+全网行为 • 人群意图词+全网行为	CPC/OCPC	• 目标人群 • 意向人群 • 潜在人群

【想一想】 如果你正在对一家网络营销培训技能做百度推广，每月有3000元的预算，你的推广策略是什么？写出你的分析过程。

步骤二：设置关键词出价

关键词出价，是企业愿意为关键词被点击一次所支付的最高价格。这个价格是企业自己设定的，不是搜索引擎设定的。关键词被点击一次的价格不能高于出价，因此关键词出价是展现价格的上限。

关键词最低展现价格，是指这个关键词的广告创意要想在用户搜索时被触发上线展示在用户面前，有一个最低的展现价格。百度系统对每个关键词都给出了一个最低展现价格，相当于能够在百度展现的门槛价。

1. 关键词出价的分类

此类出价包括关键词出价和推广单元出价。

关键词出价：关键词层级设置的出价可以设置也可以不设置，没有进行设置的关键词出价以本单元的出价为准。每个关键词的出价仅作用于该关键词。关键词出价最高可设置为 999.99 元；最低不能低于关键词的最低展现价格。

推广单元出价：推广单元层级必须设置出价，单元出价可以作用于本单元内所有关键词。单元出价最高可以设置为 999.99 元，最低可以设置为 0.01 元。

2. 关键词出价原则

关键词出价时需要综合考虑多种因素，具体原则如下：

（1）账户预算原则。在进行关键词出价前，应该针对账户预算做合理的安排，根据账户预算、效果以及行业等因素形成一个大致的估算，根据账户的相关数据进行反推，估算按照公司标准完成业绩，需要做到多少钱一个点击，分析自己的账户出价可能会面临的诸多不合理情况，做到心中有数。

比如，账户预算 500 元，均价 10 元，相当于可以点击 50 次左右。扣除一些来自于竞争对手的恶意点击，屏蔽掉这些无效流量后大约可剩 40 余次点击。你需要评估这 40 余次的点击能够带来多少条有效线索。

所以，在关键词出价上，抢排名并不是最好的获取流量的办法，而是根据预算选择自己能够获取的流量，从而进行出价。

（2）产品利润原则。无论采取什么样的推广手段，目的都为了赚钱而不是花钱。所以，应该根据客单价和利润率的情况合理安排预算。

例如，公司有做网站和做全网营销策划两种业务，这两种业务的预算就大不相同，一个网站的费用约为几千到几万元，但是一个全网营销策划可能需要几万、十几万甚至几十万元。

（3）关键词购买阶段原则。该原则是指要根据竞价关键词意向强弱进行投放。关键词可分为三个阶段：

第一阶段：搜集信息阶段——意向低。

第二阶段：产品对比阶段——意向中等。

第三阶段：购买决策阶段——意向很高。

对于意向高的关键词可以出中高价，对于意向低的关键词出低价。出价不能盲目，不能只为抢排名去出价，而是要根据这个词是否值得给出这个价格。

（4）遵循行业规律原则。一般的行业都有淡旺季，只不过有些行业更为明显，例如旅游行业、家装行业、婚纱摄影行业等等。既然有淡旺季，那账户策略就不是一成不变的。

旺季，一般要出高价去获取流量；淡季，可以适当降低价格。

还有一些行业是时段特殊的，有的行业白天流量大，有的行业晚上流量大。同理，流量大的时候出高价，流量小的时候可以出低价，这个时候可以通过单独设立时段计划出价，也可以通过时段溢价来操作。

步骤三：计算点击价格

1. 点击价格

点击价格是指企业为网民的点击访问所支付的实际推广费用。百度计费机制下，实际点击价格不高于甚至远低于关键词的出价，企业所支付的推广费用实际上是维持当前推广排名所需的最低费用。

2. 最低展现价格

关键词最低展现价格，是指这个关键词的广告创意要想在用户搜索时被触发而展现在用户面前，有一个最低的展现价格。百度系统对每个关键词都给出了一个最低展现价格，相当于能够在百度展现的门槛价格。

3. 点击价格的计算方法

点击价格取决于企业和其他客户的排名、出价和质量度。一般情况下，点击价格的计算公式为：

$$\text{点击价格}=\frac{\text{下一名关键词出价}\times\text{下一名关键词质量度}}{\text{自身关键词质量度}}+0.01$$

【想一想】 为了更好地理解关键词出价、点击价格、最低展现价格的定义，我们举一个帮助理解的例子：

你去参加一场拍卖会：

1. 你一共带了50000元去参加这场拍卖会；
2. 到了现场后得知，想要拍卖的产品底价是1000元；
3. 经过与其他人竞争，你用20000元拍下了这件产品。

根据三种价格的定义，同学们完成下面的连线：

一共带的钱50000元	最后实际拿出了多少钱	最低展现价格
产品起拍价1000元	最高只能出这些钱	点击价格
最后成交价20000元	低于这个价格没有竞拍资格	出价

实战演练

实训目的： 通过实训，能够掌握竞价推广广告付费方式、关键词付费方法，更好地管理搜索推广账户。

实训要求： 学生以小组为单位完成实训任务，在实训过程中充分讨论，最终得出结论。

实训1： 写出目前主流的网络广告付费形式，说明收费方式和特点，并对典型广告进行举例说明（见表5-9）。

表 5－9

广告类型	收费方式	特点	典型广告

实训 2：针对搜索词"蛋糕预订"，有如下四个客户的推广结果可以展现（表 5－10 中数值仅供参考，不具有实际意义）。

表 5－10

客户	关键词	出价	质量度	排名
客户 A	蛋糕预订	3.5	1	第 1 名
客户 B	买蛋糕	2.3	1.5	第 2 名
客户 C	订蛋糕	4	0.7	第 3 名
客户 D	蛋糕预订	3	0.9	第 4 名（最后 1 名）

实训 3：根据关键词每次点击价格计算方法，计算每个关键词的点击价格分别为多少（见表 5－11）？

表 5－11

客户	关键词	出价	质量度	排名	点击价格
客户 A	蛋糕预订	3.5	1	第 1 名	
客户 B	买蛋糕	2.3	1.5	第 2 名	
客户 C	订蛋糕	4	0.7	第 3 名	
客户 D	蛋糕预订	3	0.9	第 4 名（最后 1 名）	

项目评价

表 5－12 学生学习评价表

序号	知识点	评价标准	学生自评		教师评价	
			达标	未达标	达标	未达标
1	网页排名算分	能够说出影响谷歌和百度网页排名的因素				
2	搜索引擎优化关键参数设置	能够说出网页标题参数、关键词参数、描述参数设置				
3	关键词部署的金字塔原则	能够说出部署关键词金字塔原则				
4	SEM 漏斗模型	能够复述 SEM 漏斗模型的五个阶段数据指标和影响因素				
5	关键词质量度	能够说出影响质量度得分的影响因素				

续表

序号	知识点	评价标准	学生自评		教师评价	
			达标	未达标	达标	未达标
6	搜索引擎营销推广渠道	能够举例说明竞价广告和信息流广告的投放要求				
7	掌握搜索营销数据统计与分析方法	能够说出数据统计的工具和分析方法				
序号	技能点	评价标准	学生自评		教师评价	
			达标	未达标	达标	未达标
8	搜索引擎优化的目标	能够举例说明四个搜索引擎优化的目标				
9	搜索引擎营销关键词分析与挖掘	能够掌握关键词分类方法、关键词挖掘方法工具、关键词部署方法				
10	搜索营销数据进行分析和优化	能够说出数据分析的三个维度				
11	根据预算搭建账户	能够说明三种账户的搭建原则				
12	设计与优化友好网页	能够说明网页内容和图片的优化方法				
13	设置关键词“三价”	能够说明关键词出价、点击价格、最低展现价格关系				
14	降低成本提升转化率	能够根据具体企业问题提出降低成本提升转化率的方法				
序号	素质点	评价标准	学生自评		教师评价	
			达标	未达标	达标	未达标
15	发现问题、解决问题能力	能够在学习中善于提出问题并借助资源解决问题				
16	流程化思维能力	能够在数据分析、账户搭建等问题上使用流程化思维解决问题				
17	分工协作能力	能够和团队成员协商分工，共同完成实训任务				

思考练习

一、简答题

1. 搜索引擎营销漏斗模型五个阶段数据指标和影响因素是什么？
2. SEM 数据分析的三个维度的分析指标有哪些？

二、论述题

寻找一个开展搜索引擎营销的企业案例，分析它在关键词选择方面具体是怎么做的。

三、案例分析

根据给出的公司背景，从竞争市场分析、公司现状分析、具体的推广方案等方面，做出一份可执行的 SEM 方案。

公司背景：

1. 公司：×××教育。

2. 介绍：传统教育培训机构，知名×××培训基地，专业课程包含 a、b、c、d、e、f 等。

3. 规模：直营院校包含北京、长沙、成都、郑州、上海。

4. 目标：

（1）增加各校区报名数量（转化量），降低各校区报名成本（CPA）。

（2）塑造品牌影响力，加强该行业内潜在印象。

（3）拓宽公司的服务渠道，方便学员的售后服务，加深品牌度。

5. 现状：随着中国大力发展文化教育产业事业，相关细分产业链上的人才需求也在攀升，伴随着的便是就业薪资市场的看涨。各种传统以及新的教育培训竞争对手也在增加。

项目六
玩转社群营销

学习思维导图

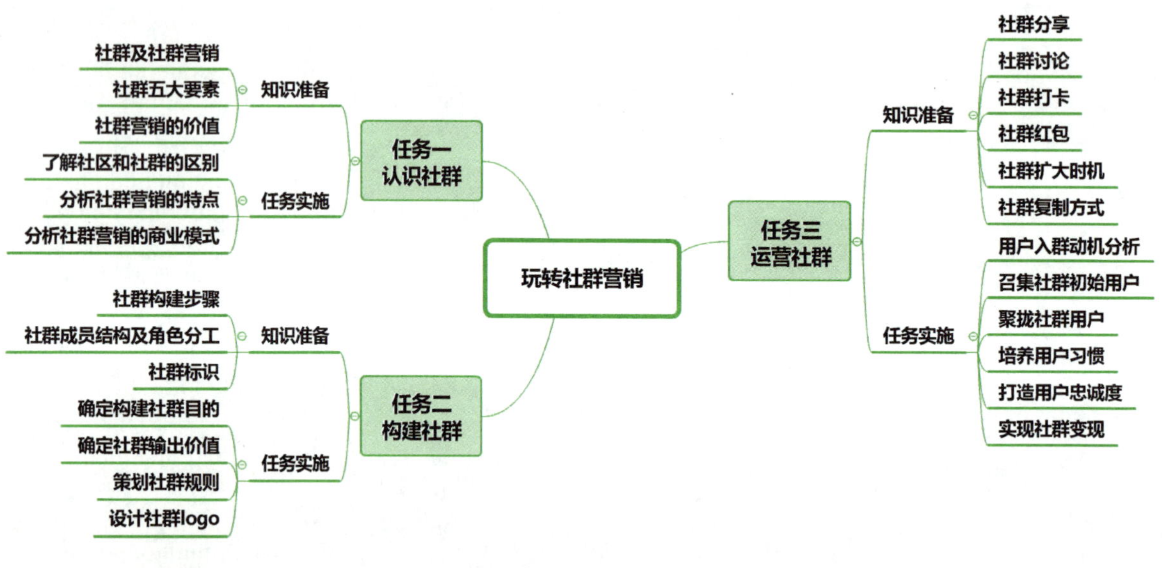

素质目标

□ 树立学生创新意识、创新精神，能够在召集初始用户、聚拢用户等阶段提出教材之外的其他方法

□ 培养学生协同创新能力，能够和团队成员协商，共同完成实训任务

□ 培养学生资源整合能力，能够借助网络资源、周围人脉提出更多运营社群的方法或为社群寻找到更有价值的资源

知识目标

□ 了解社群的价值

- ☐ 了解社群的成员结构及角色分工
- ☐ 掌握社群构建的步骤
- ☐ 了解社群聚拢用户的主要方法
- ☐ 掌握如何给用户特殊标签的方法
- ☐ 掌握社群复制、变现的方式

能力目标

- ☐ 能够完成社群的规则制定
- ☐ 能够完成社群标识与 logo 的制作
- ☐ 能够设计并组织社群线下活动
- ☐ 能够进行社群的日常运营管理
- ☐ 能够完成社群复制，分化设计

任务一　认识社群

案例导入

小刘："梅梅，最近不知道怎么了，经常被莫名其妙地拉进一些微信群，群里会发一些和我完全无关的内容。你有没有遇到过这种情况?"

梅梅："有啊，我一般都会退出或屏蔽掉这些群，但有一些群还是挺好的，比如这个学习交流群。"

小刘："你说他们这样随便拉些人就建群，群里的人彼此也都不认识，这样的群意义在哪里?"

梅梅："那要看这个建群的人会不会运营了。比如，开始时是否确定建群的目的，群成员是否具有共性，如何来活跃社群。"

小刘："原来建群还需要做这么多事啊!"

梅梅："那当然了，只有规划好一切，社群才有存在的意义。如果涉及销售的话，要做的规划更多。除了前面说的，还需制定社群营销方式、客户维护方法、社群规则等。"

小刘："哎呀，又长知识了，社群原来也不简单啊。"

思考：

1. 社群、社区有什么不同?
2. 请用一句话概括你认为的社群含义。

任务描述

人具有聚集的天性，在当今开放的互联网时代，越来越多的人借助互联网打破自己封闭的圈子，不断加入新的圈子。这种趋势，必然带来社群经济的发展以及营销的变革。

社群营销具有精准、高效、门槛低等多项优势，引来众多企业纷纷涌入社群经营的行列。但是如何经营好社群，为品牌打造出高互动的社群营销，却并非易事。要了解社群及社群营销的概念、特点及在当今时代对于企业的价值，才能更好地进行社群营销。让我们一起来走进社群营销的世界。

知识准备

一、什么是社群

社群是一群有相互关系的人形成的网络，其中人和人要产生交叉的关系和深入的情感链接，才能被看作社群。社群中的人和人是有关系链接的，关系连接度就是人与人之间的一种了解和交流。如两个人是好朋友，相互肯定有对方的电话号码、微信号、QQ 号、邮箱等，当有了这些深入的了解，即使他们离开了一个群，连接也不会轻易消失。

微课：认识社群

微课：社群的五大要素

二、社群的五大基本要素

社群的五大要素为：社群链接、社群成员结构、社群价值、社群运营、社群复制。

1. 社群链接

根据其链接的属性不同，社群链接可以分为：产品链接、兴趣链接、标签链接、空间链接以及情感链接。

产品链接：以一款或一类产品为链接点聚集人群。

兴趣链接：以一个共同的喜好/兴趣为链接点汇集人群。

标签链接：标签是一种很容易被识别、很容易记住的符号，如星座、属相、姓氏、某位明星等。标签链接是以某一个标签为链接点聚集人群。

空间链接：是以所在空间相同而聚集人群，比如居住在一个小区的人。

情感链接：情感上分为爱情、友情、亲戚等，最常见的情感链接社群是同学群、亲友群等。

2. 社群成员结构

社群成员结构决定社群是否能存活。社群成员结构，就是在社群中承担不同工作角色的人，包括：创始人、管理员、参与者、开拓者、合伙人、付费者。社群成员结构做得越好，社群活得越长。

3. 社群价值

社群价值就是社群输出，社群必须要有稳定的有价值的输出，可以输出知识也可以输出信息等。有输出才能将传递社群价值观给更多的人。好的社群一定要能给群员提供稳定的服务输出。

4. 社群运营

社群运营决定社群的寿命。社群运营具体包括如何聚拢用户，如何进行社群活动，如何打造用户忠诚度，社群变现等等。通过运营要建立社群的“四感”：仪式感、参与感、组织感、归属感。

5. 社群复制

社群复制决定社群的规模。一个社群如果能够复制多个平行社群，将会形成巨大的社群规模。

三、社群营销

社群营销，是基于相同或相似的兴趣爱好，通过某种载体聚集人气，通过产品或服务满足群体需求而产生的商业形态。它是由于移动互联网的发展才出现的营销模式。社群营销的载体不局限于微信，各种平台都可以做社群营销：论坛、微博、QQ 群甚至线下的社区，都可以进行社群营销。

社群营销的优势：

1. 传播速度快，传播范围广

假设某个社群群内有 500 人，一个人朋友圈有 100 人，每个人转发一次产品文章，那么该文章的曝光量就有 5 万。因此，社群营销最大的优势便是传播速度及范围。

2. 社群营销用户精准

社群营销是基于圈子、人脉等而产生的营销模式。在当今社会，相同兴趣的人可以购买相同的品牌、相似功能的产品，但是不同兴趣的人选择就不一样了。用户在购买产品时不再是基于功能性的消费，更多是在某个场景下的消费。社群营销就是这个产品特定为某一类人设计的，社群里面聚集的都是有着共同需求的用户，针对性极强，每一个用户都是精准用户。

3. 沟通畅快

社群内部沟通畅快，由此可减少因沟通不畅产生的不愉快等情况。当用户产品或服务出现问题时，第一时间通过社群来解决，一方面反应迅速容易获得用户认可，另一方面也会让其他用户看到商家的服务，从而获得更多关注。

四、社群营销的价值

1. 感受品牌温度

品牌的树立是一个长期的过程，塑造的形象必须被周围大众广泛接受并长期认同，而社群的形态便于公司产品直接展示自身鲜明的个性和情感特征，让用户感受到品牌的温度。

2. 刺激产品销售

不论是基于共同兴趣的学习型社群，还是基于个人爱好的运动塑身群，通过共同的价值观，以及每天的社群营销活动感染，都能够激发人们的购买冲动。

3. 维护顾客黏性

在传统的营销环境中，产品售出后，除了退换货，似乎和客户已断了链接。而社群则能够圈住用户，让其更深度地参与到企业产品的反馈升级以及品牌推广中来，把用户当成自己的家人来爱护，从而使其爱上企业，主动为品牌助力。

任务实施

步骤一：了解社区和社群的区别

从字面意思上理解，一个是“区”一个是“群”，两者的共同点是人聚集而成的组织，有一定的社会形态。不同点是，“社区”强调的是人与人在物理空间里的联系，如居住在同一个地点的人群会形成社区；“社群”强调的是人与人在虚拟空间里的关系，如钢琴爱好者微信群、大学舍友 QQ 群。

社区里可以有社群，在一个社区，人们可以基于兴趣爱好组成书法群、摄影群。社群中也可以有社区。

知识拓展

社群产生的背景

点与点之间通过某种媒介的互动和连接，就出现了联系，连接这两个点之间的这条线就是社交。每个点不只连接一个点，于是多点之间的多线条社交就形成了面，并且经过不断的优胜、劣汰、协作，连接线越来越牢固，形成的这个面也越来越稳固。这些点与线形成的面，就是社群。传统的社群形式大多都受时空限制，社群的直接沟通也相应受到局限。不同社群之间沟通的媒介不同，在历史上曾经有书信、电报、广播、呼机、电话、邮件、聊天室、QQ 群……

社群形态其实一直都存在，但基于连接方式的限制，其发展被地理空间所约束。随着移动互联网的快速发展，桌面端转移到移动端，再加上打破空间、时间的高效率工具（比如 QQ、微信）的出现，这些限制逐渐被摆脱，使得社群组织更容易、互动更容易、管理也更容易。

【想一想】给你印象最深刻的社群是哪个？你喜欢它的原因是什么？

步骤二：分析社群营销的特点

1. 弱中心化

社群营销是一种扁平化网状结构，人们可以一对多、多对多地实现互动，进行传播，并不是只有一个组织和一个有话语权的人，社群中的每个人都有话语权。传播主体由单一走向多重，由集中走向分散，这是一个弱中心化的过程。

2. 互动性强

社群营销是让用户与用户之间多沟通交流，群内如果有几个忠实的老客户，他们的每一句话都可以作为产品的二次传播，提升产品在用户之间的口碑，对其他用户产生良性的影响，为销售额带来直接的影响。

例如，小米用户 QQ 群（见图 6－1），社群的发起者有小米官方也有小米用户，用户会在社群中针对小米产品体验进行交流，如果有一名即将购买小米产品的用户进入到社群，社群中对于小米产品的言论将直接影响该用户是否购买该产品。

图 6－1　小米用户体验 QQ 社群

3. 情感营销

社群营销与其他营销模式不同，社群营销更看重情感。在营销过程中，商家需要与客户建立情感上的联系，通过沟通交流从陌生人逐渐成为朋友，商家需要用心去维护好新老用户，通过用心的服务让他们买单。以小米为例，在与陌生人刚开始沟通时，玩游戏是最轻松最有效的办法，设置简单的游戏内容，让用户积极参与进来，从陌生到熟悉，快速建立情感上的联系（见图 6－2）。

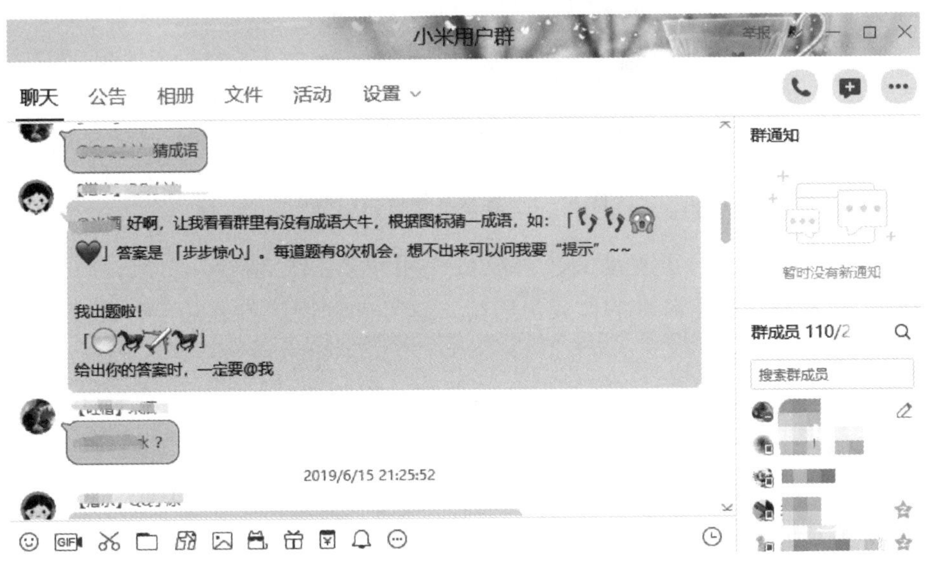

图 6－2　小米用户社群情感营销

4. 自行运转

在社群营销中，商家在服务用户的整个过程中，潜移默化地为产品建立良好的口碑，这个时候用户会不知不觉地被你的产品、服务打动，因此促成新的订单。如果在使用产品过程中也能得到相同的待遇自然而然会口口相传，这也是社群的一大特点——自行运转。

步骤三：分析社群营销的商业模式

不同的社群有不同的属性，因此会出现不同的商业模式。以下我们分析几种常见的社群营销商业模式。

1. 社群广告变现

通过广告变现，本质上是把社群当做广告投放渠道，完成销售目标。图 6-3 为某生鲜平台的销售广告，一个社区中的用户汇聚到微信群，群主通过社群发送产品信息。

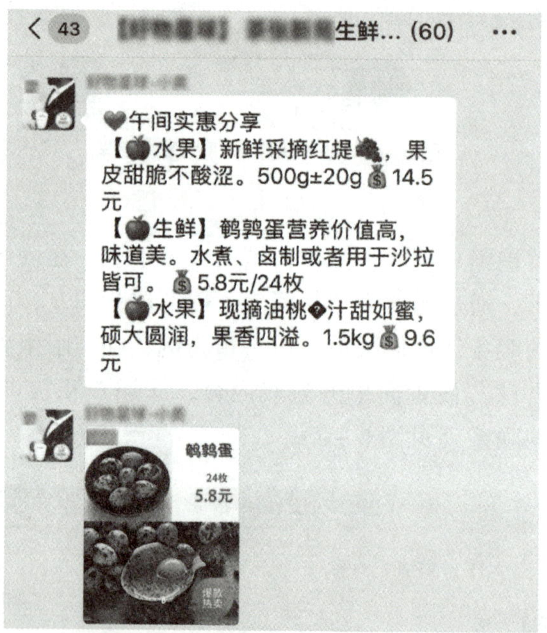

图 6-3 某生鲜平台用户群

社群通常是重运营、重互动的，群成员（用户）相对精准，因此，广告投放在运营良好的社群之中，加上精准的群成员匹配，这样的社群广告通常会有良好的效果。

2. 社群电商变现

社群电商实质上就是将商家已有的产品通过社群作为渠道卖给消费者（见图 6-4）。如今，电商已成了很多人做社群的动力和目标，社群只是他们的工具（如母婴社群、美妆社群等），通过电商而实现变现才是目的。

纯粹地把社群当作产品售卖渠道，缺乏前期的深耕准备，是行不通的。想要通过电商变现，必须要有大体量的用户基础，比如目前很多网红通过自媒体做电商，实质上是把传统媒体的流量优势搬到互联网上来，所以容易变现。

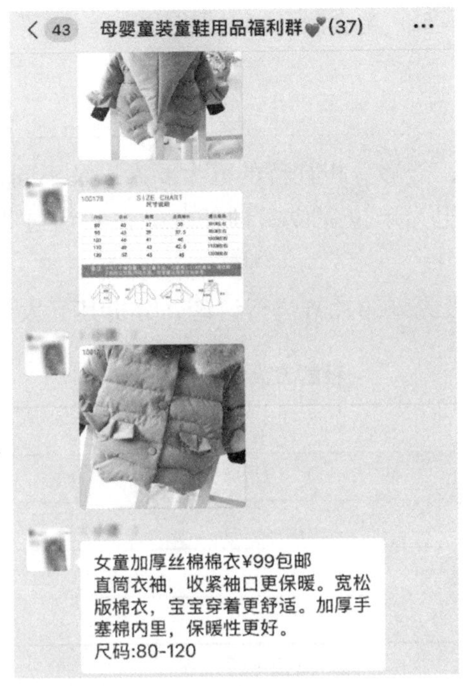

图 6-4　母婴童装用品销售群

3. 收会员费变现

通过收取会员费的方式变现，是最为简单直接的变现方式。所谓的收会费，即是群成员在加入社群之初，必须向社群支付一定的费用，才能加入社群、参与社群活动、享受社群服务等。如果社群或者社群主存在着某项专长或优势，而这些正是社群成员所欠缺或是急需的，那么向社群成员收取一定的"门票"自然无可厚非。图 6-5 所示为一款软件的交流群，群主为该软件的资深用户，初学者如果想要获取更多软件使用技巧，就需交纳 20 元后进入群。使用付费的方法可直接筛选出真正想获取经验的用户。

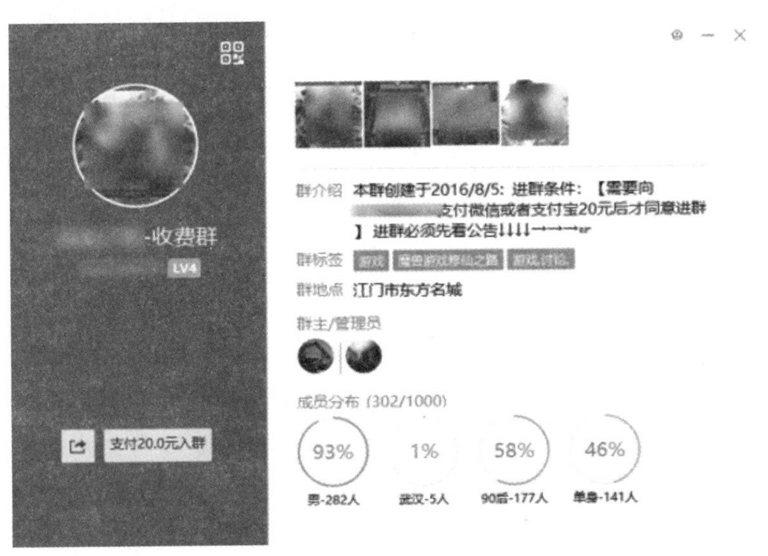

图 6-5　某软件付费交流群

【**想一想**】请写出三个客户愿意为社群付费的原因。

实战演练

实训目的：通过实训，能够分析社群的五大要素以及不同社群商业模式。

实训要求：学生以小组为单位完成实训任务，在实训过程中充分讨论，得出最终结论。

实训1：针对你印象最深刻的社群进行讨论，分析其五大要素，填写表6-1。

表6-1　　社群五大要素分析表

链接	
结构	
价值	
运营	
复制	

实训2：与同学分享，分析大家所写的社群的五大要素的相同之处，填写表6-2。

表6-2　　五大要素相同处分析表

	相同处
链接	
结构	
价值	
运营	
复制	

实训3：与同学讨论常见的商业模式，并在社群中找到对应的案例。

任务二　社群构建

案例导入

i博导是博导前程旗下的电子商务技能提升与实习就业对接平台，连接着学生用户、教师用户与专家用户，致力于培养社会所需要的优秀专业人才。为了让每一个用户群能够更好地沟通，也更便于企业管理，i博导官网由专业的管理人员分别在QQ、微信以及官网论坛上构建了对应的学习交流群。

1. 成员结构

社群在建立最初首先确定6名运营人员分别命名为“i博导君”“实习君”“A实习

君”等，其次会在学生中挑选较为活跃的用户作为管理员，让其管理及带动社群活跃度。

2. 交流平台

i 博导把重要的交流分享平台设在 QQ 上，目前拥有 2 个普通的学生群，每个群的群成员在 2000 人左右；3 个教师群，每个群的群成员在 1000 人左右。

3. 加入原则

有了元老成员，也建好了平台，慢慢地便会有更多的人慕名而来，此时就该设立一定的筛选机制作为门槛。i 博导的加群方式设置为邀请制，可以是群管理人员主动邀请，也可以是群成员推荐好友加入，申请加入的人员需要通过管理员的审核才可以入群。这种加入方式的好处，一是保证成员质量，二是会让新加入者感到加入不易而格外珍惜这个社群。

4. 管理规范

新人入群后看到的置顶公告即是本群须知，这样的操作让群员在入群时就能对群规有一定的了解，在以后的群管理期间就比较容易得到群员的认同。

【2018.8.14】i博导升级公告

i博导APP新版V6.5.1发布上线，更新内容：

1）叨叨新增【短视频创作之星】短视频专栏，参与本次短视频竞技的同学请务必更新APP，作品需提交至此专栏内；
2）班级-学生 提交作业支持多张图片上传；
3）班级-考勤 增加早退考勤状态；
4）班级-互动-投票互动，增加图片投票模式，投票方式更灵活...

展开

/ty i博导君 发表于 2018-08-14 15:09 945人已读

i 博导学生群的置顶群公告

思考：

1. 此案例中 i 博导为什么要设置入群规则？
2. 在管理社群的时候，只有管理员可以吗？

任务描述

构建一个社群很容易，但构建一个具备商业价值，能够为企业盈利的社群则需要精心策划。首先要明确建立社群的目的是什么，是为了销售产品还是做品牌宣传或者维系客户关系；其次要设计社群的输出价值，利用社群的价值把每个单个的成员链接起来；再次，一个好的、利于宣传的社群，还需要有一个明显的 logo 作为标识，让人们更容易记住和传播社群文化；最后，国有国法，家有家规，一个好的社群想要长久发展，必须有大家共同认可和遵守的群规，这是社群后期运营的基础。下面，让我们一起来构建一个社群吧！

知识准备

一、社群的构建步骤

1. 社群人群定位

微课：社群构建步骤

做社群首先需要考虑的是社群目标人群有哪些，先分析这部分人群，确定他们的特点，再聚集有相同特点和兴趣爱好的人。物以类聚，人以群分。社群是有共同特点和需求的人聚集的结果，构建社群的基础便是这类具有同好的用户。例如，企业的目标用户是喜爱民族服饰的消费者，那么这部分群体便是它的同好用户，在此基础上创建的社群，才能在保持活跃度的同时，不断完成潜在用户的转化目的。

【想一想】 社群人群定位对社群的建立至关重要。如果要构建一个读书群，通过哪些渠道能快速找到目标人群？

2. 引流吸粉，确定群结构

社群初期引流吸粉其实很难，在当下社群遍地开花随处可见的环境下，没有人气没有特色的社群其实很少有人愿意加入。所以，要想建立社群，首先你可以先从自己身边的亲朋好友入手，让他们帮忙推荐，先把社群的场子撑起来；然后，可以利于各种社交平台发软文广告，在社区贴海报、做活动等线上线下双重吸粉，吸引对你的产品感兴趣或者有想法的人主动加入；最后，从加入的成员中精心挑选活跃用户参与反馈，以此增粉和聚集人气。

社群有了一定数量的成员以后，需注意完善群的结构。社群结构有“金字塔”结构与环形结构两种，组建社群时根据社群属性确定社群结构。金字塔结构常用于学习群，在此结构中，群里会有一个意见领袖，群成员会追随这个影响力人物进行交流学习；环形结构多用于交流群中，环形结构社群中通常没有唯一固定的意见领袖。这样的社群中，每一次群交流，每个人的身份可以互相变化和影响。

3. 价值输出

价值输出就是在社群中输出对群成员有价值的信息，如咨询或优惠信息等。价值输出决定了社群的寿命，一个好的、活跃的社群，除了群主、意见领袖能够输出有价值的内容外，普通成员也能输出。社群早期的输出主要是依靠群主、意见领袖和种子用户。待到有了一定的用户基础，输出就要群体化，让普通成员也能够参与内容输出。

4. 社群运营

社群的价值在于运营。运营需要专业的执行团队，至少承担四个职能：内容生产、活动策划、新媒体运营、客服。由群运营团队定期组织群内活动，不断提高群活跃度。

二、社群的成员结构及角色分工

微课：成员结构及角色分工

一个完整的社群成员结构包含：创始人、管理员、参与者、开拓者、合伙人和付费者。各成员具体的角色分工如下：

1. 创始人

创始人是社群组建离不开的灵魂人物。社群创始人的一般特质包括：

人格魅力、在某领域能让人信服、能号召一定的人群。对于企业而言，可安排专业人员来专项负责社群的创建与经营管理工作，也可根据企业自身定位，找到产品发烧级用户，让这样的用户来组建社群，成为社群创始人。

2. 管理员

有了社群的创建者，还要确定社群的管理员。作为社群的管理员，首先需要具备良好的自我管理能力，以身作则，率先遵守群规，有责任心和耐心，能够针对成员的行为进行评价并运用平台工具实施不同的奖惩。比如某茶叶品牌 QQ 群的管理人员会在群里负责答疑、审核新成员、监督群纪律等工作。其次，管理者还要能挖掘与培养核心社群成员，组建一个核心管理团队，以便共同管理社群。

3. 参与者

参与者就是社群成员。社群建立之后，接下来就是寻找参与者加入。或许拉人加入一个社群并不难：拉 10 人入群，然后让这 10 个人再分别拉 10 个人，这样就能形成一个 100 人的群。然而这样的社群活跃度通常不高，真正有效地社群是活跃的目标消费人群。所以，建立一个有效的、活跃的社群，成员的选择范围应该是该产品的潜在消费者。如某茶叶品牌的社群成员是对茶叶有兴趣的消费者，该社群以茶作为和用户之间的媒介，以茶会友、以茶结缘，通过对茶叶的共同喜好达到创建者的建群目的。

4. 开拓者

开拓者要能够深挖社群的潜能，在不同的平台对社群进行宣传与扩散；要能在加入不同的社群后，促成各种合作的达成。因此开拓者要具备懂连接、能谈判、善交流的特质。开拓者要能够深刻理解社群文化，参与过社群的构建，熟悉所有的细节。开拓者是未来大规模社群复制时的超级种子用户，是复制社群规模的基础。

5. 合伙人

拓展一定的合伙人，用于资源的互换，与其他社群相互分享，共同提升影响力，或者通过跨界进行合作，产生互利。

6. 付费者

社群的运营和维护是需要成本的，所以社群的运作离不开付费者的支持。付费的渠道可以是购买相关产品、社群协作的产出、基于某种原因的赞助等。

三、社群标识

所谓社群标识，可以理解为社群标签，这些标签能够彰显社群的独特性，也能够提升社群的辨识度。

在设计社群标识时，需要紧贴社群定位，挖掘自身独特的标签属性。简单来说，就是找到自身的差异化定位，并以简洁的方式将之标记出来。图 6－6 是一个茶叶社群的标识。做茶叶的社群，专营茶叶茶具的，把“茶叶、茶具”四个字设计到标识里，容易区分、方便记忆。

图 6－6　茶叶的社群

任务实施

步骤一：确定构建社群目的

构建社群之前，首先要明确建立社群的目的是什么：是为了让更多人更好地了解某个产品，提供某种爱好的交流机会，还是为大家的学习成长；是纯粹的兴趣团队，或是聚集某个圈子的精英，还是做某个群体的情感聚集地。

建立社群主要目的大致有以下几个：销售产品、提供服务、拓展人脉、成长提升、打造品牌（见表 6－3）。

表 6－3　建立社群的目的

建立社群的目的	说　明
销售产品	销售产品，获取盈利
提供服务	服务客户、维护客户关系、挖掘潜在客户
拓展人脉	形成自己的人脉圈
成长提升	一起学习和分享
打造品牌	打造品牌，树影响力

步骤二：明确社群输出价值

社群价值是社群运营及营销的核心和关键所在。每个社群成员的入群目的和期待不太一样，所以能否满足社群成员的价值期待，社群就需要通过价值以及价值生成的方式，使社群成员的动机和利益诉求得以实现。社群价值的表现形式多种多样，关键在于如何生成有特色的社群价值并提供给社群成员。

知识拓展

社群可以给群成员带来的价值

1. 让更多人更好地了解某个产品。
2. 提供某种兴趣爱好的交流机会。
3. 聚集某个圈子的精英，影响更多人。
4. 让某个区域或者某个圈子的人更好地交流。
5. 学习提升，增长个人知识及技能。
6. 做某个群体的情感聚集地。
7. 认同某一类价值观的人，共同探讨。

构建社群价值需要注意以下几个问题：

1. 价值要尽可能抓住群成员的痛点

要让社群的价值抓住痛点：首先，要从社群发起人的角度出发，明确建立社群的目的是什么，希望通过社群得到怎样的回报；其次，要从社群参与者的角度出发，明确为什么要加入这个社群，希望参与社群后得到什么。对一个社群来说，群成员要有一个共同的需求，社群必须能提供解决这一需求的服务。

2. 价值要具体，且有回报载体

例如一个团购群，对于群成员来说，其价值在于发现好产品、享受优惠价。

3. 价值要有互惠互利的共生点

一个健康并能长久运营的社群既能满足成员的某种价值需求，又能给运营人员带来一定的回报，这样才能形成一个良好的循环。只有社群运营者和群成员之间的回报是相互的，那么社群的自运营生态才能真正建立起来。

【想一想】 构建社群价值对社群的运营有哪些重要作用？

步骤三：策划社群规则

群规是社群有序运营的保证，要长期维护社群，并进一步扩大规模，群规是非常必要的。

微课：策划社群规则

社群的最高境界是全员自治，需建立在高度磨合、默契之上。大部分社群都是自治加人治。简单说，就是有统一、严格、被高度认可的群规。群规一般包括以下几个方面的内容：

1. 引入规则

不同社群根据群属性、形式，制订相应的群引入规则。

设立社群一定要用门槛保证质量，也让加入者由于付出感到格外珍惜这个社群。引入规则的门槛主要有五类：邀请制、任务制、付费制、申请制、举荐制。

第一种邀请制：这种类型适合邀请一些 KOL（Key Opinion Leader，关键意见领袖）来捧场，借助他们的影响力，帮助本社群做宣传推广。

第二种付费制：最常见的模式就是付费买产品，如很多学员是付费购买课程后才有机会入群。

第三种申请制：需要像申请工作一样提出申请，经过考核后才能入群。一些高端社群会员筛选过程较麻烦，审核方式会通过问卷、邮箱、一对一私聊等形式。

第四种任务制：这种方式入群，一般需要完成一定的“任务”后方可加入。如转发活动海报加宣传语到朋友圈，或转发图文集赞多少个即可领取某种优惠等等。

第五种举荐制：即入群的人要经过群内人的推荐才可以加入。这种方式一般推荐人都会给被推荐人解释群的作用，让入群者对群有所了解；另一方面，推荐人和被推荐人本来就互相了解，更容易进行互动，也便于群的管理。

2. 入群规则

入群规则是入群后大家应该遵守的一系列规范。入群规则设置需要注意以下细节：

群的系列化命名和视觉统一、用好群公告告知入群须知、破冰互相认识。比如，某茶叶品牌的入群须知，在人们入群的第一时间就告知群成员能做什么、不能做什么。这样的设置使新人入群时就能对社群规则有一定的了解，群主在以后的群管理期间也比较容易得到群成员的认同。

3. 交流规则

交流规则用来维护社群日常交流环境，特别是在线学习群。设置交流规则，是为了在活跃度和诱发刷屏之间寻求一个平衡点。

在群里交流就必须有管理，否则大量的广告与灌水会让很多人选择屏蔽。一般群规主要是限制群员发送与群无关的内容，特别是发送垃圾广告，或者两个人在群空间里过度聊天，影响别人的阅读体验。对于违规的群员，一般采取的模式有：（1）小窗提醒；（2）公开提醒晒群规；（3）私下警告；（4）直接移除。

4. 分享规则

群中分享讨论有助于提升群质量，但在一些人员较多、来源复杂的社群中，设置一定的分享规则十分必要。常见的分享规则有：领袖主导制，嘉宾空降制，轮换上台制，经验总结制。

5. 淘汰规则

淘汰规则主要针对两种人群："捣乱者"；群内参与少、贡献少的人。常见的淘汰规则有：人员定额制，犯规剔除制，积分淘汰制，成果淘汰制。

【练一练】请为一个校园兼职群制定一个淘汰规则。

步骤四：设计社群 logo

正如大多数品牌、产品都有自己的 logo 一样，社群也需要拥有专属的 logo，并将之作为社群头像，和社群活动时的标识。很多企业会直接将品牌 logo 作为社群 logo，若为了彰显社群的特殊性，可在品牌 logo 的基础上设计形成新的社群 logo。

1. 尽量使用矢量图

所谓矢量图，简单来说，就是由线条和色块组成的图案。之所以要尽量使用矢量图，是因为在缩放时，矢量图可以实现无损。当 logo 作为社群头像时，必然会因为手机尺寸问题而被缩放，矢量图能够确保其清晰、无误。如图 6－7 所示，大部分 PPT 学习群都是采用"PPT"字样进行艺术设计形成了专属的社群 logo。

2. 结合品牌 logo

直接使用品牌 logo，无法展现社群的特殊性，也无法结合社群的内涵。此时，可以结合品牌 logo 进行改造，使其在适应社群品牌化需要的同时，也能够与品牌产生关联。一般而言，"萌化"是比较常用的改造方法，图 6－8 是三只松鼠所建社群的品牌 logo。

图 6－7　PPT 学习群

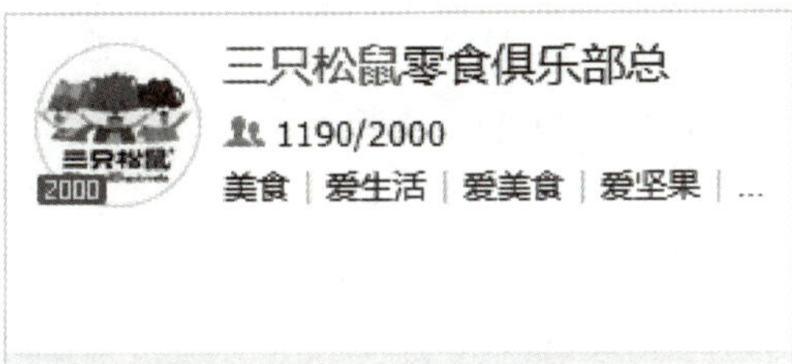

图 6－8　三只松鼠群 logo

【练一练】请给校园兼职群设计一个群 logo，并阐明设计理念。

实战演练

实训目的：通过实训，能够以小组为单位创建一个校园读书群。通过选择群工具、构建社群、社群规则制订、社群标识制作等一系列操作，练习构建社群的相关方法和技巧。

实训要求：学生以小组为单位完成实训。在实训过程中充分讨论，最终得出结论。

实训 1：分析不同群工具的优缺点，选择合适的建群工具建群。

实训 2：学生在选择好的群工具上组建一个校园读书群，并添加小组成员入群，完成群成员角色分工，要求列示：群 logo、群设置截图以及群成员分工。

实训 3：学生以小组为单位，完成群规制定。

实训 4：读书群建立完成以后，请同学们按照表 6－4 所列项目策划这个社群的价值输出。

表 6-4 社群价值输出表

群成员的痛点分析	
群成员希望得到的价值点	
群输出内容	
群输出对于成员的价值	
如何保证长久、有价值的输出	

任务三 运营社群

案例导入

水果零售行业有不少通过社群运营实现销售逆袭的案例，这里我们以青青果园为例，来看它是如何构建社群吸引粉丝、激活粉丝、实现购买转化的。

在开始社群营销之前，青青果园营销人员认真分析了本地水果市场的现状和自身的资源及渠道优势，制定了线上社群构建与运营方案。

一、制订规则

青青果园首先设定了合理的建群规则，包括建群的群规、人员分工、用户分享、利益规则等，都设定了严格有效的运转体系。这是社群运营的基础，只有做好这一切，才能服务好客户。

青青果园的微信社群规则中很明确地说明了公司目标和价值观：青青果园是以更高品质、更低价格为新生代中产阶级品质生活提供所需产品和服务的平台。

二、人员分工

青青果园群规中明确规定“本群采取管家+小鲜专属客服方式”。也就是说，水果微信社群的管理人员一般需要两个人，一个是管理员，一个是小秘书。管理员统领大方向，做最终决策，小秘书负责日常具体的事务执行和沟通。

三、吸引粉丝入群

青青果园通过送菠萝吸粉，一个粉丝入群就送 1 个菠萝，粉丝拉人进群同样送菠萝。就这样以大妈、小媳妇、萌妹子为切入口，迅速吸引她们周边的亲朋好友、七大姑八大姨都加入进来，实现群内粉丝的爆发式增长。

四、做有温度的内容激活粉丝

水果微信社群不仅仅是卖水果，更应该做好客户服务。粉丝在群里关心的除了商家的水果，还有对于食材评价、育儿上学经验、减肥健身经验、美食、旅游等更多其他的内容的讨论。

五、线下活动

百闻不如一见，在线上聊了那么久，必须线下约起来。青青果园联合农庄，每周举办一次烧烤或者采摘活动。然后做拼团、刷朋友圈，变成社群话题，吸引更多粉丝加入，更有利于客情关系维护和销售转化。

（资料来源：360个人图书馆，http：//www.360doc.com/index.html。）

思考：

1. 此案例中商家采用了哪些聚拢用户的方式？
2. 你觉得社群构建的过程中有哪些关键步骤？

任务描述

随着互联网的发展，商家对社群运营的重视度也越来越高，各个企业的管理人员也都加大力度去构建社群、运营社群。但是，在实际运营时会遇到很多问题，比如社群不活跃、用户忠诚度不高、变现差等。要想做好社群的运营工作，可以借助这四种社群运营模式来完成：社群分享、社群讨论、社群打卡、社群红包；要想保持社群的活跃度，我们要从初始用户召集、聚拢有价值用户、培养用户习惯这三点进行努力。让我们一起进行社群运营吧。

知识准备

一、社群分享

分享模式有以下几种：

微课：社群分享

1. 语音分享

语音分享是目前主流的分享方式，做语音分享不仅可以给公众号引流，最重要的是能够沉淀所分享的内容，重复播放，如果做付费分享也相对好操作。

2. 微信群私密分享

采用微信群私密分享这种方式主要是为特定用户提供特别服务，因为相对私密，也对内容和用户有所要求，如果不想让内容过多扩散，就可以采用临时建立微信群的方式，分享结束后可以解散微信群。

3. 纯文字分享

各大平台的软文也可以列入分享的内容，语音分享的总结也可以整理成文字，形成二次传播。

4. 视频、音频直播/录播分享

视频、音频直播/录播分享这类模式，适用于课程、培训模式的分享，还可以跟用户实时互动。这些分享文件保留下来，稍作剪辑就可以成为录播课程，可以放到如网易云课堂、喜马拉雅这些平台形成持续传播效果。

以上就是一些主流的分享模式，运营者需要根据用户的特点以及社群自身的需求进行选择。

“宝宝玩英语”是由北京启萌教育科技有限公司开发，目标用户为0～6岁的儿童，主要提供陪伴式互联网幼儿英语启蒙服务。其在社群运营方面做得相当突出：坐拥20万付费用户，年入2亿元。宝宝玩英语在社群运营方面选择的角度是：体验宝玩社群

15 天，从免费入群到引导付费。

【想一想】 如果让你组织一次群内分享活动，你会如何安排？如何选择大家感兴趣的主题作为分享内容？

微课：社群讨论

二、社群讨论

群讨论是指定一个话题，让每一个成员都参与进来，通过相互讨论的方式获得高质量的输出。群讨论一般经历以下三个阶段：

1. 活动前内容策划

内容就是要讨论的话题，组织者提出的话题一般需要符合以下要求：

（1）话题不能太大、太沉重，要简单、易讨论，让人可以随时参与。比如，电影《战狼 2》太精彩了，你最喜欢里面的哪一个演员呢？

（2）设计话题时，可以多考虑如何提起大家的兴趣点，比如群成员通过分享经验和心得，提高参与度。

（3）话题设计可以根据最近发生的事件去设计话题，也可以对接下来的节日活动进行讨论。比如，端午节你希望收到什么礼品？

（4）紧抓热点。及时捕捉发生的热点话题进行讨论，百度、微博都是热点消息出现最快的平台，可以去微博热搜或者百度热搜寻找相关热点信息。

确定好话题之后，接下来就是发起讨论了。发起讨论的时间一般选取用户活跃时间段发布，如晚上睡觉前、中午吃饭时、下午下班时这几个时间段都是用户看手机的高峰期。

2. 活动进行时

（1）开场介绍。可以对要讨论的话题做大体解说。

（2）引申阶段。在被讨论的问题间需要自然过渡衔接，让大家可以及时结束上一个问题的讨论，进入下一个问题。

（3）互动热场。在讨论过程中难免会出现冷场状况，安排个别群员及时救场，话题组织者也要提前设置好互动诱导点，鼓励大家踊跃发言。

（4）收尾。对本次讨论做一个总结，引导群员说出自己的心得，完成分享。

3. 活动结束后

对本次发言的群员进行汇总记录，基本格式参考如下：

讨论题目：（第 × 期讨论的主题）

讨论组织者：× × ×

讨论时间：× 年 × 月 × 日 × ×：00— × ×：00

讨论内容：……

汇总之后，可上传到群共享，提醒没有参加讨论的人下载观看。

【想一想】 如果让你组织一场群讨论活动，你会如何撰写过程稿？

微课：社群打卡

三、社群打卡

社群打卡是社群中的成员为了养成某一个习惯所采取的某一种行为。图 6 -9 显示的是 100 天看电影学英语社群打卡页面。

图 6-9　100 天看电影学英语社群打卡活动图

在社群中，“打卡”活动的作用有以下四点：

第一，让用户形成习惯。在社群中打卡是一种有效养成好习惯的方式。

第二，能随时掌握用户的活跃数据。运营者通过用户的具体表现，能够了解社群的整体运营情况。打卡对于运营者来说，是一个很好的反馈，可以随时掌握用户的活跃数据。

第三，帮助筛选用户。打卡机制可以帮助运营者筛选出精准用户。因为普通的粉丝根本坚持不下去，只有忠实粉丝才会每天打卡，这部分用户有很高的变现几率。

第四，形成一种竞争的氛围。人都会有惰性，打卡机制可以形成一种竞争的氛围。试想同样都是粉丝，别人坚持每天打卡，就会得到很多奖励，而不打卡或没有每天打卡的人就不会获得奖励，因此，打卡就会促成一种竞争。

【想一想】 假设你在某个社群中，能让你坚持每天都打卡的理由有哪些?

四、社群红包

在社群里发红包一般可以达到以下目的：

微课：社群红包

1. 活跃气氛

比如节假日，群里聊得非常开心的时候，发个红包活跃一下气氛。

2. 新人报到

新人加入时，是一个发红包的好时机。新人入群发红包，可以在激活气氛的同时顺利完成自我介绍，会让很多人记住。

3. 激活群员

如遇发通知、求投票、激活很久没有说话的群，都可以用发红包的形式达到目的。

4. 宣布喜讯

如股票翻红、公司上市、项目完成、业绩考核目标达成、公众号粉丝量过万……都可以发红包感谢支持。

5. 发小广告

有些群很活跃，也与推销的产品定位相吻合，想发条小广告，但又怕大家反感，只能靠发红包换来大家同意，或者邀请群中的朋友们助攻。

【想一想】 假如你参加的某项团体活动获得了奖项，你想在本班群里发红包庆祝，你会如何发呢？

五、社群扩大时机

社群规模不能急于做大。何时可以做大社群规模，可以从以下四个方面来把握：

1. 单个社群运营模式已闭环

社群运营的整个过程中，包括拉新、活跃、转化、二次传播、复购等五个最基本的环节，如果这五个环节的操作步骤都已经标准化，并且验证过有效，那就可以初步判定这个社群的运营模式已经闭环。

2. 社群内出现分化领域的苗头

社群内部若出现了分化领域的苗头，主动产生了不同的细分领域，这些细分领域是新的生命力的体现，也是社群裂变和复制的起点。

3. 做好了扩大运营的准备

扩大运营要事先做好人力、物力、财力准备，能够支撑社群快速复制。规模的扩张不能盲目，要判断人力成本是不是能够同步跟得上社群规模的扩张。大多数社群的运营都是先慢后快，前期积淀越充分，后期暴发越稳固。

4. 社群已经形成了自己的群文化

好的社群，需要形成一种群体交流的群文化，比如大家交流时的心态、语气、情绪表现风格是否一致。任何社群想要持续存在，一定要形成一套自身鲜明的特点、打上自己的文化烙印体系。社群文化是社群的核心生命力。

社群中的群文化是需要运营者用心设计和营造的，如群中的专属表情包、群内流行语、社群标志、口号等，让成员在潜移默化中接受。

六、社群复制方式

无论是基于微信、QQ 还是微博以及贴吧等平台的社群都会经历裂变复制这一过程。社群复制的核心方法是新老结合，交叉引入。

企业可以利用网络寻找用户群，一方面在企业官网用户上导流，一方面做线下的广告宣传。当第一个社群进入良性循环，突破一定人数时，便开始第二个群的组建。首先通过内部小窗，转移了一部分老群员到 2 群。这样做的好处是：2 群一开始就有了一定的规模，再添加新人便会自然成群。老群员在群里自然地把群文化传承下去，不需要管理人员再过多地干涉和引导。待第二个群快加满的时候，再建设第三个群，然后交叉引入，以此类推地建设更多的社群。这种交叉引入群员的好处是新老结合，既有数量上的抱团感，又为群管理打好基础，群文化也自然得到了复制。

具体来说有以下四种社群复制方式：

1. 平级裂变复制

这是最简单而且最易上手的裂变复制方式。在主题明确且单一的产品群或兴趣群最常见，即裂变复制的每个群与主群目标一致、讨论话题一致、管理模式一致，每个群不会有太大的差别，只因主群人数太多而裂变复制为多个群。

2. 上下级裂变复制

这种复制模式就是对主群进行精准划分，即从普通群里找到优质的人，组成核心群，或者是根据不同的级别分组，比如说，从销售主群中分出销售经理群、销售成员群等等，级别或者精通点相同才会有更多的共同话题。

3. 分化整合裂变复制

一个大群虽然有着共同的标签，但因具体的需求和痛点不同，很难在某些小点上达成共识，很容易出现话题分散、对一些具体话题不感兴趣等情况。这时就可以根据不同角度或是不同关系组成新的社群进行裂变复制。这种不断迭代和更新，更能保持社群活力。比如说从宝妈育儿社群中可以根据宝宝的年龄段分出不同的社群，更便于后期的运营管理的具体化。

4. 地域裂变复制

通常我们建一个社群，只要符合社群主旨定位，全国各地的人都可以加入。当你的社群达到一定人数时，你可以根据地域复制同城群，这种有着共同标签的同城群是很受欢迎的，也是比较成功和稳定的可以复制的方式。比如说，主群为美食社群，你就可以根据地域分出各地区群，这样群成员也会比较开心，毕竟老乡之间有亲切感，有更多共同语言，还能组织各种线下的美食交流活动。

见多识广

社群裂变的分类

1. 用户参与裂变是需要动力的，根据这一点，可以把裂变分为三类：

(1) 口碑裂变：用户因为需要或影响而体验产品、使用产品，当产品或服务超出预期时，用户会自发推荐，产生口碑。

(2) 社交裂变：用户因好奇心参加有趣、创意十足的活动，当活动满足社交需要时，用户会自发传播，以满足炫耀等心理。

(3) 利益裂变：用户因为一些诱人的利益比如：红包、优惠等，被迫地或主动地分享，已满足欲望。

2. 裂变的不同模式，是在于分享者和被分享者之间的利益分配，据此可以分为五种：

(1) 转介裂变：即分享后得福利。此裂变方式适用于单次体验成本较高的产品，尤其是虚拟产品。比如：知识付费产品、线上教育课程等。最常见的方式就是分享免费听课，通过分享来抵消实际价格，同时触达更多潜在用户。如喜马拉雅的分享免费听。

（2）邀请裂变：即邀请者和被邀请者同时得福利。老拉新是裂变的本质，而要老用户愿意拉新人，见效最快的就是给老用户拉新奖励，同时也给新用户奖励，这已经是标配玩法，尤其适合 App 和微信公众号。如神州专车的邀请有礼。

（3）拼团裂变：即邀请者与被分享者组团享福利。这已经是比较基本的玩法，用户发起拼团，利用社交网络让好友和自己以低价购买产品，从而起到裂变效果。如拼多多等电商或知识付费平台。

（4）分销裂变：即发展下线赚取佣金。这是目前很火爆的玩法，本质是直销的二级复利，用户只要推荐了好友或者好友的好友购买，推荐者即可获得一定比例的收益，即佣金。某些平台的推广员模式、裂变海报模式皆属分销裂变。分销和邀请不太一样，前者是付费用户邀请付费用户且均获利，后者则不一定是付费用户进行邀请，且只有邀请者获利。如网易、三联周刊等刷屏的知识付费课程。

（5）众筹裂变：即邀请好友帮助得利。众筹也是比较流行的玩法，主要是利用好友间的情绪认同，加上福利的外在形式来实现，这个福利主要是优惠、产品等。如社交电商的砍价活动，各类小程序的助力解锁。

【想一想】同一个社群可以同时采用以上四种方式进行复制么？如果可以，请举例说明。

任务实施

步骤一：用户入群动机分析

在发展迅猛的社群经济中，企业想要从中掘金，获得超乎想象的收益，第一步必然是吸收用户加入社群。那么，如何吸引用户加入你的社群呢？

微课：用户入群动机分析

首先，你需要给用户一个关注你的合适理由。否则，再多的营销，吸引来再多的用户，也只会是昙花一现。用户加群的动机一般包括六个方面，见表 6－5。

表 6－5　用户加群动机

加群动机	说　明
联络的需要	同事、老乡、同学、家人保持联系
工作的需要	对内信息通报，对外客户服务
交友的需要	找到同行、同好、同城等
学习的需要	寻找比自己更专业的人的帮助
宣传的需要	加入群是为了宣传自己的产品或服务
生活的需要	吃饭、聚会、旅游的一个圈子

在这六种群中，基于组织关系或同学、老乡关系的群也许是维系时间最长的，但这种群未必能保持活跃度。能够长期保持活跃度的群通常是有共同兴趣的交友群，或者是可以共同成长的学习群。如“樊登读书”孵化出的成长型社群——“十万个创始人”，

聚焦在传统商业模式下寻求突破和改变的中小企业主，希望通过打造深度的学习和链接来让这群创业者获得真正意义上的改变与成长。从“十万个创始人”中走出的成功创业者，会为社群带来更多行业助力和资源支持。由于团队有共同的文化和价值观，群内部一直充满了积极的沟通能量。

【想一想】 你最近加入的一个社群是什么？加入的理由是什么？

微课：召集社群的初始用户

步骤二：召集社群的初始用户

在了解了用户加群的动机以后，就要开始策划活动吸引第一批用户的加入。那么第一批用户如何召集呢？

首先需要确定和自己的群匹配的社群成员的范围，如卖茶叶的群主寻找的是对茶叶有兴趣的用户，所以，建立一个有效的活跃的社群，成员的选择范围应该是该产品的潜在消费者。以产品作为和用户之间的媒介，通过产品重塑人和人之间的关系。

在确定了社群成员的范围之后，如何去找到这些人，并在其中发现活跃分子呢？

一方面可以从熟人、达人入手。熟人可能包括：身边的朋友、同事、亲戚。熟人会直接告知他们的需求是什么，告知面对你产品时他们的真实内心感受，便于你了解客户需求。达人就是小众领域里面的意见领袖（英文简称 KOL）。例如，抖音里面会有美妆达人分享化妆教程，很多人看了视频会问她：这个口红的颜色好看，口红是什么牌子的？哪儿买的？美妆达人就会告诉用户购买渠道，同时分析这款产品如何搭配、优点是什么。达人在这方面绝对是 KOL，借助达人传播商品信息速度会更快些。

另一方面，针对大量的陌生用户，需要针对目标人群进行活动策划，以便吸引加入。常见的活动方式有：

1. 线下推销

经常在街边会遇到扫二维码送公仔、玩具等小礼物的企业活动，其本质也是一种聚拢用户的方法。企业可以推出各种优惠的产品或者通过派送礼品的方式引导用户扫码入群。

2. 免费服务

免费服务，在这里是指企业提供的一种需要用户进行扫码才能使用的免费产品或服务。

3. 策划吸粉活动

在新品上架后，首先对新产品的目标人群做调研。向他们征询对新产品的看法，让更多人来参与，通过这样的方式寻找一款产品的种子用户和活跃分子，而他们则能够带来更多的用户。

微课：聚拢社群用户

步骤三：聚拢社群用户

当社群已经有了初始用户之后，需要时刻将用户聚拢起来，否则一旦他们被“边缘化”，就会出现“粉丝转路人”的危机。

具体来说有以下几个聚拢用户的方法：

1. 了解用户，定位目标

任何产品的出现，都基于客户的需求，向有共同爱好、生活方式、价值体系的人推送他们需求的企业信息，能够更快地扩大社群规模。

2. 收集评价，改进产品

群管理人员应当鼓励群员们说出想法，并收集其中的有效意见，及时对产品进行改进和升级。例如小米选择通过提供参与感来建立和维持用户的忠诚度，一直以来保持着让用户一起参与进来做产品的做法。

3. 创新运营形式，延长社群生命周期

让成员之间有足够的接触联系的机会，不断推出新的沟通机制，不断创新运营形式，刺激群成员在不同连接环境下产生新的化学反应。

4. 多与粉丝进行交流

对于社群管理人员来说，不但要将各种元素融入社群，让群员们有内容可看、有故事可听，还必须保持一定的交流频率，不妨多分享自己日常生活中的点滴，群员之间对彼此了解得越多，情感也就越深。可以鼓励群员分享自己碰到的问题，然后大家一起共同商讨，积极帮助群员解决困难。

5. 组织活动，建立线上线下连接

社群都需要丰富多彩的线上线下活动，建立线上线下连接。鼓励社群成员经常线下见面会更快地让社群的成员产生情感认同，延长社群生命力；社群成员主动晒线下活动照片也会增加线上社群的归属感和活跃度，形成一个良性循环。

6. 分化社群，建设小圈子

随着群员不断积累，社群开始分化为一个个部落，群员们虽然身处同一个社群，但能够迅速找到适合自己的小圈子。不妨引导核心群员，建立自己的社群，企业只需要管理自己的核心群就可以了，其他都交由群员自己打理，以保证社群的自由度和用户的参与度，不仅增加其参与性，更能让其在社群中找到归属感。

7. 引导不同社群互动

社群管理人员不仅要鼓励社群中的用户多进行交流，还要引导他们与其他社群的用户交流，以形成价值趋同，再用好的产品和服务去吸引其他社群里的用户，以壮大自己的社群。

8. 定期进行人员淘汰

社群需要定期进行人员淘汰，让社群能够新陈代谢，这样才能生生不息，让老成员有压力，新成员有机会，保持社群活跃度。

9. 推出社群福利

微信“抢红包”是引爆人气的有效利器，作为社群管理人员，可以利用这一工具经常向群员派发奖励，这是激发他们积极性的有效手段。

【想一想】 构建社群价值对社群的运营有哪些重要作用？

步骤四：培养用户习惯

在互联网化已经逐渐成熟的时代，决定一个产品的市场地位不仅仅是产品本身的质量好、用户数量多就足够了，还应该考虑“习惯用户的总量”。但习惯的养成并非朝夕，该如何培养用户习惯呢？

1. 进入下意识

习惯是一种下意识动作。当大脑形成一种惯性思路时，一般很难改变。因为通常来说，人们都会觉得不需要思考的行为方式是最自然、最舒服的。

2. 心理暗示力

给用户心理上的暗示，让他们认为你的产品是最好的，他们自然会优先选择使用你的产品，并最终形成习惯。例如，很多人了解百度是通过百度的搜索引擎。很多人认可百度是一个非常好用的中文搜索引擎，当百度推出其他产品的时候，用户的心理暗示会告诉自己，百度的其他产品应该也很好用。

3. 用鼓励去刺激“习惯”

每个习惯的养成，都是因为这个习惯能够给个体带来某种好处。而用户为什么要养成使用你、关注你的习惯呢？自然是因为这样的习惯使其能够获得某种回报。回报可以是精神回报，也可以是物质回报。诸如每日签到有礼、连续登录有礼、发帖回复奖励等机制，在很多平台上都有应用。

4. 借助固定的活动培养用户习惯

例如每年的“6·18”、“双11”各大电商平台都会举办一次大促活动，这样，用户每年都会在这个时候提前关注。对于某些效果不错的活动，应该形成固定的举办周期，借以培养用户习惯。

当用户形成习惯之后，就能真正黏住用户，也能进一步强化用户身份认同。而一个新习惯的养成并非易事，需要从精神和物质上引导用户，并借助固定的活动和用户固有的习惯进行培育。

【想一想】生活中有哪些商家举措是站在培养消费者习惯的角度考虑的，请举例说明。

步骤五：打造社群用户忠诚度

1. 建立客户数据，保证通畅的沟通管道

很多企业花了很大精力把客户聚集到一起，但没有做好客户维护工作，造成客户流失不仅使前期聚拢客户的工作浪费掉，而且无法向客户推荐更好的产品。所以社群运营，首先一定要把客户数据库建立起来，并保持和客户长期的、不间断的互动联系。

2. 情感互动

互动是形成品牌的第一步，有价值的互动是保持社群活跃的最好方式。用户买了产品，即便是爆品、高性价比，可能会小范围在亲朋之间推荐，但通常不会主动广泛传播，只有愿意跟企业互动的用户、跟企业形成强互动关系的用户才会去帮企业传播。互动分为线上和线下，线上聊一百次不如线下见一面。企业要在合适的时机，多制造线下活动的机会。可以是内容分享，也可以是茶话会的形式，线下见面分享沟通，会使群员之间以及群员与企业之间信任感大大增强。

3. 利益互动

如果企业的互动仅是隔几天在群里发送产品促销信息，不停地刷广告，肯定会造成人员的流失。要想留住客户，就应采取一系列活动/措施，比如，可以在群里组织一些真正和客户切身利益相关的互动，如每天群里发布行业的一些新闻要事，组织线上活动、线下聚会，群内抽奖，发布群员会员卡等等。

步骤六：实现社群商业变现

微课：实现社群变现

社群如何实现商业变现呢？常见的商业变现形式有：产品式、会员式、电商式、项目式、众筹式、广告式、资源式。下面介绍几种主要的社群变现方式：

1. 产品变现

产品变现是社群变现的主要方式之一。所谓产品变现就是把社群作为产品的一个销售渠道或者平台，通过社群进行产品销售。对于社群运营者来说，社群是一个销售产品的平台，现在比较流行的母婴社群、美妆社群等都希望能通过社群销售产品，这种社群运营的模式就是产品变现。比如，大漠旅行基于户外旅行这个兴趣点建立自己的社群，他们在社群平台上定期更新其户外旅行攻略的视频，并销售自主品牌 Snowinn 的户外服饰（见图 6－10）。

图 6－10　大漠旅行的产品变现

2. 会员费变现

所谓的收会员费，即社群成员必须向社群支付一定的费用，才能加入社群、参与社群活动、享受社群服务等。收取会员费属于较为主流的社群变现形式之一，这类社群主要通过为社群成员提供持续的服务和高价值内容输出，让社群成员对社群产生黏性，进而产生持续消费。

采用付费制的社群在运营过程中最关键是能够确持续性输出高质量的内容与优质服务，社群内成员必须享有社群外成员所享受不到的权益。以樊登读书会为例，加入会员可以免费收听观看每年 50 本书的完整内容分享，而作为普通用户只能收听观看免费资源及每次分享的部分资源。

3. 广告变现

社群自带媒体属性，因此也是很好的广告投放渠道。作为媒体，通过广告投放来盈利也无可厚非。但是，其广告形式需要与媒体自身的属性相符，才能达到预期目的。

在社群投放广告时，切勿只追求表面的送达效果，否则群成员会认为你的广告是垃圾信息而过滤掉。对于社群来说，运营和互动是非常重要的，群成员又相对较为精准，投放广告前也要确保良好的运营基础和精准的群成员匹配，将广告作为群内容和活动推送给群成员，就像一些网红一样，其广告与内容合二为一，很多粉丝甚至天天来就是为了看广告的。

直接通过社群发布广告，最常见就是在论坛等形式的社群中的 banner 广告、文字链广告以及微信、QQ 的社群的信息广告等（见图 6－11）。

图 6－11　论坛中的广告

4. 用户打赏变现

2015 年 3 月，微信上线赞赏功能，用以鼓励优秀原创自媒体。微博、知乎、简书等平台也都开设了打赏或类似功能。赞赏的特点一是非强制性，用户先阅读后赞赏，赞赏金额较为“随机”；二是金额有限，目前微信公众号平台规定每个账号每天收到的赞赏金额不能超过 5 万元（见图 6－12）。

图 6 - 12　用户打赏变现

5. 产品众筹变现

众筹是社群经济中最好的商业模式。社群最大的特点是拥有广泛的粉丝群体。通过众筹，让社群中有想法的粉丝参与进来，提高了社群的价值，同时帮助社群粉丝实现利益的最大化，帮助社群粉丝的项目和产品众筹到位。

社群由于摆脱了对内容变现的依赖，因此其商业模式往往是生态的、多样的。因为抓住了“社群”这一价值核心，无论是收会员费、社群电商，还是社群广告，社群媒体都能够玩得转。这也是目前很多社群在变现上的普遍做法。

实战演练

实训目的：通过实训，以小组为单位运营自己创建的社群，包括：招募种子选手、设计打卡活动、红包发放计划、撰写用户习惯培养方案等。

实训要求：学生以小组为单位完成实训任务，在实训过程中充分讨论，形成统一结论。

实训 1：请同学们想一想第一批用户来自哪里，策划一个吸粉活动方案，增加社群的第一批用户，填写表 6 - 6。

表 6 - 6　社群第一批种子用户招募表

目标人群定位	
第一批种子用户来自哪里	
用户加群动机分析	

续表

种子用户吸收活动实施	
活动主题	
活动流程	
活动物料	
活动预算	
活动分工	
预期效果	

实训 2：根据自己所建社群设置打卡活动，打卡活动的目的有多种，在活动之初先明确开展此次打卡活动的目的是什么。以打卡目的为前提，设置打卡主题，并填写表 6－7。

表 6－7　社群打卡记录表

××社群打卡主题	
确定社群性质	
打卡活动目的	
怎么打卡	
打卡是否有奖励	

实训 3：红包的发送技巧很多，请设计你所运营的社群发红包的玩法，并填写表 6－8。

表 6－8　社群红包发放设计表

发送红包类型	具体操作方法
红包接龙	
专项红包	
抢红包	
设红包金额	
……	

实训 4：如何对构建的社群培养用户习惯，并写出实施要点，按照表 6－9 所列项目完成实训。

表 6－9　培养用户习惯设计表

××社群培养用户习惯		
培养用户哪方面习惯	方法	如何实施

项目评价

表 6－10　学生学习评价表

序号	知识点	评价标准	学生自评		教师评价	
			达标	未达标	达标	未达标
1	社群的概念	能够理解并复述概念				
2	社群的五大要素	能够说出五大要素				
3	社群营销的概念	能够理解并复述概念				
4	社区与社群的区别	能够举例说出两者的区别				
5	社群营销商业模式	能够举例说出至少三种社群盈利模式				
6	社群运营常用方法	能够说出至少三种社群运营的方法				
7	社群复制	能够说出社群扩张的合适时期及复制的方法				
8	社群变现	能够说出社群变现的三种方法				
序号	技能点	评价标准	学生自评		教师评价	
			达标	未达标	达标	未达标
9	社群构建目的	能够分析身边某个社群的构建目的				
10	社群构建步骤	能够复述社群构建步骤				
11	社群标识设计	能够为某个社群设计 logo				
12	社群规则	能够对新建社群进行引入、退出等规则设计				
13	社群输出价值	能够判断并明确某个社群的输出价值				
14	初始用户召集	能够使用三种以上方法进行社群用户召集				
15	聚拢社群用户	能够撰写某个社群聚拢用户的方案				
16	打造社群用户忠诚度	能够撰写某个社群运营汇总打造用户忠诚度的方案				
序号	素质点	评价标准	学生自评		教师评价	
			达标	未达标	达标	未达标
17	创新意识	能够在召集初始用户、聚拢用户等阶段提出教材之外的其他方法				
18	协作精神	能够和团队成员协商，共同完成实训任务				
19	资源整合能力	能够借助网络资源、周围人脉提出更多运营社群的方法或寻找到社群更有价值的资源				

思考练习

一、简答题

1. 社群聚拢用户的方式有哪些？
2. 如何打造社群用户忠诚度？
3. 社群常用的变现方法有哪些？

二、论述题

寻找一个社群营销的企业案例，分析它在社群构建方面具体是怎么做的。

三、案例分析

第一阶段：某旅行团一行40人出发去国外旅行。为了交流起来方便，团员组建了一个微信群，群名为“×旅行团”。

第二阶段：这40位伙伴一路上玩得很开心，旅行回来之后大家还经常保持联系。

第三阶段：时间长了，有一天，小伙伴中有一位提出，不如我们就在这个群里大家互相分享“又好玩、性价比又高的旅游地”吧。

第四阶段：这段时间，“×旅行团”群里面经常分享一些又好玩、性价比又高的旅游地，这个群慢慢有不少人知道了，并且都主动要求加群。

第五阶段：因为加群的人越来越多，鱼龙混杂，所以“×旅行团”中大家推荐了一位小王同学作为群主，进行一些群规的制订、审核等管理工作。

第六阶段：小王将群管理得非常不错，慕名进群的人越来越多，最后折分出了很多群。这时一些旅行社上门来谈合作，如果“×旅行团”可以促单成功的话就可以分红，“×旅行团”开始盈利。

第七阶段：“×旅行团”越来越火，群主小王和几个伙伴索性成立一家公司，专门来运作，事业越做越红火。

思考：

1. 请问案例中到哪一个阶段时可以称“×旅行团”为社群？并阐述理由。
2. 成功的社群需要做好运营工作，如何才能做好社群运营？

项目七

玩转短视频营销

学习思维导图

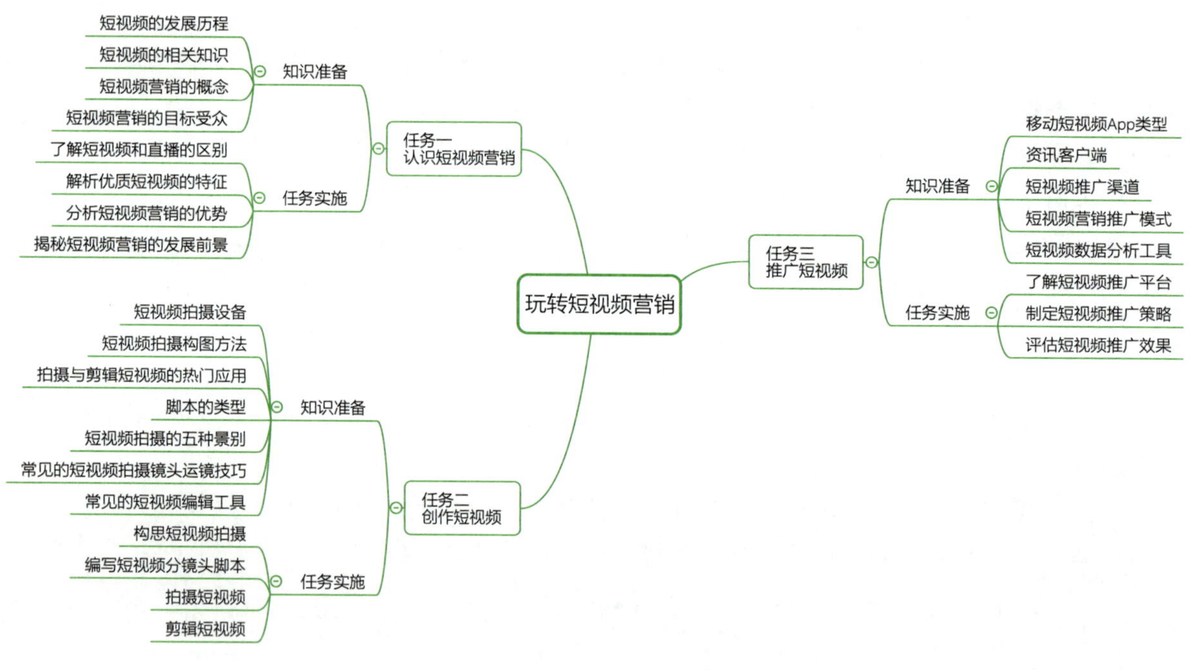

素质目标

- ☐ 树立学生创新意识、创新精神，能尝试新的短视频拍摄思路
- ☐ 培养学生欣赏能力，能点评短视频的优缺点
- ☐ 培养学生团队合作精神，小组能协调分工完成任务

知识目标

- ☐ 了解短视频的发展历程

- ☐ 熟悉短视频的类型
- ☐ 了解短视频营销的概念
- ☐ 理解短视频营销的特点
- ☐ 了解短视频的推广平台
- ☐ 熟悉常见短视频平台的发布规则

能力目标

- ☐ 能根据要求构思并编写短视频分镜头脚本
- ☐ 能利用手机进行短视频拍摄
- ☐ 能借用 App 或软件剪辑短视频
- ☐ 能选择相应的平台发布短视频
- ☐ 能根据推广要求制定短视频营销推广策略
- ☐ 能利用数据分析网站进行短视频推广效果评估

任务一 认识短视频营销

案例导入

盘点2018年十大刷屏短视频营销案例，蒙牛《我不是天生强大，只是天生要强》位居其中，传播指数五颗星。这支广告与世界杯有着非常紧密的联系，其主题反映了世界杯的运动拼搏精神，主角是世界杯中备受瞩目的球星梅西，借着世界杯的热度，广告片受到很多人的关注。

在和蒙牛合作拍摄这支广告之前，梅西在前两次的比赛中并没有发挥出色达到预期，所以受到很多球迷的吐槽，因而在这支广告片中梅西仰躺在足球场上的一个画面也被网友们做成了“我是梅西，我现在慌得一批”“我不是天生要强，只是注定要凉”的表情包，并在网络上迅速走红，随之让广告片拥有了更高的曝光度和话题度。之后，在世界杯的比赛上，阿根廷对尼日利亚以2:1的比分逆风翻盘，竟与广告中的情节不谋而合，这一场热血的赛况也非常真实深刻地契合了广告片的主题，从而将其热度推向了新的高潮。

通过专业团队精心定制打造出的短视频，可以更加贴合品牌和产品，传达出更多的品牌核心价值。在世界杯期间各大品牌的借势广告中，蒙牛和梅西联合拍摄的这支广告成为当之无愧的最大赢家。

（资料来源：酷勤网，http：//www. kuqin. com。）

思考：

1. 什么是短视频？请用一句话概括一下你认为的短视频含义。
2. 这个短视频为什么能脱颖而出获得成功？

任务描述

在快节奏的移动互联网时代，随着智能手机的普及和移动网络技术的发展，短视频已经成为网民的“新宠”。为了争夺更多的用户，以快手和抖音为主的短视频平台在2020年春晚红包营销中，厮杀猛烈。

在人人玩转短视频、新媒体平台层出不穷的背景下，如何利用短视频营销这种新模式宣传品牌、推广产品或服务，需要深入学习短视频营销的相关技能。我们首先要了解短视频营销的概念、特征及类型，掌握创作短视频的步骤和技巧，才能更好地借助工具拍摄短视频，并在不同的平台进行推广。让我们一起走进短视频营销的世界。

知识准备

相关链接

短视频的发展历程

微课：短视频发展历程

短视频应用最早出现在美国。2010 年创办的 Viddy，于 2011 年 4 月 11 日正式上线，主要制作和分享即时拍摄、快速生产和便捷分享的 15 秒短视频。2013 年 Twitter 推出可以拍摄 6 秒并实现同步上传的短视频应用 Vine，它最大的特点和优势在于用户可以将几段短视频无缝拼接成一个完整的视频。同年，Facebook 旗下主打图片的社交平台 Instagram 也推出长度为 15 秒的短视频分享应用。之后，Instagram 又推出具有延时摄影功能的 Hyperlapse 应用，用户可以将一段长视频压缩成几秒、十几秒的短视频，如同天空中云的瞬息变化和路上车流的变化，这一技术将短视频的自我展示特点转向关注周围环境和世界的变化。2013 年为 Android 平台打造的短视频应用 Line—微片，可以创建 30 秒以内的视频，该应用的独特之处是可拥有漂亮且自然的滤镜、动态的标题和多样的背景音乐。

与国外短视频发展历程相比，国内短视频的发展起步相对较晚一些。我国两大社交巨头新浪和腾讯于 2013 年先后推出短视频拍摄功能，其中新浪可以拍摄 10 秒，腾讯可以拍摄 8 秒，其后陌陌和美图也分别推出了短视频拍摄和上传功能。2014 年 5 月，美拍正式上线，它以“10 秒也能拍大片”为口号，着力打造火爆的短视频社交软件。2014 年 9 月 30 日，微信 6.0 版本正式推出，允许用户发布 6 秒内的短视频，微信公众平台允许发布含短视频的内容。2015 年 4 月，以 UGC（User Generated Content，UGC：用户生产内容，是指平台用户自主创作并上传内容）模式为主的小红唇短视频应用正式推出，主要涵盖美妆美容、健身塑身、时尚潮流等方面的内容，面向的人群以女性为主，致力于打造技巧传授和购物一体化的短视频社区。2016 年主打资讯类内容的梨视频上线，其专业拍客遍布全球，拍摄的内容涵盖政治、经济、文化和娱乐等，相较于其他侧重社交的短视频平台，梨视频的重心是新闻报道。2016 年 9 月，抖音短视频 App 上线，这是一个专注于年轻人的、15 秒音乐的短视频社区，还发展了“短视频＋直播”的营销模式。当前在政府监管、技术发展、平台方驱动、内容方驱动、用户驱动、广告主驱动的带动影响下，短视频营销市场走进成熟期。

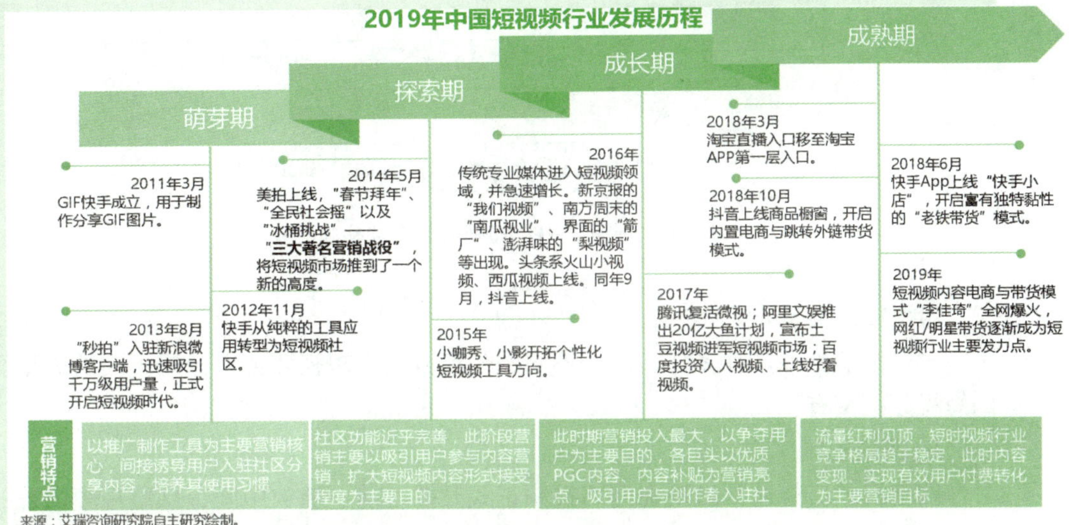

据艾瑞 Usertracker 监测数据显示，2019 年 11 月中国移动短视频综合平台与短视频聚合平台活跃用户规模分别达到 8.781 亿和 2.273 亿，在全网超 10 亿用户中渗透率不断提升。2019 年 11 月，各移动短视频平台继续围绕市场需求丰富产品功能、强化市场竞争力，并结合电商购物节推出多种运营活动，带来用户规模的稳定上涨。

据 App Annie 2020 年 2 月 10 日调查数据显示，2020 年 1 月中国热门应用下载 Top 10 排行榜中，头条系大放异彩，共占据 6 个席位。“今日头条”“西瓜视频”“火山直播”等 App 下载量飙升。

（资料来源：艾瑞咨询 2019 年中国短视频企业营销策略白皮书。）

一、短视频的含义

百度百科对短视频的定义为：短视频是指在各种新媒体平台上播放的、适合在移动状态和短时休闲状态下观看的、高频推送的视频内容，其时长几秒到几分钟不等。短视频内容融合了技能分享、幽默搞怪、时尚潮流、社会热点、街头采访、公益教育、广告创意、商业定制等主题。由于内容较短，既可以单独成片，也可以成为系列栏目。

微课：短视频的定义和类型

二、短视频的特征

与图片、文字和传统视频相比，短视频具有以下一些特征：时长短，一般在 10 分钟以内；内容节奏较快，情节相对完整；制作门槛低；网络平台分享便捷，传播速度快，适合碎片化时间浏览。

短视频主要包括四种文件格式，如图 7－1 所示。

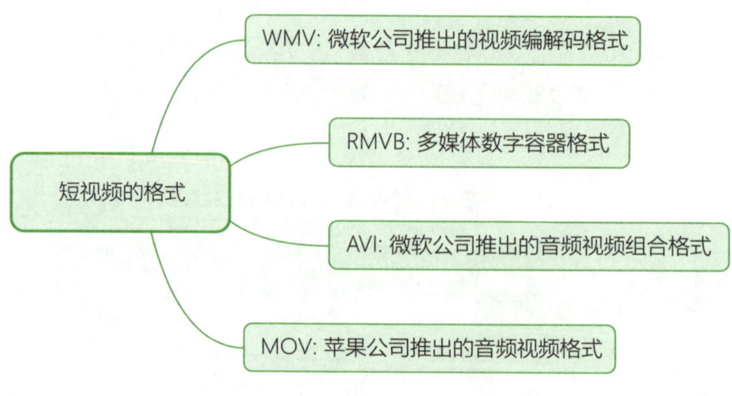

图 7－1　短视频的文件格式

三、短视频的类型

短视频的类型多种多样，依据不同的分类方式，短视频可以分成不同的类型。常见的短视频类型有：

1. 网络视频广告

网络视频广告通常出现在网络视频正式开播之前、播放中间，网络视频广告的成本较低，时长可以进行调整，从 30 秒到 1 分钟不等（见图 7－2）。

图 7－2　爱奇艺视频播放前的网络广告

2. 宣传片

企业通过视频短片对企业形象和品牌进行宣传，彰显企业实力，让社会大众对品牌留下印象，从而为企业树立良好的口碑。依据内容的不同，宣传片的类型有企业宣传片、产品宣传片、公益宣传片和招商宣传片，如图 7－3 所示。宣传片的制作一般需要专业的团队进行策划、拍摄、后期剪辑等。

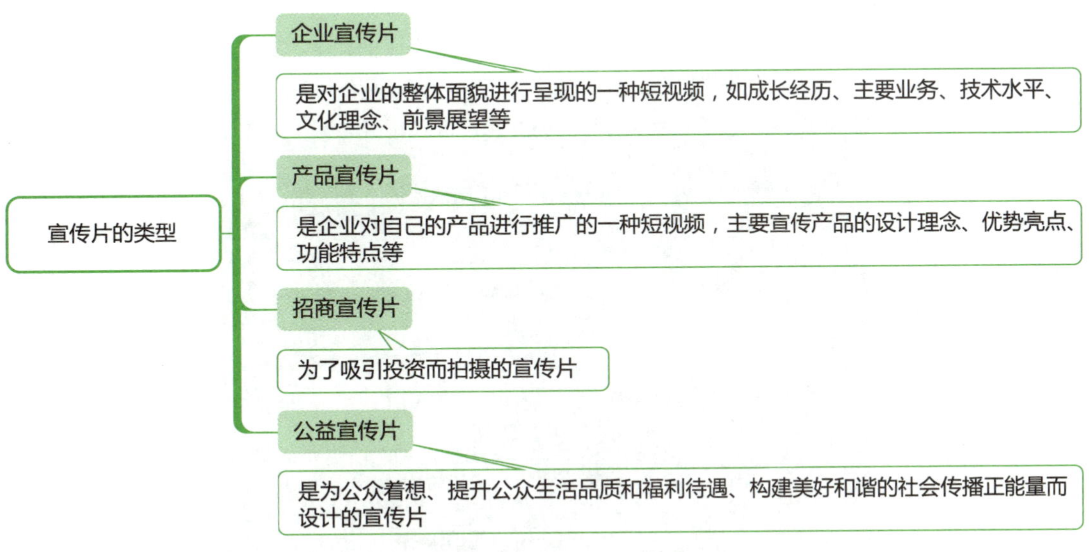

图 7－3　宣传片的不同类型

3. 品牌活动

品牌活动指根据要举办的活动内容所制作的相关宣传短视频，如会议、庆典、比赛活动等简要宣传视频，广而告之的目的非常明确。依据内容的不同，品牌活动视频类型有如下几种形式：周年庆典、美食节等节庆活动，研讨会、某个比赛宣传等会议活动，招商会、新品发布会等商业活动，奥运会、演唱会等体育娱乐活动等类型，如图 7－4 所示。

图 7－4　冬奥会吉祥物冰墩墩短视频

4. 系列短片

系列短片是指具有同一主题的多个短视频组成的系列短片。如飘柔洗发水的“柔顺”系列广告，其演员和角色都是不变的，主题围绕“柔顺”稍有区别，分为“清晨柔顺”“柔顺新婚”等篇，如图 7－5 所示。

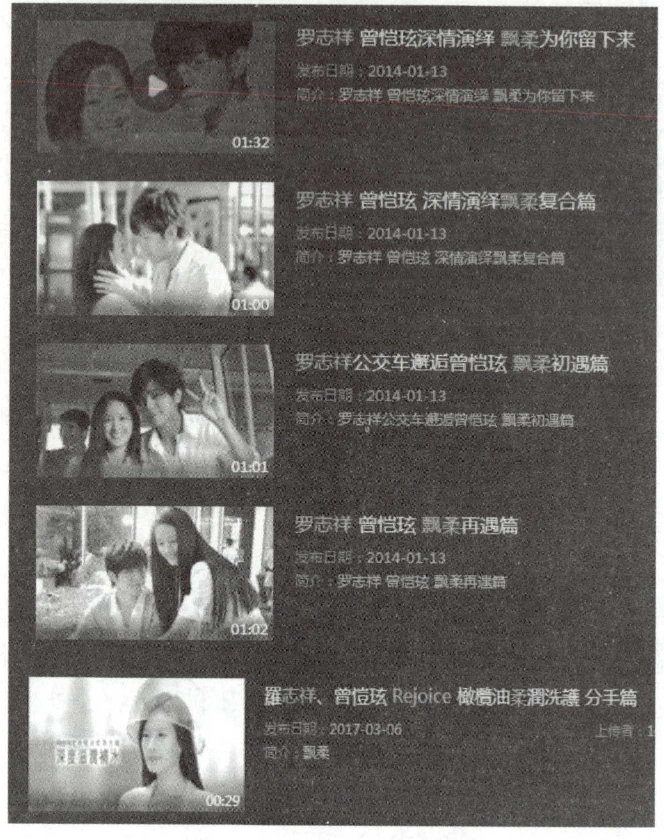

图 7－5　飘柔广告五部曲

5. UGC 视频

UGC 视频是“User Generated Content”的简称，含义是用户生产内容。即平台用户自己创作内容，并分享发布到网络平台上。相对于原创视频而言，UGC 视频的创作成本低，一般个人就能完成拍摄和制作，内容着重反映生活。

知识拓展

新媒体内容运营概念 PGC、UGC、MCN、KOL

内容运营是指运营者利用新媒体渠道，用文字图片或视频等形式将企业信息友好地呈现在用户面前，并激发用户参与、分享、传播的完整运营过程。根据内容创作者的不同，可以分为如下几种类型：

· UGC：User Generated Content（用户生产内容），常见于个人自媒体，社交网络、网红直播的内容，如早期 Papi 酱制作的内容都属于这种类型。

· PGC：Professional Generated Content（专业生产内容），品牌邀请在某领域比自己更具有发言权的专家来给用户提供更权威的内容，以转化或吸引更广泛潜在用户的关注。传统视频、综艺节目制作内容都属于这种类型。

· OGC：Occupationally Generated Content（职业生产内容），即以内容提供为职业的人所生产的内容，常见于企业自媒体。

UGC 和 PGC 的区别是内容创作者有无专业的学识、资质，在所共享内容的领域是否具有一定的知识背景和工作资历。PGC 和 OGC 的区别以创作者是否领取相应报酬作为分界，PGC 往往是出于“爱好”，义务地贡献自己的知识，形成内容；而 OGC 是以职业为前提，其创作内容属于职务行为。

· MCN：Multi - Channel Network（多频道网络），诞生于国外视频网站 Youtube 平台，是一种多频道网络的产品形态，将平台下不同类型和内容的优质 PGC 或 UGC 联合起来，以平台化的运作模式为内容创作者提供运营、商务、营销等服务，帮助 PGC 或 UGC 变现。

· KOL：Key Opinion Leader（关键意见领袖），是营销学上的概念，是指拥有更多、更准确的产品信息，且为相关群体所接受或信任，并对该群体的购买行为有较大影响力的人。

6. 影视短视频

影视短视频是针对影视片制作的短视频。这类视频可以满足以下用户需求：没有时间看完整部电影，新上映的影片不知道好不好，一部小众的电影看不太懂等。影视短视频的类别有：盘点、混剪和影视解说三类。

7. 微电影

微电影即微型电影，是互联网时代的一种电影形式，适合在移动设备端观看，具有完整故事情节的“迷你电影”。微电影具有内容紧凑、制作成本低、交互性强等特点。其内容融合了幽默搞怪、时尚潮流、公益教育、商业定制等主题，如图 7 - 6 所示的公益微电影。

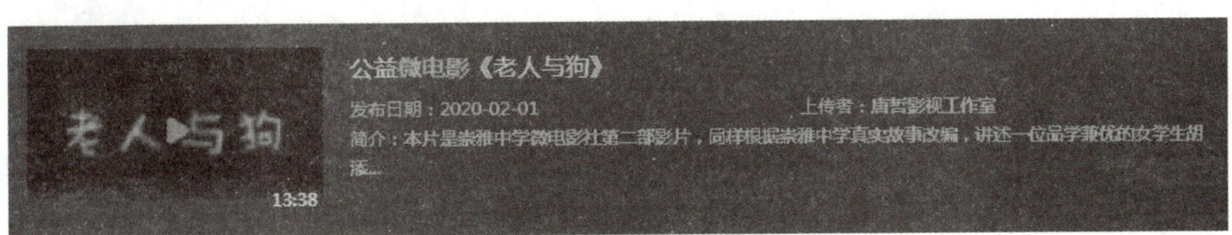

图 7 - 6 爱奇艺公益微电影

四、短视频营销的概念

短视频营销，是指利用在网络平台播放的短视频展示产品的卖点及企业的品牌理念，将互联网、视频、营销三者相结合的一种网络营销模式。

微课：短视频营销

短视频营销以移动互联网为重要载体，以短视频为基本工具，内容丰富、无所不包，通过宣传品牌、产品及服务达到变现赢利的目的。短视频营销与图文营销一样，都属于内容营销，所以内容本身非常重要。

五、短视频营销的目标受众

短视频营销的目标受众偏年轻化。根据艾瑞 Usertracker 监测数据显示，2019 年中国短视频 App 从用户年龄分布来看，25～35 岁人群占比高达 51.3%，短视频正逐渐从 24 岁以下青年人群向中 25～35 岁中青年用户群体中渗透。从学历分布来看，高中及以下较低学历人群特征明显，占比高达 80%；本科及专科人群占比较低，共占据总体人数两成（见图 7－7）。

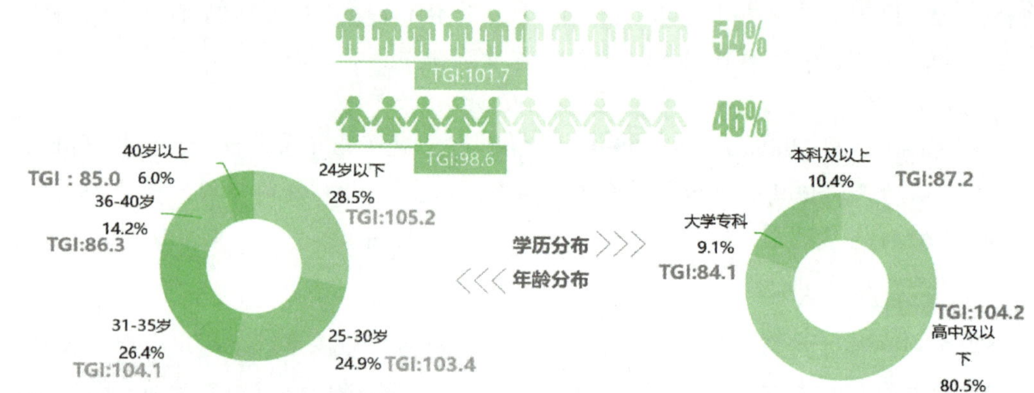

图 7－7　2019 年中国短视频用户人口属性画像

任务实施

步骤一：了解短视频与直播的区别

在网络平台上传播的短视频具有时长较短、传播速度快、内容紧凑等特点。根据百度百科的定义，直播是指在现场随着事件的发生、发展进程同步制作和发布信息，具有双向流通过程的信息网络发布方式。短视频和直播可以在抖音、快手等平台同时存在，但是两者之间还是有如下区别：

1. 传播性

短视频是拍摄完成之后再经过一定的后期剪辑呈现的视频文件，内容短，展示的信息多，传播性强，能有效触达目标人群；直播是实时呈现的影像视频，较难二次传播。

2. 互动性和即时性

短视频的互动性和即时性较弱，但短视频的传播周期长，传播维护成本低；直播的即时性和互动性较强，直播时用户可以随时在评论区向主播提问，主播会时刻关注用户的提问并做出回答，但观看回放时不具有互动功能。

3. 场景限制

短视频可以随时随地利用碎片化的时间观看；直播是即时观看，不具备随时随地观看的特征。

4. 平台的商业操作空间

短视频的三种变现模式是广告、会员收费、品牌植入；直播的三种变现模式是打赏、广告植入、电商导购。

【想一想】 小组讨论，归纳总结直播和短视频的区别，填写表7－1。

表7－1 短视频和直播的区别

序号	区别点	短视频	直播
1	传播性		
2	即时性、互动性		
3	场景限制		
4	平台的商业操作空间		

步骤二：解析优质短视频的特征

随着短视频行业的发展，网络中短视频数量急剧上升，但只有优质的短视频才能获取流量，吸引更多的关注。一个优质的短视频应该包括如下几个元素：标题有创意、内容有价值/趣味、画质清晰、背景音乐适合等。

1. 标题有创意或亮点

标题是决定用户是否点击观看短视频的关键因素。抖音、快手等平台在为用户推荐短视频时采用机器算法，即平台在推荐之前会对用户画像及用户行为进行分析，判断用户的喜好，然后向用户推送出其最感兴趣的视频。平台推荐分发短视频时，会从短视频的标题中提取分类关键词进行相应的推荐，再根据短视频的播放量、评论、用户停留时长等因素决定是否会继续推荐该条短视频。

在为短视频取标题时，先要对视频内容进行定位分析，能为用户解决什么问题或者能给用户带来什么乐趣。把这些内容特征通过标题呈现出来，不仅能够提高短视频的点击率，还能吸引精准用户关注账号。

2. 内容有价值/趣味

受欢迎的短视频其内容能满足用户价值或趣味的需求，即用户能从中获取有用的内容，或是能从视频中获得有趣味的共鸣。短视频的选题范围很广，如美食类、幽默喜剧类、生活技巧类、人文故事类、护肤美妆类、科技数码类等。基于目标受众需求特征分析，拍摄出内容新颖、有创意的优质短视频是短视频营销成功的第一步。

例如，《陈翔六点半》是一部由陈翔执导活跃于多个短视频平台的家庭幽默录像式的小情节短剧（见图7－8）。它融合了电视剧的拍摄方式，以夸张幽默的表现形式讲述了生活中无处不在的屌丝囧事，目的是让网民在紧张的工作之余得到放松，缓解压力。

图 7－8　陈翔六点半短视频

3. 视频画质清晰

视频画质清晰与否决定了用户观看视频的体验感。当视频画面抖动、画质模糊，即使用户被标题吸引点击进去，也会在观看几秒之后立刻退出。相反，一个画面清晰度高，类似电影“大片”一样的短视频会很受用户的喜爱。画质取决于拍摄硬件的选择和视频制作剪辑软件的使用。目前，智能手机的像素已经达到千万级，很多短视频拍摄和制作软件的功能相当齐全，具备滤镜、音效、转场、大片特效等视频剪辑功能。

4. 配乐节奏恰当

短视频的背景音乐节奏决定了短视频的整体基调和情绪。短视频是以视、听来表达内容的传播形式，配乐作为“听”的元素，能够增强短视频表达的效果，升华情绪和主题。

选择短视频背景音乐时要注意两个要点：

（1）背景音乐的风格要符合短视频内容的风格。背景音乐若选择不恰当就难以正确传达短视频效果，例如技能类视频搭配搞笑类音乐，搞笑类视频搭配悲伤音乐等。

（2）把音乐节奏的重音卡在短视频的动作部分或者是关键信息部分，突出重点，让视频画面和音乐有协调感。

5. 多维度包装

优质短视频若要达到内容价值满足用户需求、标题击中用户痛点、画质清晰、背景音乐搭配恰当等特征，需要在编剧、表演、拍摄、剪辑和后期加工等多方面进行精雕细琢。优秀的短视频制作团队会尽可能地从多维度精细打磨让短视频出彩。

相关链接

在由西瓜视频主办的中国首个新媒体短视频奖项“金秒奖”2019 年度评选中，由 Vlog（video weblog 或 video blog 的简称，源于“blog”的变体，意思是视频博客或是视频网络日志，是博客的一个分类，下文简称 Vlog）创作人“燃烧的陀螺仪”

的作品——《今天和消防战士们一起训练一波，走着》，用技术流的形式拍摄了一个广受社会尊敬的职业——消防员，正是凭借着视频传递的内容价值摘得最佳短视频奖。短视频深入消防队，以消防员为主角，虽然时长仅56秒，却涵盖了消防员从训练集合口哨声响起到参与救援演练的全过程。整体内容立意佳，拍摄和剪辑水平到位，节奏明快，衔接流畅，从多维度打造了一个优质短视频。

2019 年金秒奖最佳短视频

【想一想】 打开抖音或快手，寻找一个短视频，用优质短视频具备的五个元素对该短视频进行分析，判断该短视频是否满足优质短视频的特征。

步骤三：分析短视频营销的优势

短视频营销作为在移动互联网时代和碎片化传播大背景下兴起的一种新网络营销模式，具有其他营销模式不具备的优势。

1. 互动性强

目前短视频播放平台几乎都开通了评论功能，短视频在投放过程中能获得用户的反馈信息，与用户进行深度互动和沟通。雅诗兰黛于 2019 年 12 月 31 日在新浪微博上发布关于产品的短视频（见图 7－9），主题为“放眼未来”，结合当红明星李现“对艺术追求的坚持”，体现产品的宗旨，吸引消费者的眼球，雅粉纷纷在评论区域发表观点。

图 7－9　雅诗兰黛在微博中的短视频

2. 成本低

与其他广告方式相比，短视频的制作、传播和维护成本都比较低。如 Papi 酱前期制作的短视频都是一个人完成，获得了几十万的点赞量、评论量及转发量。当然，她的成功得益于其内容能击中用户的痛点，引发用户的情感共鸣。随着短视频行业的发展，竞争日趋激烈，如何吸引更多的流量，需要创作出优质短视频，短视频打造也逐渐趋于团队化和专业化。

3. 传播速度快

各大短视频平台都允许用户转发视频或链接来进行推广。在移动互联网大众化的时代，用户既可以是短视频的受众，又可以是内容创造者，可以随手拍视频并在社群进行转发。与其他的营销方式相比，传播快是短视频营销的一大优势。

4. 目标受众精准

如前所述，短视频平台多数采用机器算法向用户推荐感兴趣的视频，所以短视频营销的指向性强，可以基于用户画像分析，找到精准的目标受众，从而达到精准营销的目的。除此之外，短视频平台也会提供搜索框，用户可以根据自己的需求搜索相应的短视频，让短视频营销更加精准。

5. 传播周期长

相比于直播的实时性而言，短视频可以长久存在，在互联网平台上传播的生命周期长，只要不被平台删除，都可以被用户搜索到，达到再次营销的目的。短视频的营销效果，如点击量、转发量、评论量等也可以通过工具被统计分析处理。

步骤四：了解短视频营销的发展前景

短视频营销有很多的优势，随着技术的进步，网民观看短视频习惯的养成，短视频的发展前景非常可观。

1. 大众化

智能手机的普及，使短视频的拍摄非常便利，成本很低；层出不穷的视频剪辑软件让短视频的制作和剪辑变得简单易行，不再那么高深莫测；短视频 App 和网络平台的多样化，让短视频的分享和传播更加容易。

2. 社会化

随手拍视频发朋友圈或微博等已经成为时下年轻人的一种社交方式，QQ、微信、微博等社交媒体让短视频能在更多的社会化媒体平台投放和营销，吸引更多的移动端流量，提升推广营销效果。

3. 专业化

成功的短视频营销是基于优质短视频，而优质短视频的制作需要专业化的团队。如何在众多的短视频中吸引大众的注意力，需要专业团队对内容进行构思，借助社会热点与时事，制作能引发情感共鸣，有针对性、观点鲜明的优质短视频。内容有价值趣味、创作达专业水平的短视频才能真正吸引用户。

【想一想】 短视频营销前景一片光明，但竞争也日趋激烈。要想做好短视频营销，我们需要学习哪些方面的知识，掌握哪些技能呢？

实战演练

实训目的：通过实训，能搜索并分析经典短视频案例，归纳不同短视频类型的特点，学会分析不同新媒体内容运营概念的区别。

实训要求：学生以小组为单位完成实训任务，在实训过程中充分讨论，形成最终结论。

实训1：打开搜索引擎，搜索“2019年短视频营销案例”，查看经典案例，并分析这些短视频营销案例成功的原因。

实训2：在网络中搜索不同类型的短视频案例：原创短视频、网络视频广告、宣传片、品牌活动、系列短视频、UGC视频、影视短视频和微电影，分析各类型短视频的特点。

实训3：分析UGC、PGC、OGC的区别。

任务二　创作短视频

案例导入

2018年世界杯期间，国内有三个亮眼的营销事件：第一个是华帝“法国夺冠退全款”，制造噱头以小博大；第二个是蒙牛“梅西表情包走红”，引爆社交话题流量；第三个是BOSS直聘、知乎等互联网公司低俗广告事件，争议不断，流量不止。在这三个营销案例中，蒙牛与梅西的短视频广告《梅西：我不是天生强大，我只是天生要强》是最大的赢家。

这个广告片一开始画面定格在梅西比赛期间倒地的瞬间，随后插入梅西足球生涯的过往片段：压力、冲突、失败、伤痛……走马灯般流转的画面与文案呼应，点燃了受众情绪。随后画面切回倒地的瞬间，随着梅西的站起，广告片的整体节奏跟着转变，引出Slogan（标语）“我不是天生强大，我只是天生要强”。广告片整体先抑后扬，一次次挫折和低谷与不断站起的要强相呼应，强调“天生要强”的力量。一句“我不是天生强大，我只是天生要强”，描述的不只是球王梅西的强大，也是广告主——蒙牛想要传递的品牌观点：天生要强是人们与生俱来的自然力量。

广告播出后，百度指数显示，蒙牛的指数稳步升高，同比增长较大。微博话题“天生要强”阅读量达到25.6亿之多。在被网友嘲笑、唱衰后，蒙牛做梦都没想过广告剧本这么强！不仅逆风翻盘，还一跃成为“营销界的预言帝”。

（资料来源：人人都是产品经理，http：//www. woshipm. com。）

思考：

1. 上网搜索观看蒙牛与梅西合作的这个广告，记录下文案内容。
2. 本案例中蒙牛创作的短视频广告成为大赢家的原因是什么？

任务描述

短视频因其具备娱乐和简短的特点，越来越受到网民的喜爱。如今短视频行业相比以往更加火爆，各短视频平台竞争也相当激烈，就目前的互联网行业而言，短视频的使用人数已超过长视频，成为“行业鲶鱼”“业界黑马”。

短视频的类型很多，有宣传片、网络视频广告、品牌活动视频、系列短片、微电影、UGC 视频、影视视频、原创视频等。如何得心应手玩转短视频玩、创作出优质的短视频内容，是当下很多网民感兴趣的，也想尝试去做的。一个优质的短视频需要好的方向定位、源于生活的素材、优秀的文案、清晰的视频画面、合适的背景音乐、恰到好处的视频剪辑等等。下面，让我们一起来学习制作短视频吧！

知识准备

一、短视频拍摄设备

工欲善其事，必先利其器。短视频拍摄可用的工具非常多，常见的有智能手机、单反相机、摄像机等。拍摄的质量各有差异，同一种设备，由于参数的不同，质量也会有所不同。短视频的拍摄要围绕运营的目的和资金的考虑，有针对性地选择合适的拍摄设备。

微课：创作短视频

1. 智能手机

随着技术的进步、5G 时代的到来，智能手机中相机的拍摄功能越来越丰富，像素越来越高。智能手机因具备体积小、携带方便、拍摄操作简单、功能强大、能直接分享等特点成为短视频拍摄的首选设备。在没有特殊要求的情况下，智能手机能完全满足短视频的拍摄需求。2018 年由香港导演陈可辛指导的广告短视频《三分钟》就是全程使用 iPhone X 拍摄而成。

2. 单反相机

相比于智能手机，单反相机的拍摄功能更加强大、画质更好，但是体积介于专业摄像机和智能手机之间，价格相对于摄像机而言更便宜。在没有条件购买专业摄像机的情况下，单反相机是一个好的选择。

3. 摄像机

摄像机是专业的视频拍摄设备，大型的拍摄团队或电视节目制作团队都配备摄像机。虽然没有单反相机和智能手机携带方便，但摄像机的视频拍摄效果会好很多。使用摄像机拍摄需要用到一些辅助工具，如摄像机电源、摄像机电缆、摄影灯、彩色监视器、三脚架、轨道车、麦克风等。

二、短视频拍摄构图方法

构图是短视频拍摄中非常重要的技巧。构图是指对画面中的主体进行恰当的摆放，使画面看上去更有冲击力和美感。成功的构图能让作品重点突出、条理清晰、富有美感。视频拍摄构图方法与摄影构图法类似，常见的方法有以下几种：

1. 中心构图法

中心构图法是指将视频拍摄主体放置在拍摄画面的中心进行拍摄，这种拍摄方法能让拍摄重点突出、主体明确，构图简洁。当拍摄主体只有一个时，可以采用中心构图法进行拍摄。

2. 三分构图法

三分构图法是指将视频画面从横向或纵向分为三等份，在拍摄视频时，将对象或焦点放在三分线的某一个位置上进行构图拍摄，避免画面的枯燥和呆板，让对象更加突出，画面更加美观。

3. 前景构图法

前景拍摄是指利用拍摄主体与镜头之间的景物进行构图的一种视频拍摄方式。前景构图法可以增加视频画面的层次感，让视频画面更加丰富，且能突出拍摄的主体。前景构图法拍摄视频时可以把拍摄主体作为前景进行拍摄，背景虚化；也可以把拍摄主体以外的事物作为前景进行虚化拍摄，焦点对准主体，产生透视感和层次感。

4. 黄金分割构图法

黄金分割是指古希腊的数学家毕达哥拉斯发现的黄金分割定律，在一条线段上存在一个点能使较长部分与整体的比值等于较短部分与较长部分的比值，比值约为 0.618。黄金比例为完美比例，使用黄金分割构图法能突出拍摄主体，观感舒适，产生美的享受。

5. 九宫格构图法

九宫格构图法又称为井字形构图法，是黄金分割构图法的简化版，也是最为常见的构图方法。拍摄时把视频画面从纵向和横向划分为三等份，直线的四个交点形成一个“井”字，交叉点叫作“趣味中心”，把主体放在“趣味中心”上就是九宫格构图法。该构图法使视频画面相对均衡，趣味中心使拍摄主体偏离画面中心，能优化画面空间感，突出视频拍摄主体。

6. 透视构图法

透视构图法是指视频画面中的某一条线或某几条线有由近及远形成的延伸感，能使观众的视线沿着视频画面中的线条汇聚到一点。透视构图法可以分为单边透视和双边透视。单边透视是指视频画面中只有一边带有由远及近形成延伸感的线条，能增强视频拍摄主体的立体感；双边透视是指视频画面中两边都带有由远及近形成延伸感的线条，能很好地汇聚观众的视线，使视频画面更具有动感和深远意味。

三、拍摄与剪辑短视频的热门应用

微课：拍摄与剪辑短视频的热门应用

1. 抖音 App——记录美好生活

抖音是一款由北京微播视界科技有限公司研发的可以拍摄短视频的音乐创意短视频社交软件。2020 年 1 月 8 日，火山小视频和抖音正式宣布品牌整合升级，火山小视频更名为抖音火山版，并启用全新图标。2020 年 1 月数据统计公司 Sensor Tower 公布的 2019 年 App 下载数据中，国产魔性 App 抖音（国外称 TikTok）仅次于 WhatsApp 高居第 2 名，下载次数高达7亿次。

抖音是一个专注于年轻人的音乐短视频社区，用户可以选择歌曲，配以短视频，通过视频拍摄快慢、视频编辑、特效（反复、闪一下、慢镜头）等技术让视频更具创造性；全网首创音乐滤镜，声音算法赋予视频新创意，原创音乐、百种音乐风格自由选择。

2. 快手App——记录世界记录你

快手是北京快手科技有限公司旗下的产品。2012年11月，快手从纯粹的工具应用转型为短视频社区，用户可以用照片和短视频记录自己的生活点滴并分享，也可以通过直播与粉丝实时互动。快手的内容覆盖生活的方方面面，在快手平台，用户能找到自己喜欢的内容，找到自己感兴趣的人，看到更真实有趣的世界，也可以让世界发现真实有趣的自己。

3. 美拍App——让短视频更好看

美拍是一款由厦门美图网科技有限公司研发的集直播、手机视频拍摄和视频后期处理等功能于一身的视频软件，于2014年5月上线，号称“10秒也能拍大片”。其广告宣传语是“高颜值手机直播+超火爆原创视频”，可以看出美拍的特色是注重颜值和原创的直播。美拍App具备自动配乐、智能剪辑、顶级滤镜、大头电影功能，提供丰富的表情文；可以将间断的视频拍摄成MV特效，呈现出各种“大片”效果；可以为用户提供15秒、60秒及5分钟的视频时长选择。凭借高清唯美的画质，美拍App迅速成为倍受追捧的短视频应用。美拍App主打“美拍+短视频+直播+社区平台”，形成从视频拍摄到分享的一条完整的生态链。

4. Faceu激萌App——卖萌神器

Faceu激萌，是由今日头条脸萌团队研发的一款集图片自拍与视频自拍功能于一身的拍摄软件，于2015年9月14日上线。Faceu激萌集合了贴纸、滤镜、美颜、美型、表情包Gif制作、拍后编辑及跟拍视频等功能，为年轻用户提供拍照、录视频体验。

激萌拥有业内最先进人脸识别技术的“Faceu”可以准确定位五官，将“变装”精准地“画”到脸上。产品最大的特色在于可以实时地在人脸上叠加具有动态效果的贴图和道具，同时应用还提供美颜和滤镜的功能。用户还可以选择上传手机本地相册的照片或视频，添加贴纸、滤镜，进行美颜美妆；可以在照片、视频上添加文字和搞怪贴图，动手能力强的使用者可以使用笔触自行绘制有趣图案。

5. 小影App——电影级的后期剪辑

小影（VivaVideo）是由杭州趣维科技有限公司2013年初研发的一款集手机原创视频与全能编辑于一身的应用软件。VivaVideo是一个面向大众的短视频创作工具，操作界面简单易学，集视频剪辑、教程玩法、拍摄为一体，具备逐帧剪辑、特效引擎、语音提取、4K高清、智能语音等功能。

6. 乐秀App——全能的视频编辑器

乐秀是一款由上海影卓信息科技有限公司研发的视频编辑器App，界面干净、操作简单，是一款强大的手机视频后期处理App。乐秀拥有丰富多彩的视频主题，包含美颜、魔焰、日系、美白等十多种视频滤镜；支持从相册自由混搭照片、视频，编辑成音乐相册、照片电影；实时滤镜高清拍摄，支持多段拍摄，视频美化，闪光灯补光、多分辨率、背景音乐可选，优化拍摄体验；视频片段编辑、剪裁等十多种视频工具，多种参数调节，实现视频美化等等。乐秀几乎包含了所有视频编辑 App 应该有的功能，堪称全能。

四、脚本的类型

脚本一般分为拍摄提纲、分镜头脚本和文学脚本，分别适用于不同类型的短视频创作（见图 7－10）。

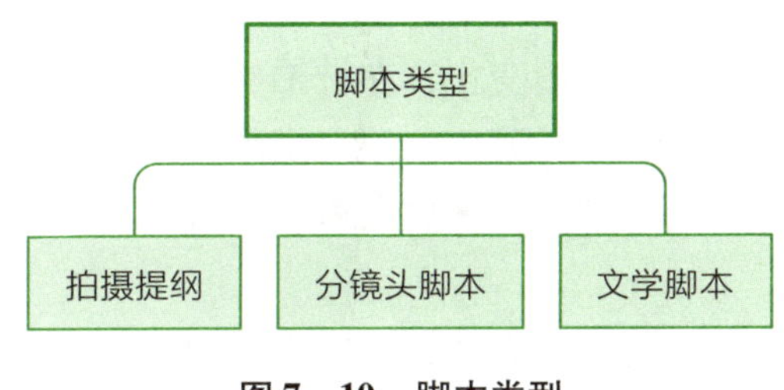

图 7－10 脚本类型

1. 拍摄提纲

拍摄提纲是短视频拍摄要点，它只对拍摄内容起各种提示作用，适用于一些不容易掌握和预测的视频拍摄，摄影师可发挥的空间比较大，但是对于视频后期的指导效果较小。在做抖音、快手等这类 Vlog 时，一般不需要写拍摄提纲。

2. 分镜头脚本

分镜头脚本是对短视频的前期甚至后期的预期与规划，适用于故事性较强的短视频创作。分镜头脚本将文字转换成立体视听形象的中间媒介。通常，分镜头脚本包括画面内容、景别、摄法技巧、时间、机位、音效等。

3. 文学脚本

文学脚本不需要像分镜头脚本那么细致，适用于不需要剧情的短视频创作。例如教学视频、测评视频等。在文学脚本中，只需要规定人物需要做的任务、说的台词、所选用的镜头和拍摄时长等。

五、短视频拍摄的五种景别

景别是指拍摄时取景的范围，即摄像机与被拍摄对象之间的距离。景别可以分为五种，分别是特写、近景、中景、全景、远景。

（1）特写，画面呈现的是被摄主体的细节，比如人物的面部表情，一般通过微距来实现。

（2）近景，主要表现被摄主体的整体或局部，拍摄人物胸部以上的影视画面，通常表现人物关系、动作等，有时也用于表现景物的某一局部，一般通过长焦镜头来实现。

（3）中景，通常街拍用得比较多，画面内容比较丰富。

（4）全景，一般用于拍摄大场面，如气势恢宏的建筑或是风景。

（5）远景，指拍摄全身人像及人物周围广阔的环境空间、自然景色等，主要突出环境，以景为主，体现人物与环境的关系。

六、常见的短视频拍摄镜头运镜技巧

想要拍出有吸引力、有张力的视频，运镜是最基本的技巧之一。运动镜头是用运动摄影的方法拍摄的镜头，让人觉得画面更动感。拍摄时运动镜头的基本功有推、拉、摇、移、跟、甩、升、降。

1. 推镜头

推镜头，是一个从远到近的构图变化，在被拍摄对象位置不变的情况下，向前缓缓移动或急速推进的镜头。推镜头使屏幕的取景范围由大到小，画面里的次要部分逐渐被推移画面之外，主体部分或局部细节逐渐放大占满屏幕。

2. 拉镜头

拉镜头，是与推镜头相反的运镜方法，摄影由近而远向后移动离开被摄对象，取景范围由小变大，被拍对象由大变小，与观众距离也逐步加大。画面的形象由少变多，由局部变化为整体。拉镜头的主要作用是交代人物所处的环境。

3. 摇镜头

摇镜头，是指借助于活动底盘使摄影镜头上下、左右、甚至旋转拍摄，犹如人的目光顺着一定的方向对被拍对象巡视。摇镜头能代表人物的眼睛看待周围的一切，在描述空间、介绍环境方面有独到的作用。

4. 移镜头

移镜头，是指沿着水平方向做左右横移拍摄的镜头，类似生活中的人们边走边看的状态。移镜头同摇镜头一样能扩大屏幕二维空间映像能力，但因机器不是固定不变，所以比摇镜头有更大的自由，能打破画面的局限，扩大空间。

5. 跟镜头

跟镜头是跟随被拍对象保持等距离运动的移动镜头。跟镜头始终跟随运动着的主体，有特别强的穿越空间的感觉，适宜于连续表现人物的动作、表情或细部的变化。

6. 甩镜头

甩镜头，是快速移动拍摄设备从一个静止画面快速甩到另一个静止画面，中间影像模糊变成光流。常用在表现人物视线的快速移动或某种特殊视觉效果，使画面有一种突然性和爆发力。

7. 升镜头和降镜头

升镜头和降镜头是借助升降装置等一边升降一边拍摄的方式。升降运动带来了画面视域的扩展和收缩，通过视点的连续变化形成了多角度、多方位的多构图效果。

七、常见的短视频编辑工具

虽然移动端的后期制作 App 已经非常多，功能齐全且操作便捷，但是如果要获得更加完美的效果，还是需要后期编辑软件。

1. 快剪辑

快剪辑是一款由360公司研发的国内首款可以在线边看边剪的免费PC端视频剪辑软件。该软件功能齐全、操作简捷，能令零基础用户秒变视频剪辑达人，大大降低了短视频制作门槛，提高了用户视频制作效率，使用户能简单快速地完成并分享自己的作品，是新手们进行后期视频剪辑的首选工具。该软件界面简洁大方，包括预览面板、素材库、时间轴面板三大部分，提供了大量的声音特效、字母特效、画面特效等多种功能，无强制片头片尾、无广告。

2. 爱剪辑

爱剪辑是一款颇具创新性和颠覆性的剪辑软件。软件功能设计接地气，符合大众的使用习惯和审美特点，操作简单易学，也是国内首款全能的免费视频剪辑软件。爱剪辑拥有最全的视频与音频格式支持，最逼真的好莱坞文字特效，最多的风格效果和转场特效，最全的卡拉OK效果，最炫的MTV（音乐电视）字幕功能，最专业的加相框、叠加贴图以及去水印功能，支持多种视频音频格式。

3. 会声会影

会声会影（Corel Video Studio）是加拿大Corel公司开发的专为个人及家庭等非专业用户设计的视频编辑软件，其功能甚至可以挑战专业级的影片剪辑软件。会声会影界面简洁明快，操作简单，适合家庭日常使用。

4. Premiere

Premiere是一款由Adobe公司推出的常用视频编辑软件。该软件编辑画面质量比较好，有较好的兼容性，且可以与Adobe公司推出的其他软件相互协作。目前这款软件广泛应用于广告制作和电视节目制作中，专业性强，操作简便，可以对声音、图像、动画、视频、文件等多种素材进行处理加工。

任务实施

步骤一：定位短视频拍摄内容

在创作短视频之前，首先要进行定位分析，依据分析决定拍摄的主题和内容，接着在相关的平台收集需要的素材。

1. 定位分析

（1）从自身出发，选择自己喜欢或者擅长的领域。社交平台的KOL多数是在某个特定领域的拥有影响力或者话语权的人，无论是内容创作还是短视频运营，都要给自己做好领域的定位工作，朝着自己的领域进行视频创作。

（2）洞悉目标用户群体，了解所选行业用户详情，如受众的男女性别比例、年龄段、职业属性、地域、消费能力等，也就是绘制用户画像，做到知己知彼。

（3）关注垂直领域，社交媒体的一大特征是领域垂直细化，如针对个护类产品的营销，需要在美妆个护领域垂直细化，专注个人护肤中的皮肤补水、美白、抗皱中的某一领域。

2. 多渠道收集和整理素材

当完成定位分析之后，就要开始收集和整理相关的素材。一般可以从以下平台去搜索相关主题的热门话题：通过微博查看近期热门话题，通过百度平台搜索资源，通过知乎平台学习短视频制作的专业知识，通过喜马拉雅 FM、千聊、荔枝微课等热门音频平台收集音频资料。

创作短视频的时候，一定要结合自身领域、用户群体，打造用户真正喜欢的内容，尽可能根据需求创作有内容的原创视频。

思考：

1. 你计划拍摄的短视频主题是什么？
2. 采用什么工具拍摄？需要准备什么素材？团队如何进行分工？
3. 选用什么软件进行拍摄和剪辑？在哪个平台发布？

步骤二：编写短视频分镜头脚本

对短视频创作有了初步的构思之后，在短视频拍摄之前，必须进行脚本的编写。首先脚本的类型取决于短视频类型，如新闻类的短视频适合用拍摄大纲，故事性强的短视频适合用分镜头脚本，不需要剧情的短视频适合用文学脚本。类似抖音的短视频平台，视频的剧情更为突出，所以常用的短视频制作脚本是分镜头脚本。

分镜头脚本是一个故事的最初模板，是在拍摄开始之前搭建的一个拍摄的框架。分镜头脚本相当于整个视频的制作说明书，是把短视频情节翻译成镜头的过程，决定了整个短视频故事的发展方向和内容大纲。分镜头脚本可以在拍摄时指导我们选什么画面、花多少时间、用什么拍摄手法进行拍摄。所以，分镜头脚本设计在短视频创作中占据非常重要的地位。

分镜头脚本大多采用表格形式。一般分镜头包括如下要素：镜头编号、景别、摄法、技巧、对话（解说词、旁白）、音乐、音效和镜头长度（见表 7－2）。

表 7－2　《宝马 i8 广告》部分分镜头表

镜号	景别	摄法	技巧	长度	画面	台词（解说词）	音乐	音效	备注
1	空镜转中景	固定镜头	推	3 秒	空旷无人的山谷，笔直向前的公路	我，是别人眼中的不可能	Allessandro Cortinin	自然界风声	同期低沉男声配音
2	中景转特写	运动跟拍镜头	跟	4 秒	展示车身全貌	是一个无法被禁锢，也无法被征服的灵感	Allessandro Cortinin	引擎轰鸣声	同期低沉男声配音

“镜号”是指每个镜头的顺序编号；“景别”一般分为全景、中景、近景、特写和远景等；“摄法”是指镜头的角度和运动；“技巧”包括镜头的运用——推、拉、摇、移、跟等；“长度”是指每个镜头的拍摄时间，以秒为单位；“画面”详细写出画面里场景的内容和变化，简单的构图等；“台词（解说词）”是指分镜头画面的内容，配以文字稿本的解说；“音乐”是指采用的音乐，需标明起始位置；“音效”也叫效果，它是用来创造画面身临其境的真实感，如现场的环境声、雷声、雨声等。

【想一想】在尝试写分镜头脚本之前，请大家仔细观看短视频《梅西：我不是天生强大，我只是天生要强》，一起来拆解这个短视频的分镜头脚本（见表7－3）。

表7－3

镜号	景别	摄法	技巧	长度	画面	台词（解说词）	音乐	音效	备注

【练一练】在拆解了蒙牛广告的分镜头脚本之后，你对分镜头脚本的设计是否清楚了呢？结合你们团队确定的短视频主题，尝试来设计自己的分镜头脚本吧。

步骤三：拍摄短视频

完成了短视频的脚本设计之后，接下来就可以开始拍摄了。拍摄短视频需要掌握一些拍摄技巧和注意事项。

（1）准备拍摄设备。根据短视频的类型及资金合理选择拍摄的设备和辅助器材。

（2）巧用运镜技巧。掌握运镜的技巧，针对画面内容运用合适的镜头呈现内容。在拍摄短视频时，画面要有一定的变化，通过推、拉、摇、移、跟、甩等镜头手法拍摄。

（3）选择不同景别。根据内容选取合适的景别，近景、中景、全景、远景、特写，在不同应用场景使用相应的景别。人物拍摄时，要注意通过推镜头来进行远、全、中、近、特写镜头实现画面的切换，使镜头富有变化，增添活力。

（4）构图是关键。学会根据故事情节、题材和主题的要求，把想要表现的人物、画面适当地组织起来，构成一个协调舒适的画面，防止出现画面混乱，拍摄对象不突出等问题。成功的构图应是画面人物主体突出、主次分明、画面简洁，让人赏心悦目。

（5）注意光线的合理运用。在拍摄过程中要注意运用顺光、逆光、侧逆光、散射光等来突出拍摄的物体与人物，同时也要注意曝光过度与不足等问题，确保视频画面清晰。

（6）防止画面抖动。画面抖动摇晃会影响观众的体验感，所以，要借助一些辅助器材，如三脚架、防抖稳定器等来防止出现画面抖动的问题，同时注意拍摄的动作和姿势，避免大幅动作。

以上是采用专业设备拍摄短视频的拍摄注意事项。采用手机短视频 App 拍摄时，注意要点会随着 App 的不同而有所不同。

相关链接

使用抖音 App 拍摄短视频

短视频拍摄最容易入手的是用手机拍摄。以抖音短视频 App 用手机拍摄短视频为例，在拍摄短视频时掌握如下拍摄方法和技巧，可以提升拍摄效果：

一、使用美化功能

打开抖音短视频 App，点击拍摄按钮，进入拍摄模式。选择点击右上方的“美化”按钮，如果是自拍，那么可以选择“美颜”功能，调整“磨皮”“瘦脸”“大眼”等参数；如果是拍摄其他，则点击“滤镜”，通过左右滑动屏幕来切换滤镜。

二、使用分段拍摄

分段拍摄可以实现很多的转变，如镜头的切换、服装道具的改变等。打开抖音 App，点击拍摄按钮，长按“拍视频”按钮开始拍摄，松开“拍视频”按钮即停止拍摄。多个视频拍摄完成后，进入视频编辑界面，点击“特效”，选择“转场”，在视频条上拖动进度条到两段视频衔接位置，选择需要的转场特效，设置完成，点击“保存”按钮。分段拍摄也可以先保存为草稿，再继续拍摄，拍摄完毕后，再“返回编辑”。

三、使用快慢速拍摄

快慢速拍摄的速度是指镜头捕捉速度的快慢，当镜头速度选择为“极快”拍摄时，视频录制的速度是最慢的；当镜头速度调整为“极慢”拍摄时，视频录制的速度是最快。根据想要呈现的效果，选择合适的镜头速度拍摄。

四、使用道具拍摄

道具可以丰富拍摄的效果，甚至可以营造更新奇的拍摄场景。打开抖音 App，点击拍摄按钮，进入拍摄模式，点击下方的“道具”按钮，选择一种道具开始拍摄。也可以先在抖音热搜界面搜索使用某种道具拍摄的短视频，确定是自己想要的效果，然后使用同款道具拍摄。

五、合拍与抢镜拍摄

抖音的合拍功能可以在一个视频界面中同时显示多个视频，抢镜拍摄是作为一个浮动窗口与抖音短视频合成在一起。

除以上五项功能之外，抖音还有很多其他的功能。

步骤四：剪辑短视频

一个短视频的核心可以分为“想要表达什么”和“想让观众看到什么”。短视频能否打动观众，由“想让观众看到什么”决定，而剪辑能够赋予短视频第二次生命。

剪辑过程就是重塑整个故事的过程，每一个镜头的转换与事物的凸显都会给观众留下印象，从而帮助观众理解剧情。适当运用剪辑手法可以将短视频所想要讲述的故事表达得更加清晰。一部好的短视频作品在剪辑过程中必须要突出核心与重点，只有这样才能令观众真正地理解作品。

在 PC 端操作的短视频后期制作流程一般包含如下几个环节：

1. 初剪（粗剪）

尽管短视频剪辑 App 能满足视频剪辑的基本需求，但团队合作创作的短视频，为取得更好的效果，其剪辑工作一般都是在 PC 端完成的。初剪阶段，导演会将拍摄素材按照脚本的顺序拼接起来，剪辑成一个没有视觉特效、没有旁白和音乐的版本。

2. 正式剪辑（精剪）

短视频在初剪得到认可以后，就进入了正式剪辑阶段，也称为精剪。精剪部分，首先是要对初剪不满意的地方进行修改，然后将特技部分合成到短视频中去，短视频画面部分的工作到此完成。

3. 作曲或选曲

短视频的背景音乐可以选择作曲或配乐。作曲可以让短视频的音乐独一无二，而且能让音乐和画面有完美的结合，但创作音乐的成本很高；选择已有的音乐作为背景音乐，成本较低，但容易出现雷同现象。

4. 特效的录入

采用特效来处理镜头之间的切换是比较好的处理方式。很多软件都有形式多样的特效效果，选择符合短视频风格的特效来处理镜头之前的转场，可以让观众看到流畅的视频衔接画面。

5. 配音合成

配音环节包含了旁白、对白和声音效果，在录制好相应的旁白和对白后，音效剪辑师会为短视频配上各种不同的声音效果，最后在相应位置将声音效果调整至合适的音量，与旁白等合成在一起。

相关链接

移动端短视频后期处理

移动端的短视频剪辑的步骤有哪些呢？采用的 App 不同，视频剪辑的流程和效果会略有不同。下面以小影 App 短视频后期处理为例，一起来学习移动端短视频后期处理的基本流程。

一、打开小影 App，导入素材

小影 App 的首页有“视频剪辑”和“相册 MV”两个选项（见图 1），点击“视频剪辑”按钮，选择需要剪辑的视频，再点“下一步”按钮。

二、对短视频进行相关剪辑

选择“镜头剪辑”按钮，对短视频的“比例和背景”“分割”“删除”“静音”等进行相关的剪辑，然后添加视频片头和片尾。如果没有片尾视频，也可以在小影的片尾中通过添加特效文字来制作片尾。小影 App 中提供“原比例”“1∶1”“4∶5”“4∶3”“9∶16”等尺寸比例，选择合适的比例（见图 2）。

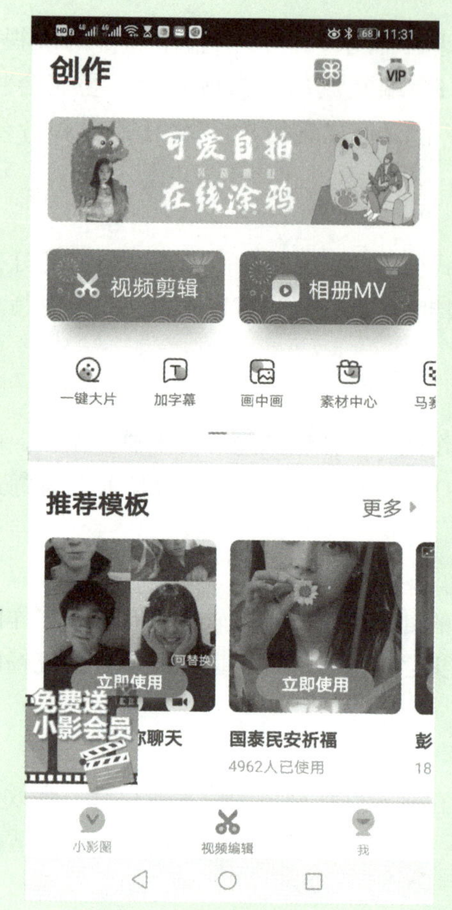

图 1　小影首页界面

图 2　小影导入视频界面

三、添加滤镜，让画面效果精彩绽放

滤镜具有让视频画面耳目一新、眼前一亮的效果。小影的滤镜具有调色滤镜、特效滤镜、参数调节三种功能，可根据视频的需要选择相应的滤镜来完善视频。点击“滤镜”按钮，为各个镜头添加滤镜效果，如调色滤镜中有风信子、薰衣草、枫叶等“去旅行”滤镜（见图 3）。滤镜可以应用到当前镜头，也可以应用到全部镜头。如果显示的滤镜不能满足需求，还可以下载更多样式的滤镜。

四、添加背景音乐，让视频更具有灵魂

一个优质的短视频需要有背景音乐的助力，所以，音乐是视频的灵魂。点击“音乐”按钮，从“网络”或“本地”中选择合适的背景音乐来修饰短视频（见图 4）。

图3　添加调色滤镜界面

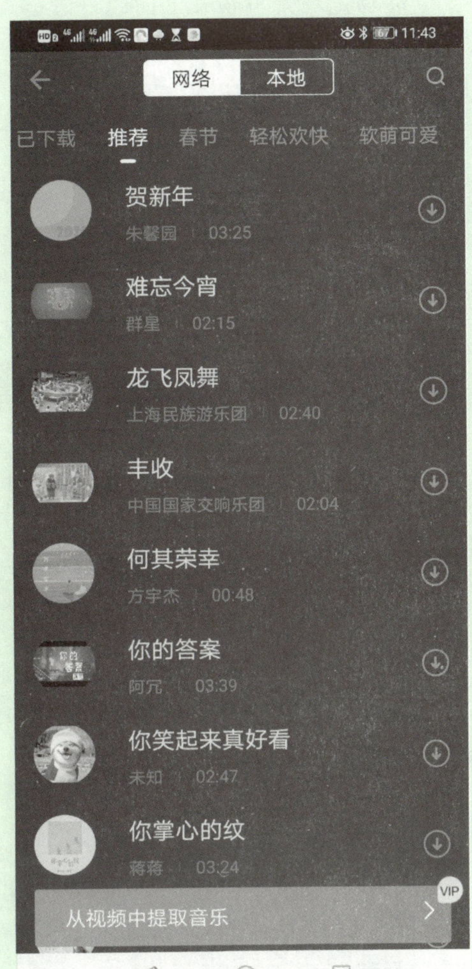

图4　添加音乐界面

五、添加字幕，让视频展示更丰富的信息

在短视频广告中，字幕可以帮助传达视频中商品的信息和卖点，吸引用户的注意力。点击“字幕 & 特效”按钮，选择“贴纸”“马赛克”“画中画”等效果（见图5），也可以选择“字幕”，输入文字并修改字体和字幕样式（见图6）。

六、选择主题，让视频呈现更精彩的效果

点击“主题”按钮，可以根据视频的内容，选择春节、热门、动感、时尚、Vlog、旅行、生日节日、青春等主题，如图7所示。

七、添加转场效果，让画面自然切换

转场是场景与场景之间的过渡、变换，在多个短视频拼接的时候，转场可以帮助视频画面切换更加自然。在两个视频之间，单击后跳出“转场”，可以选择“经典”“擦除”“快闪”“百叶窗”等转场效果，如图8所示，选择一种合适的效果，应用到当前镜头。

八、导出视频

点击“保存”按钮，选择要保存的尺寸，如高清720P、全高清1080P、超高清4K、普通480P、GIF等格式，即可导出编辑好的短视频。

以上是小影App的部分编辑功能，还有很多功能等待大家去发掘和尝试。

图5　添加特效界面

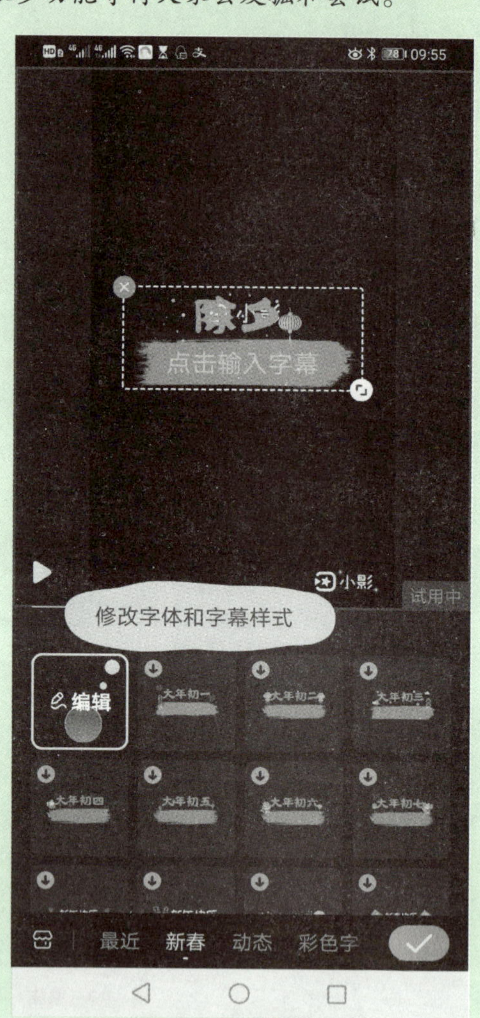

图6　添加字幕界面

图 7　选择主题界面　　图 8　添加转场界面

实战演练

实训目的： 通过实训，能够根据要求设计分镜头脚本，并尝试用手机拍摄短视频，然后选用一款软件剪辑短视频。

实训要求： 学生以小组为单位完成实训任务，在实训过程中充分讨论，形成最终结论。

实训 1： 选择一款商品，以产品卖点介绍为主题，尝试设计一个时长为 20 秒的分镜头脚本，脚本内容填入表 7－4。

表 7－4　分镜头脚本

镜号	景别	摄法	技巧	长度	画面	台词（解说词）	音乐	音效	备注

实训 2：根据上述的分镜头脚本，选择一款 App 用手机拍摄 20 秒的短视频，并总结拍摄电商产品介绍类短视频的注意事项。

实训 3：选用一款 App 或者软件，对短视频进行编辑，并记录编辑过程中的注意事项和技巧。

任务三　推广短视频

案例导入

抖音是一个深受年轻人喜欢的主打音乐的短视频社交平台。在抖音能发现好玩的、有趣的、有用的内容，然后不自觉地花费时间，不自禁地带入生活，会去品尝网红焖饭、奶茶、双皮奶、海底捞……有着“抖音元素”的网红美食。抖音红火的背后是因为它满足了我们目前在快节奏的生活中，以碎片化的时间吸取知识、信息的需求。

抖音造就了无数的网红即所谓的 KOL，那些以 UGC 为核心生态组成的抖音网红们甚至很难清晰地回答自己为什么火了。对于想通过抖音这类短视频社交类平台进行营销推广的企业而言，他们最关注的是什么样的内容更受欢迎、抖音的推荐机制到底是什么、15 秒的植入品牌怎样才能更出彩……

抖音平台中的 KOL 都各有所长。有的懂技术，如微播易为荣耀畅玩 7C 智能手机定制广告中会“运镜”的“薛老湿”；有的玩音乐，有原创音乐类，跟随歌词进行舞蹈、剧情等创作演绎类，对口型表演类，如“王欣宇”自弹自唱，自己写歌谱曲，将多芬想要传递的品牌态度“我的头发我做主，天生自信有态度”完整地展现出来；有的玩舞蹈，如“Mr. three”，一个“动”起手来，会让你忍不住尖叫的手指舞达人；有的玩美妆带货，如“张凯毅 Kevin”让某品牌半小时售罄，每每推荐一个好物，都会带来极具震撼的转化效果；有的玩情感类，比如情景短剧、为你读诗等，如“一禅小和尚”，这个最初只是简单地想做个新平台尝试，将已有的素材剪贴拼接到抖音上的自媒体，却不成想在 4 个月的时间里，收获了 1000 万粉丝。

（资料来源：每日科技播报微博，https：//www. sohu. com。）

思考：

1. 你认为抖音 KOL 能成功的原因是什么？
2. 除了抖音之外，还有哪些短视频平台深受年轻用户的喜爱？

任务描述

这是一个“一切皆有可能”的时代，抖音、快手、西瓜等短视频平台如雨后春笋般出现，造就了很多 KOL。平台之间流量争夺大战一直在进行，用户既是短视频的观众也是内容的生产者，UGC 和 PGC 同时出现在平台中。

短视频广告是抖音里变现最快、最简单的方式。达人们可以通过视频贴片、广告冠名、互动贴纸、产品口播、产品植入、发起挑战等多种玩法，发布和传播短视频广告。

一个优质的短视频是短视频营销推广的第一步，如何在众多渠道中选择合适的推广平台，可以采用哪些推广策略，如何来衡量推广效果，是本任务的主要内容。下面，我们一起来学习短视频的推广吧。

知识准备

一、移动短视频 App 类型

根据 Analysys 易观数据分析，在 2019 年 11 月的移动短视频 App 榜单中，抖音短视频、快手、西瓜视频分别以 5.30 亿、4.25 亿、1.41 亿的活跃用户规模占据市场前三（见图 7－11）。这些短视频的快速发展得益于在快节奏的当下，网民已经养成了碎片化时间观看短视频的习惯。

排名	APP名称	月度活跃用户规模（亿人）	活跃用户环比增幅(%)
1	抖音短视频	5.30	0.34%
2	快手	4.25	1.20%
3	西瓜视频	1.41	-1.07%
4	火山小视频	1.41	1.86%
5	好看视频	0.85	2.54%
6	快手极速版	0.59	8.04%
7	微视	0.41	-1.46%
8	抖音极速版	0.25	23.96%
9	全民小视频	0.23	3.05%
10	波波视频	0.20	-2.96%

图 7－11　2019 年 11 月短视频类 App 排行榜

根据功能的不同，短视频 App 可以分为社交型、工具型和聚合内容型。

1. 社交型

社交型短视频更注重社交属性，将社交与 UGC/PGC 结合起来，使短视频内容符合社交网络的特性。平台用户可以是短视频的观看者也可以是内容创作者，如抖音、秒拍、快手等。抖音中的“内容”是关键，快手中的“人物”是关键。

2. 工具型

工具型短视频侧重于随手拍视频，为用户提供方便的拍摄模板和背景音乐，可以帮助用户制作和分享短视频，如美拍、小咖秀、Faceu 等。美拍 App 为用户提供了很多视频滤镜和表情，用户多数为女性，这种类型的短视频平台更适合进行美妆类、时尚类短视频营销。小影 App 提供了上百种主题模板，包括抖音快手热门、朋友圈热门等流行模版。

3. 聚合内容型

聚合内容型平台内嵌各种类型的短视频，如梨视频、西瓜视频等。梨视频是一款资讯类短视频 App，其中大部分视频“时长控制在 30 秒到 3 分钟之间”，力求展现新闻事件最精华的内容。西瓜视频是字节跳动旗下的个性化推荐短视频平台，由今日头条孵化。边看边买是西瓜视频上线的一项服务于创作者、并为创作者带来收益的功能。

二、资讯客户端

1. 今日头条

今日头条是北京字节跳动科技有限公司开发的一款基于数据挖掘的推荐引擎产品，为用户推荐信息、提供连接人与信息服务的一款产品。推荐内容不仅包括狭义上的新闻，还包括音乐、电影、游戏、购物等资讯。既有图文，也有短视频。

2. 百家号

百家号是全球最大的中文搜索引擎百度为内容创作者提供的内容发布、内容变现和粉丝管理的平台。百家号于 2016 年 9 月 28 日正式对所有作者全面开放。百家号支持内容创造者轻松发布文章、图片、视频作品，内容一经提交，将通过手机百度、百度搜索、百度浏览器等多种渠道进行分发。

3. 一点资讯

一点资讯是北京一点网聚科技有限公司推出的一款为兴趣而生、有机融合搜索和个性化推荐技术的兴趣引擎，能基于兴趣为用户提供私人定制的精准资讯，包括时政新闻、财经资讯、社会热点、军事报道、育儿常识、出游旅行等。

三、短视频推广渠道

1. 同步推广

短视频推广平台有很多，为了能让更多的用户看到短视频，可以在多个平台注册账号，然后在一个平台上发布短视频之后，同步推广到可以绑定账号的其他平台上。如抖音上可以绑定微信、QQ、新浪微博、今日头条等账号，实现同步推广。

2. 贴吧推广

百度贴吧是为拥有相同兴趣爱好的人打造的一个在线的交流平台，是全球最大的中文交流平台，让那些对同一个话题感兴趣的人们聚集在一起，方便地展开交流和互相帮助。短视频发布到相关产品或服务的贴吧中，可以受到很多用户的关注。具体是通过直接分享或者复制链接的方式把短视频发布到相关主题的贴吧里。

3. 论坛推广

论坛也是基于兴趣爱好搭建的平台，只是受到流量的影响，不是所有的论坛都值得去推广，要选择在行业内有影响力的论坛，再通过直接分享或复制链接的方式发布短视频。

4. 社群推广

微信、QQ 是社群的典型代表，短视频在微信群、朋友圈和公众号的推广更加便利，也很容易收到互动信息。其中，微信公众号的推广更具有传播性，受到的关注更多，能被反复推广。

5. 媒体推广

媒体报道、官网推荐、明星或名人的微博等都属于媒体推广，但这个不是所有短视频都能借力的，只有少数短视频能有效发挥作用，如微电影短视频。

四、短视频营销推广模式

短视频营销有一个经典高效的运营模式，即“AISWS”模式，如图 7－12 所示。该模式一共分为五个步骤：注意、兴趣、搜索、观看、分享。

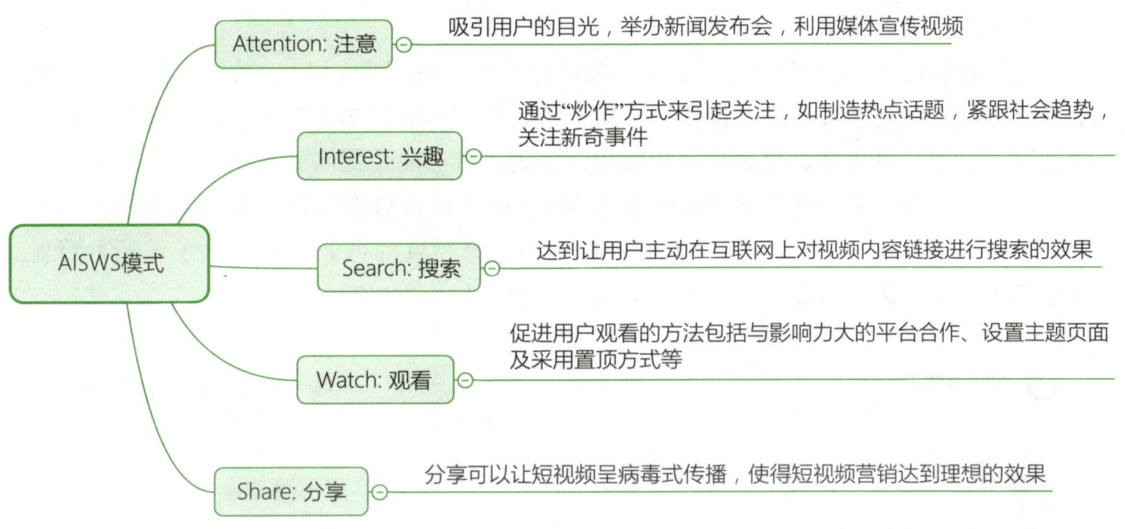

图 7－12　AISWS 模式的五个功能

五、短视频数据分析工具

工具一：抖抖侠

抖抖侠平台是短视频一站式数据化运营中心（见图 7－13），以辅助商家提升营销效果、助力达人数据增长为目标，链接商家和达人，依托专业的数据挖掘与分析能力，构建多种维度的数据算法模型，通过对短视频数据的深度挖掘和统计分析，客观地即时展现短视频数据增长规律，为短视频行业相关用户提供多方面的决策参考，同时为授权用户提供个性化定制服务，为其统计并深度分析个人数据，以满足用户多全方位的需求。

抖抖侠的基本功能有：获取抖音账号每日数据表（数据表现及粉丝数量），热门视频和热门音乐追踪，进行几个抖音号之间/视频之间的数据对比，获取抖音红人榜、粉丝榜、新锐榜、掉粉榜。

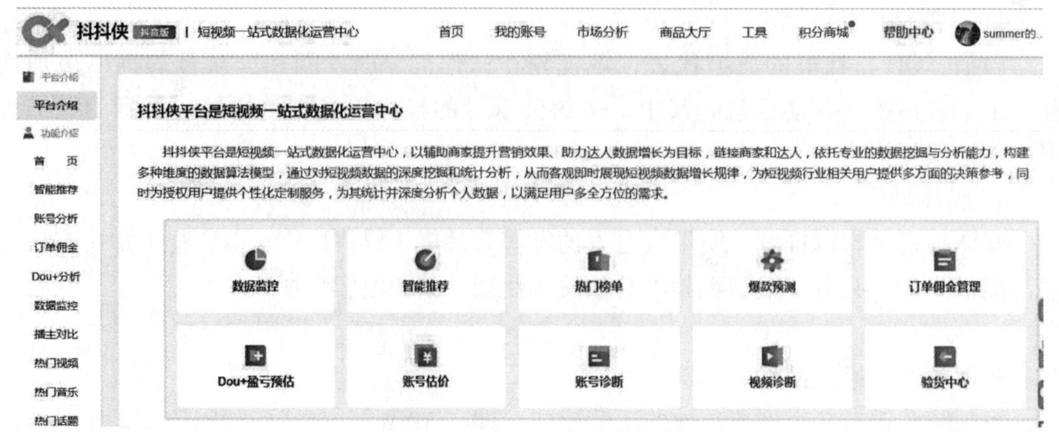

图 7－13　抖抖侠网站界面

工具二：飞瓜数据

飞瓜数据也是一个短视频大数据追踪分析平台（见图 7－14）。功能与抖抖侠大同小异，也是能够发现实时热门视频、优质音乐，监控作品的热度趋势、视频数据、粉丝数量等，挖掘短视频热卖商品及带货账号，实现精准选品、提高转化率，对于商家做营销具有较大参考作用；可以同时运营多达 200＋账号日常数据管理，助力企业机构掌握旗下账号数据动向；多维度排行榜，涵盖 34 个垂直领域的行业排行榜，了解所处行业流量趋势、定位账号内容、寻找优质达人，对于竞品分析更有帮助。

图 7－14　飞瓜数据功能界面

工具三：蝉妈妈

蝉妈妈是一款全网短视频电商数据服务网站（见图 7－15）。该网站涵盖短视频达人榜单、视频播放排行、热门素材、爆款商品等，帮助用户用大数据去科学高效地运营短视频流量与变现。蝉妈妈主要功能：数据监测、电商分析、播主查找、热门素材，其特色是查看选品库商品的转化率。

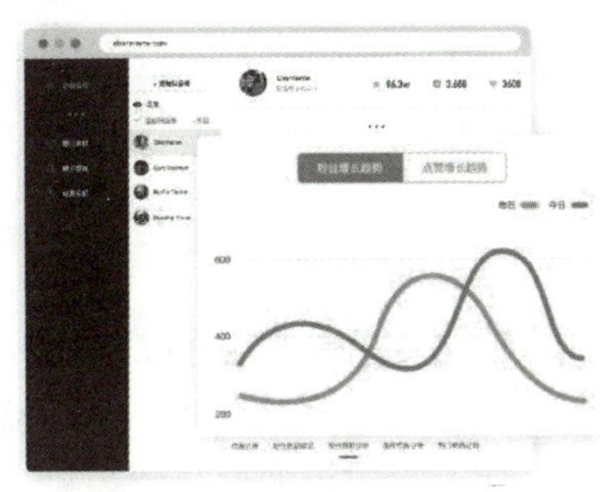

图 7-15 蝉妈妈数据分析

任务实施

步骤一：了解短视频推广平台

短视频行业发展进入成熟期。短视频行业用户下沉效果明显，三、四、五线城市占比几近半数。用户使用时间多集中于午休、睡前场景。七成用户在短视频平台进行过消费，多以内容电商为主。应用商店是用户首选的产品获取渠道，社交平台作为用户最信赖的广告渠道，营销效果较好。

短视频可以在哪些平台上推广，如何能够成功变现，这是短视频营销的重心。在进行短视频网络推广之前，首先要了解互联网平台的类型。

短视频可以进行推广的平台主要有四种类型：

一是移动短视频 App，如美拍、抖音、快手、西瓜视频等；

二是资讯客户端，如今日头条、百家号、一点资讯等；

三是社交媒体，如新浪微博、微信、QQ 等，微博的收益主要来自广告收益和内容收益；

四是在线视频，如大鱼号、腾讯视频、搜狐视频、爱奇艺视频、哔哩哔哩、乐视视频等，创作者可以在这些平台中收到平台分成或广告收益。

各大短视频推广平台在积累粉丝、争夺流量的同时，变现是平台最终的目的，电商已经成为短视频平台的主要营收来源。不同的短视频平台各有不同的特点，短视频营销时要根据营销目的、用户群体加以选择。

案例重现

2019 年 11 月火热的电商购物月也带动短视频平台活跃起来。抖音上线“11·11 抖音好物发现节”，活动期间相关话题挑战赛播放量破百亿，TOP 1 种草视频播放量破亿；快手以“源头好货”为特色概念推出“1106 卖货王”购物节，同时快手还与天猫合作举办“双 11 老铁狂欢夜”，奉上海量天猫“双 11 红包”和多种精彩的直播互动形式；西瓜视频联手京东举办“超级好物粉丝节”，以红人效应立体传达“双 11”大促信息。

选择短视频推广平台前，一定要对比分析各个平台的特点。那么如何分析不同平台的特点呢？

（1）可以通过应用市场了解不同短视频平台的功能介绍、软件特色。

（2）下载短视频 App 了解其视频以及用户群体。

（3）查阅短视频平台报告，如艾媒咨询、CNNIC 提供的比较权威的报告。

【想一想】对比分析抖音火山、快手、美拍、梨视频以及西瓜视频这几个短视频平台的特点。

步骤二：制订短视频营销推广策略

制订短视频营销策略时，需要从内容、渠道、场景、转化四大维度进行分析，内容上挖掘产品特点以用户偏好的广告形式进行营销信息的呈现；渠道选择上通过用户接受度较高的平台进行营销；同时迎合用户高频使用场景，如午休或睡前时间发布短视频；在营销信息呈现与用户消费习惯培养上实现用户转化与消费转化。我们将从如下因素进行策略分析：

1. 诉求清晰，明确营销目的

认真分析短视频推广的目的是为了传播品牌还是实现转化？如果是转化下单，那么需要进行持续性的营销；如果是传播品牌，则只需让用户达到一个了解的程度，有初步印象即可。一般情况下，传播品牌和实现转化是相辅相成的。

2. 内容策划，结合产品诉求

据 2019 年 11 月艾瑞 Usertracker 监测数据显示，幽默、美食生活、技巧知识为最受欢迎的三大品类短视频。对于碎片化时间而言，轻松幽默、烹饪、技巧知识学习是用户首选的消遣方式（见图 7－16）。短视频以其相较于其他媒体形式（如长视频、图文等）具有简练、快捷、生动的特点，因此用户对于技巧性、实用性强的知识内容接受性更强。据艾瑞咨询数据调查显示，63.3% 的用户因学习知识与技能的原因开始使用短视频产品，而 55.5% 的用户表示喜欢技巧/知识类短视频内容。

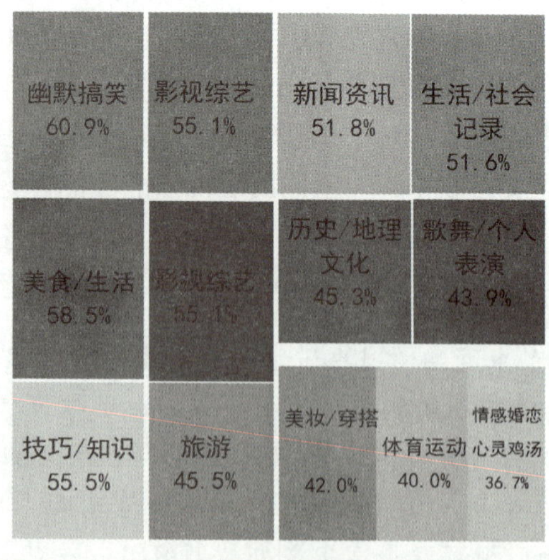

图 7－16　2019 年中国短视频用户内容时长偏好

3. 广告植入，润物细无声

广告可以分为硬广告和软广告。硬广告是指直接介绍商品、服务内容的传统形式的广告，如通过刊登报刊、设置广告牌、电台和电视台播出等进行宣传，具有传播速度快、商业味道浓、被接受程度低、广告投入成本高等特点；软广告是指广告主并不直接介绍商品、服务，而是通过在报纸、杂志、网络、电视节目、电影等宣传载体上插入带有主观指导倾向性的文章，如特定的新闻报道、深度文章、付费短文广告、案例分析、视频短片，或通过赞助社会活动、公益事业等方式来达到提升广告主企业品牌形象和知名度，或促进广告主企业产品销售的一种广告形式。

软广告和硬广告的差别在于，软广告并不直接坦明是广告，具有隐藏性，用较少的投入，吸引潜在消费者的眼球，提高产品的美誉度，在软文的潜移默化下，达到产品宣传推广目的，引导消费群购买。而硬广告是纯广告，不掺杂于其他主体中，硬广告由于广告内容明显很难得到大规模转发，除非内容价值大到可以抵消用户对广告的反感，这种价值可以是深度或娱乐的，但因每个人的价值点不一样，所以很难做到一个所谓的最高价值视频。那么最好的方式就是植入巧妙、润物细无声的软广告。

4. 视频制作，严格控制时长

随着生活节奏加快，碎片化内容得以有效填补用户的休闲娱乐内容的消费，同时用户注意力也进而降低。在内容时长上，用户更喜欢观看 1 ~ 3 分钟的短视频，相比 30 秒到一分钟的短视频更具有内容浓度，同时也在用户注意力时限的合理范围内；而 3 ~ 5 分钟内容过长，对剧情节奏等要求较高，用户接受程度一般。时间太长容易让观众分心走神，导致根本看不到结尾就关掉（见图 7 – 17）。

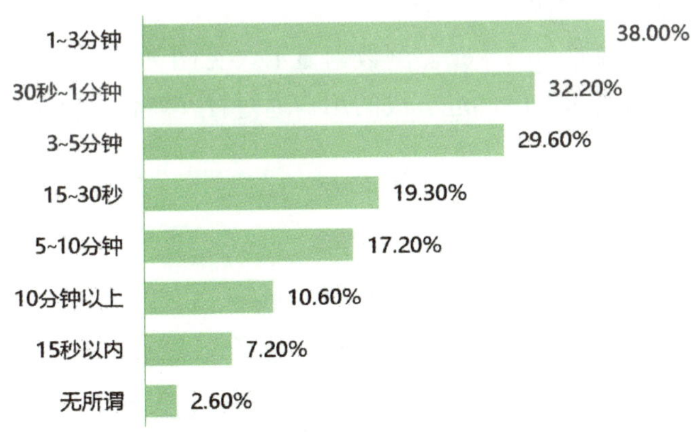

图 7 – 17　2019 年中国短视频用户内容时长偏好

5. 视频发布，把握发布时间

据 2019 年 11 月艾瑞 Usertracker 监测数据显示，用户使用短视频产品普遍集中于睡前、间歇场景，与使用时间相对应，18：00—22：00 是短视频产品使用最多的时间，同时 12：00—14：00 午休时间也分担了一部分使用时间（见图 7 – 18）。从营销角度来看，高峰使用时段代表用户的需求集中时段，此时短视频企业的营销信息投放将更容易被用户看到，扩充用户在碎片化消费时段中的产品选择空间，有效提升营销效果。鉴于

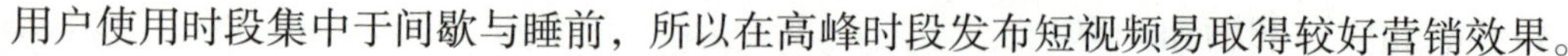
用户使用时段集中于间歇与睡前，所以在高峰时段发布短视频易取得较好营销效果。

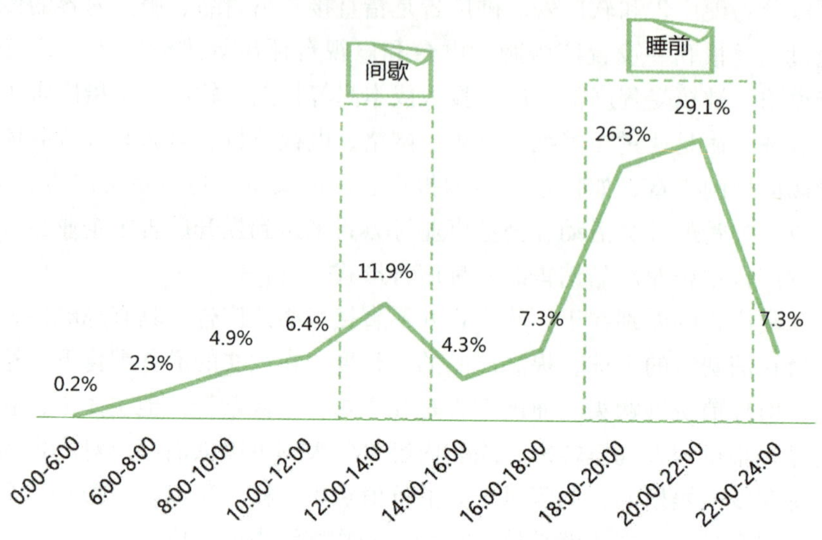

图 7－18　2019 年中国短视频用户使用时段分析

（资料来源：艾瑞咨询 2019 年中国短视频企业营销策略白皮书。）

6. 推广宣传，注重标题和封面

标题和封面决定了短视频的点击率。每天我们都会收到各种各样的网络信息，决定我们是否会打开一条信息的关键是标题，所以短视频的标题一定要关键字明显，能击中用户痛点或者吸引用户眼球；封面也要能引发用户的兴趣。

7. 推广渠道，偏好社交媒体

据 2019 年 11 月艾瑞 Usertracker 监测数据显示（见图 7－19），从触达渠道上来看，得益于当下社交媒体的快速发展，近五成的用户通过社交媒体、熟人推荐、搜索引擎的

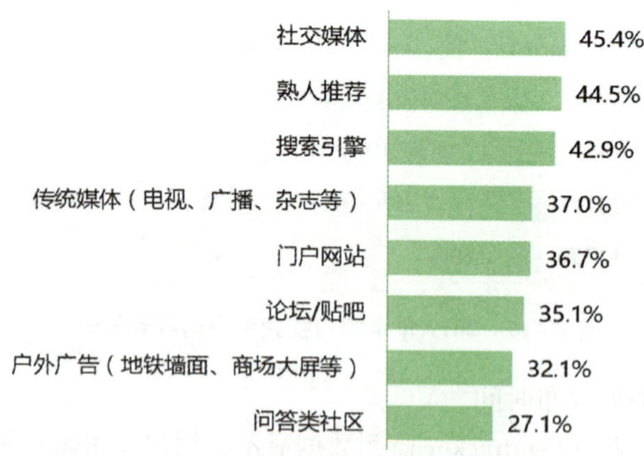

样本：N=1000，于2019年11月通过艾瑞Click社区调研获得。

图 7－19　2019 年中国短视频用户广告渠道偏好

方式了解短视频。社交媒体用户黏性与沉浸式广告使其成为最为有效的用户广告投放渠道，而熟人推荐作为自发性口碑传播，具有较好的说服力。

步骤三：评估短视频推广效果

短视频营销取得的效果如何，我们可以从以下几个要素进行分析：

1. 短视频播放量

短视频在平台或者网站上发布后，经过一段时间可以看到短视频的播放量，这个数据可以大致判断短视频营销效果，数据越大说明短视频越受欢迎。

2. 用户观看反应

当在抖音或快手上打开一个短视频观看后，用户如果觉得这个视频比较好，可能会进行点赞、评论或转发，抖音视频右下角有点赞量、评论量、转发量，相比播放量，这几个数据更能反映视频营销的效果（见图 7－20）。

图 7－20　抖音播放界面

3. 行动影响程度

行动影响程度是指用户在观看视频后会衍生出一系列与短视频相关的行为，如下载、转发分享、导向网站、看后主动搜索。这些数据更能深度体现短视频营销的效果。

4. 利用数据工具深入分析短视频营销数据

下载、转发分享等数据需要专业的数据分析网站进行采集。在短视频生态里，主要玩家可以分三类：广告主、账户主和流量主。无论是流量的收割者，还是流量的生产者，都需要了解如何通过数据分析，实现推广或者涨粉的目的。

广告主：拥有自己的产品、品牌和资金，他们是短视频流量的收割者，需要了解如何利用数据分析筛选带货达人，制定有效的投放计划提升收益。

账号主：在了解自己账户数据情况的同时，也要分析其他账户涨粉和变现的方式。

流量主：主要是二类电商用户，需要寻找高佣金商品，提升流量回报也离不开短视频的数据分析。

在知识准备中，我们提供了三种数据采集的工具：抖抖侠、飞瓜数据、蝉妈妈，当然还有其他的分析工具如表 7－5 所示，大家可以上网搜索。

表 7－5　五种短视频数据分析工具对比

工具	支持平台	主要功能	费用	适用范围
飞瓜数据	抖音/快手	热门素材	免费版 0 元	主要解决抖音带货（自己带还是找网红带）的问题分析，功能很全，且分析维度细。
		播主查找	高级版 399 元/月	
		数据监测	豪华版 1299 元/月	
		电商分析	专业版 4399 元/月	

续表

工具	支持平台	主要功能	费用	适用范围
卡思数据	全平台	榜单查询	免费版 0 元	主要解决大品牌用户的商业投放、舆情监控和官方号运营
		电商带货	基础版 12.58 万元/年	
		创意洞察	高级版 19.98 万元/年	
		品牌追踪	超级版 57.58 万元/年	
抖大大	抖音	商品榜单	免费版 0 元	以抖音电商分析为主，免费用户可以使用部分功能
		电商视频	VIP 299 元/月	
		电商达人	SVIP 598 元/月	
		热门店铺		
Toobigdata	抖音/快手	达人数据	399 元/月	查询数据丰富，满足基本的数据分析需求。缺点是无法查看实时的数据
		视频数据		
		带货数据		
新榜抖音排放榜	全平台	排行榜	免费	公众号起家，抖音部分功能过分简陋，实用性差
		账号回采	15 元/号	

飞瓜数据拥有投放账号的监测功能（见图 7－21），添加监测账号后，确定监测时段，可以查看投放情况的数据波动情况（见图 7－22）。抖音由于其算法的特殊性和官方的严打，刷量的情况比较少（但不完全排除）。投放监测除了可以协助判断是否刷量外，更重要的用途是，通过转评赞增长曲线，判断是否有爆的趋势。飞瓜数据的电商分析模板，可以通过各个维度查看最热门的商品，如图 7－23 所示。

播主		新增作品数	新增粉丝	新增点赞	新增转发	新增评论
	今日	0	2.9w	23.2w	1527	1294
	昨日	1	12.2w	88.0w	6244	5952
合计	今日	0	28586	232041	1527	1294
	昨日	1	12.2w	88.0w	6244	5952

图 7－21 飞瓜数据查询某抖音账号的数据

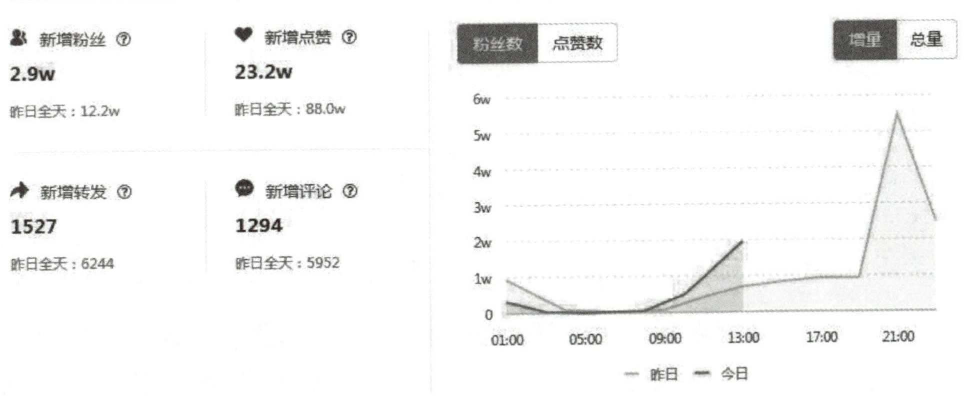

图 7-22　飞瓜数据查询某抖音账号的新增粉丝数量

最新　最热　　□ 关联商品视频　□ 屏蔽已删除视频

视频热度	视频标题	点赞	评论	转发	时长	发布时间	更新时间	操作
30.3	每逢佳节胖三斤，.. 热词：图	69.5w	5452	3635	79s	2020-02-04 19:40:18	2020-02-05 16:36:01	
30.3	万万没想到，还是.. 热词：大	70.8w	4468	2518	93s	2020-02-02 13:17:44	2020-02-05 16:36:01	
28.4	已删除或 我妈为了..	41.5w	3758	1107	76s	2020-01-31 14:01:52	2020-01-31 19:03:19	
29.6	万万没想到，我妈.. 热词：街	57.8w	4284	2538	76s	2020-01-31 17:51:52	2020-02-05 16:36:01	
55.4	万万没想到，我妈.. 热词：视	148.6w	7721	4102	76s	2020-01-29 13:48:56	2020-02-05 16:36:01	

图 7-23　飞瓜数据查询某抖音账号的带货情况

实战演练

实训目的： 通过实训，能将自己拍摄的短视频和同类型的短视频进行对比，并进行优化；能够使用数据分析工具对短视频进行分析。

实训要求： 学生以小组为单位完成实训任务，在实训过程中充分讨论，得出一致结论。

实训 1： 请选择抖音 App，注册账号，并发布短视频。

实训 2： 一周后查看短视频的播放量，并在表 7-6 中记录相关数据；搜索同类型的短视频，找出点赞量最多的一个视频，并记录数值。

表 7－6　　与同类短视频对比

你的短视频		同类型的短视频	
类型	数值	类型	数值
播放量		播放量	
点赞量		点赞量	
转发量		转发量	
评论量		评论量	

实训 3：注册飞瓜数据账号，输入上题搜索到的最多点赞量的抖音账号，查看该账号的具体数值，记录相关数值，然后对比自己的短视频内容，思考有哪些可以改进的地方。

实训 4：查看该抖音账号有无带货销售，并在飞瓜数据中查看销售数值。

项目评价

表 7－7　　学生学习评价表

序号	知识点	评价标准	学生自评		教师评价	
			达标	未达标	达标	未达标
1	短视频的概念	能够理解并复述概念				
2	短视频的八种类型	能够说出八种类型，并举例				
3	短视频营销的概念	能够理解并复述概念				
4	优质短视频的特征	能够举例解说优质短视频的特征				
5	短视频拍摄构图方法	能够举例说出至少五种构图方法				
6	短视频应用热门 App	能够说出至少三个热门 App				
序号	技能点	评价标准	学生自评		教师评价	
			达标	未达标	达标	未达标
7	短视频营销发展趋势	能够分析短视频发展营销趋势				
8	短视频定位	能够在拍摄前定位短视频内容				
9	短视频内容收集	能够利用不同的平台收集短视频素材				
10	短视频分镜头脚本	能够设计短视频分镜头脚本				
11	短视频拍摄步骤	能够根据步骤拍摄短视频				
12	短视频拍摄运镜技巧	能够在拍摄短视频时使用不同的运镜技巧				
13	短视频剪辑	能够使用 App 剪辑短视频				
14	短视频推广	能够使用不同平台发布推广短视频				
序号	素质点	评价标准	学生自评		教师评价	
			达标	未达标	达标	未达标
15	创新意识	能够在制作短视频时创新内容和形式				
16	协作精神	能够和团队成员协商，共同完成实训任务				
17	资源整合能力	能够借助网络搜集素材，在各个不同平台推广短视频，使用数据分析工具分析推广效果				

思考练习

一、简答题

1. 什么是短视频？短视频的类型有哪些？
2. 优质短视频具有哪些特征？
3. 短视频营销有哪些优势？
4. 短视频推广渠道有哪些？
5. 在短视频制作中分镜头脚本的作用有哪些？

二、论述题

寻找一个短视频营销的企业案例，分析其短视频拍摄分镜头脚本。

三、案例分析

2018 年 2 月，一则根据真实故事改编的短视频广告片刷爆了朋友圈，片名叫《三分钟》。短片的主人公是一位平凡的母亲，同时也是一位列车乘务员，在南宁到哈尔滨的列车上工作，行程很长，一走就是 6 天。因为春节值班，妈妈连着好几年春节都是在车上度过的，也因此错过了和儿子一块过年的机会，只能将儿子托付给妹妹照顾。这一次，孩子打算趁着过站 3 分钟的空隙，在站台和妈妈见上一面。

列车上都是返乡人，人人脸上洋溢着喜气。列车临近靠站了，从一举一动上，能看出妈妈的激动和紧张。当列车进站停稳，画面开始进入了 3 分钟的倒计时。人山人海的站台，上车下车的人流，近在咫尺四目相对……然而独处时间还剩不到 2 分钟。一个拥抱之后，剩下短短的 1 分多钟，儿子并没有泛着泪花说想念，而是做了一件让所有人都意外的事——背诵九九乘法表。

妈妈看着儿子一张一合的小嘴，突然想起上次离开儿子时说的“如果还是记不住乘法表，就不能上我们镇上的小学，就更见不到妈妈了”。短短的 3 分钟，就这样的过完了。片尾放出了一张张普通人在站台上相拥、亲吻、欢笑的团圆照片。短短 3 分钟短片，让很多人都泪流满面。春节将至，不能与家人团聚的海外游子们可能更有感触吧……除了感人的情节，不少人更是感叹，陈可辛用 iPhoneX 就拍出了这么好的影片。

思考：

1. 请问这个短视频的主题是什么？为什么会刷爆朋友圈？
2. 广告投放的时间是什么时候？为什么要选择这个时间段投放呢？
3. 成功的短视频营销案例具备哪些特点？

项目八

玩转其他方式网络营销

学习思维导图

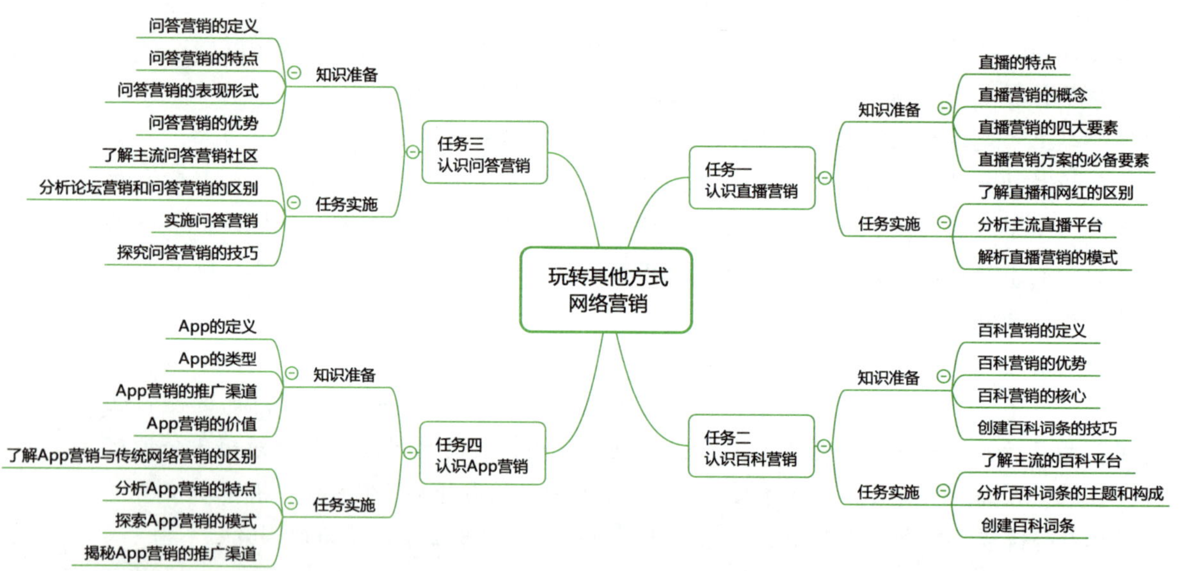

素质目标

☐ 树立学生创新意识、创新精神，能尝试在网络营销活动中推出新思路

☐ 培养学生活动组织策划能力，能在教师指导下策划一种网络营销活动

☐ 培养学生团队合作精神，小组能协调分工完成任务

知识目标

☐ 了解直播和网红的区别

☐ 了解直播营销和短视频营销的区别

- □ 理解直播营销的四大要素
- □ 熟悉直播营销的模式
- □ 了解百科营销和问答营销的主流平台
- □ 了解百科营销和 App 营销的特点
- □ 了解 App 营销与传统网络营销的区别
- □ 理解 App 营销的模式

能力目标

- □ 能根据推广目标找到合适的直播平台
- □ 能策划直播活动方案
- □ 能策划百科营销实施方案
- □ 能在百科平台创建词条并通过审核
- □ 能根据推广要求策划 App 线下推广方案
- □ 能在问答平台注册账号并回答问题

任务一　认识直播营销

案例导入

2016 年可谓是直播平台爆发元年。一夜之间“直播 + 营销”成为各大品牌营销模式新“标配”。直播满足了当下新一代社会主力“90 后”“00 后”“求关注”“渴望”“想火”的社交诉求，火爆的发展态势也成功吸引了各大品牌主的目光。

诸多的直播平台相继涌现，其中以游戏直播、秀场直播、体育直播最为火爆。在游戏直播中，诞生了斗鱼、虎牙等平台；在体育直播中，诞生了诸如直播吧、风云直播、乐视体育、章鱼 TV 等平台；而在真人秀场直播中，竞争最为惨烈的当属映客、花椒等。

2016 年在网红直播界也发生了几件被广为传播的事件，更是奠定了直播营销在营销领域的地位。《百鸟朝凤》事件可以说是一个网红直播营销事件。该影片义务宣发方负责人方励 5 月 12 日在某直播平台跪求排片方增加放映场次。方励下跪直播视频一出，电影《百鸟朝凤》立刻引起关注，口碑评分直升，一改原本无人问津的局面，排片也在逐日增加，无论是在公交上还是地铁上，凡是有电视有广播的地方，都能听到关于此事件的议论和对该电影的评论，15 号单日票房 900 万元，上座率为同档期的第一名。该案例成为直播营销的经典案例之一。

（资料来源：人人都是产品经理，https：//www. sohu. com。）

思考：

1. 什么是网络直播？什么是直播营销？
2. 直播营销与其他网络营销方式相比，有哪些优势？

任务描述

根据快手官方发布的信息，2020 年春晚直播期间，全球观众参与红包互动累计次数达到 639 亿，创造春晚史上最大的视频点赞纪录。同时，快手春晚直播间累计观看人次 7.8 亿，最高同时在线人数 2524 万，可谓是在媒体融合的大趋势下进行了又一次创新。作为直播的主流平台，抖音和快手的竞争日趋白热化。不管在哪个平台，形式在变，但观众追求优质内容的出发点永远不会变。谁能持续生产优质内容，谁能提供最佳用户体验，谁就会在残酷的竞争中胜出。

直播的即时性、互动性和为用户带来的现场感、立体感、体验感等真实的感觉都能带来超越传统营销模式的营销效果。但在直播平台泛滥、人人都是主播的背景下，如何做好直播营销，为公司的品牌宣传或事件营销吸引更多的流量却并非易事。我们首先要了解直播及直播营销的概念、特点、直播策划的技巧及直播营销的模式，才能更好地进行直播营销。让我们一起走进直播营销的世界。

知识准备

一、直播的特点

1. 即时性

直播与事件的发生、发展进程同步，用户可以在第一时间看到现场。

微课：直播营销

2. 移动性

随着移动设备的更新和互联网技术的进步，人们逐渐从 PC 端和电视机看直播节目转向在移动设备端收看直播。

3. 真实性

在直播过程中，主播和用户之间通过移动设备可以即时连接，没有任何后期的加工。在直播营销时，主播也会将商品完全展现给消费者，让消费者可以清晰地了解到商品的款式、形状、功能、颜色等基本信息，从而决定购买与否。

4. 互动性

直播过程中，主播与用户之间可以进行互动，主播即时回答用户提出的问题，用户可以从主播的回答中得到真实的反馈，相较于图文营销，直播营销的互动性更能促进变现。

直播和短视频各有千秋，其区别点如图 8-1 所示。

二、直播营销的概念

据百度百科定义，直播营销是指在现场随着事件的发生、发展进程同时制作和播出节目的营销方式，以直播平台为载体，达到企业获得品牌的推广或销量增长的目的。直播营销的特征是以营销为目的、以直播为方式、以线上为平台。由于移动智能设备的更新，网速宽带流量的提升，直播的参与门槛降低以及内容多样化，使得未来直播营销将成为每一种产品营销的标配。近年来，直播用户规模稳定增长（见图 8-2）。

新兴新媒体营销形式对比分析

	直播	短视频
传播性	较难以二次传播	时间短，内容精简，干货多，短时间内能展现更多元的信息。剪辑好的趣味性短视频容易形成爆款。传播性强，能有效触达目标人群
即时性、互动性	即时性、互动性较强，观看回放时不再具有互动功能	即时性、互动性较弱
场景限制	不具备碎片化随时随地观看的特征，在公众场合上，一般很少人会看整段网红直播	可以看回放，可以随时随地利用碎片化的时间观看
平台的商业操作空间	三种变现模式：打赏、广告植入、电商导购	三种变现模式：广告、会员收费、品牌植入。
未来前景	变现周期长，产出投入不对等，投资回报率相对较低	投资回报率较高

数据来源：iiMedia Research（艾媒咨询）

艾媒报告中心：report.iimedia.cn　©2019 iiMedia Research Inc

图 8－1　直播与短视频的区别

2019年中国新媒体用户规模稳定增长

艾媒咨询 iiMedia Research

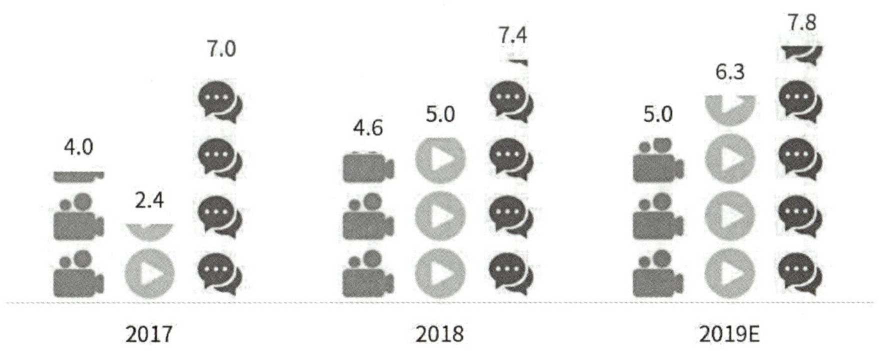

数据来源：iiMedia Research（艾媒咨询）

艾媒报告中心：report.iimedia.cn　©2019 iiMedia Research Inc

图 8－2　2017—2019 年中国新媒体行业不同领域用户规模及预测　（单位：亿）

三、直播营销的四大要素

基于互联网的直播营销，通常包括场景、人物、产品、创意四大要素。

场景：企业需要为直播搭建销售场景，让观众仿佛置身其中。

人物：主播或嘉宾是直播的主角，主播的定位需要与目标受众相匹配，并友好地引导观众互动、转发或购买。

产品：企业产品需要巧妙地植入主持人台词、道具、互动之中，从而达到将企业营销软性植入直播之中的目的。

创意：网民对于常规的“歌舞晚会”“朗诵直播”等已经审美疲劳，新鲜的户外直播、互动提问、明星访谈等，都可以为直播营销加分。

四、直播营销方案的必备要素

在网络营销中，任何一个直播活动都有其目标。要想达到预期目标，前期需要策划直播营销方案，完整的思路设计是直播营销的灵魂。直播营销方案的作用是传达，主要包括直播目的、直播简述、人员分工、时间节点、预算控制五大要素。

直播目的：通过直播活动需要完成的销售目标、提升的口碑、现场预期到达的观众等。

直播简述：包括人物、地点、时间、事件，如 2019 年 11 月 1 日，长城汽车集团邀请某明星在直播间与和汽车行业 KOL 闫某合作直播销售长城汽车。

人员分工：直播过程中按照各环节对人员进行分组如道具组、渠道组、内容组、摄制组等。

时间节点：直播的整体时间节点，让参与者对直播的流程有直观印象。

预算控制：直播活动的整体预算。

任务实施

步骤一：了解直播和网红的区别

一说起直播，大家不由自主地会想到“网红”。2020 年春节，全国中小学学校由于新冠肺炎疫情不得不延迟开学，很多教师在家开始了网络直播，他们在朋友圈里也纷纷调侃自己一不小心成“网红”了，那么网红和直播有什么区别呢？

网红即“网络红人”，是指具有个性化魅力的个人，借助各种互联网媒介（社交平台、视频平台等），在与网民的互动过程中，因为某个事件或者某个行为吸引大批粉丝关注从而走红的人。

知识拓展

网络红人与 IP

网络红人 1.0 时期，网络文学作者是网络红人，如《第一次的亲密接触》的作者“痞子蔡”，《七月与安生》的作者“安妮宝贝”，《武林外传》的作者“宁财神”，《悟空传》的作者“今何在”等。

网络红人 2.0 时期，通过充满个性的图片或视频展示自我的人，受到网民的追捧，成为网络红人。如通过网络传播自制短片风靡一时的“叫兽易小星”，在水木清华和猫扑等论坛上传夸张照片而成为红人的“芙蓉姐姐”，因为一系列的言论及照片而备受关注的“罗玉凤”等。

网络红人3.0时期，在人际传播网络中经常为他人提供信息的KOL，如“微博女王”姚晨、北京普思投资有限公司董事长王思聪等。

IP即Intellectual Property，直译是知识产权，它可以是一个故事、一种形象、一件艺术品或一种流行文化，也指适合二次或多次改编开发的影视文学、游戏动漫等。

网络红人4.0时期，网络红人进入IP时代，其变现能力显著提升。通过互联网分享生活、传授知识/经验等的个人都有机会成为网络红人。如自媒体视频脱口秀《罗辑思维》主讲人罗振宇、在线教育领域“秋叶大叔”，凭借原创视频走红的“Papi酱”等。

直播，是指在事件发生的过程中，同步进行录制和发布，是一种具有双向流通过程的网络发布形式。直播是一种新的信息传递媒体，也是一种实时互动社交的模式，用户与主播、用户与用户之间的交流实时化、扁平化、平等化、社交化，更是一种全新的营销模式，个人和企业都可以通过直播来推广产品或服务。与文字、图片、语音相比，直播难以伪造，用户体验更加真实。

直播是一种与网民实时互动的模式，网红是由于网民的关注而走红的人物，网红可以通过直播产生，也可以通过其他网络社交媒体产生。

随着5G（第五代移动通信技术）网络的普及和用户观看直播视频习惯的养成，移动直播在其他领域如在线教育、活动直播、电商导购等领域的发展前景广阔。移动直播强调实时沟通和互动，具有更强的社交属性。

【想一想】

1. 你熟悉的IP有哪些？因这些IP而走红的网红分别是谁？
2. 网红与直播之间具有什么联系？

微课：直播主流平台分析

步骤二：分析主流直播平台

艾媒咨询数据显示，2020 年中国在线直播用户规模将达到 5.24 亿人（见图 8－3）。目前，针对个人的直播平台种类繁多，涵盖了电商直播、生活类直播、游戏直播等，观看直播已经成为人们的上网习惯之一。

艾媒咨询 iiMedia Research

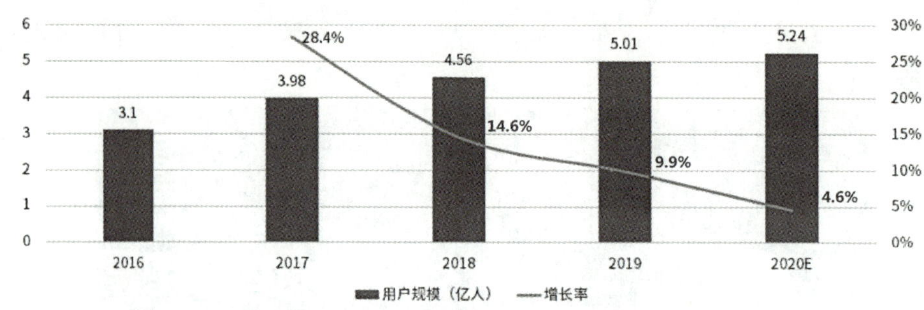

数据来源：艾媒数据中心（data.iimedia.cn）

艾媒报告中心：report.iimedia.cn ©2020 iiMedia Research Inc

图 8－3　中国直播电商发展现状及大数据检测分析

根据受众的不同，直播平台分为针对个人的 C 端直播和针对企业的 B 端直播（见图 8－4）。C 端直播的内容更倾向于娱乐化；B 端直播专门为中小企业提供商务活动直播，对接各种企业的商务发布会、沙龙、座谈、讲座、教育培训直播等。本任务主要阐述 C 端直播平台。

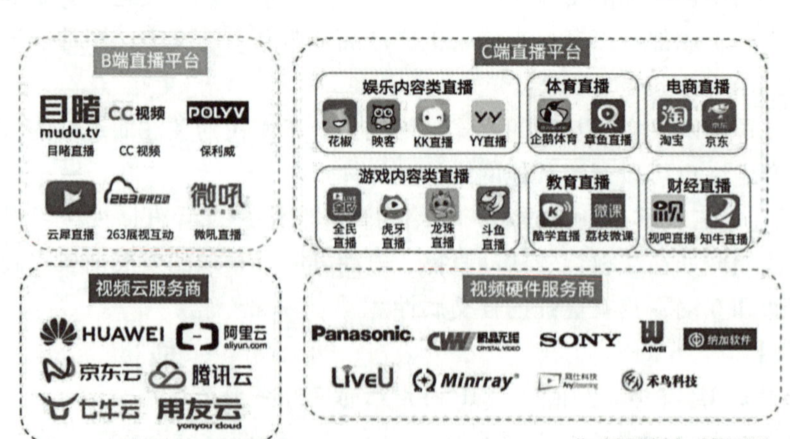

图 8－4　中国在线直播平台图谱

C端直播的平台类型有很多，根据其主打内容的不同，可以分为五大类型，如图8－5所示。

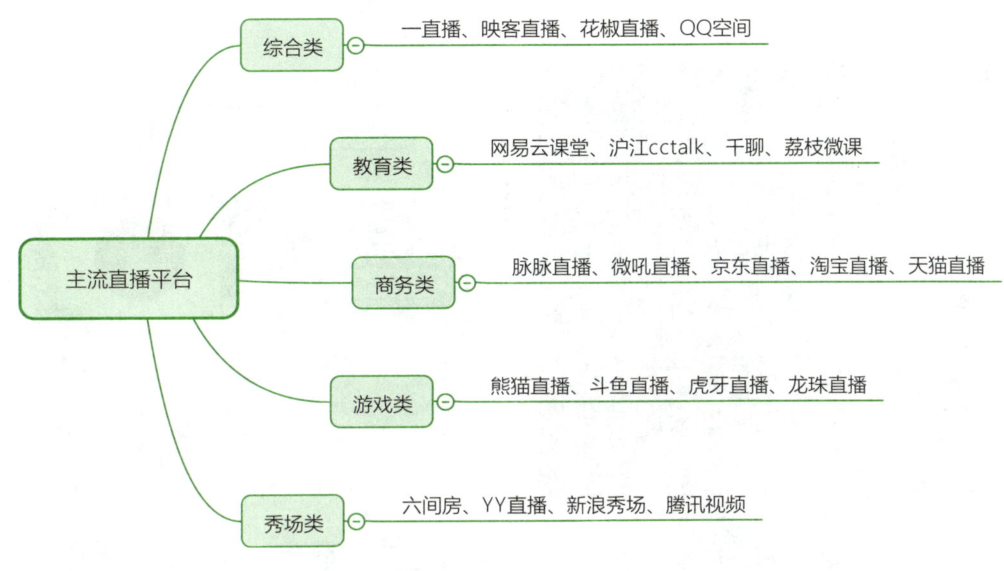

图8－5　主流直播平台

1. 综合类直播平台

综合类直播平台是指平台内包含较多直播类目，如游戏直播、户外直播、校园直播等。主流的综合类直播平台有花椒直播、映客、一直播等。

花椒直播平台利用“明星＋主播”的形式，请明星助阵、对明星专访、让明星做主播，如通过“海豚音公主张靓颖的专访直播”“宋仲基空降花椒”等活动，迅速占领了移动直播的一部分市场。

映客直播是一款与时下年轻人崇尚的极简主义相匹配的直播平台，一键开启直播是其最大的特色，映客直播平台与音乐人、综艺节目、明星合作。

一直播是一下科技旗下产品，作为微博的直播战略合作伙伴，其运营形式与微博的“明星带动用户”策略相似。所有微博用户都可以通过一直播在微博内直接发起直播，也可以通过微博直接实现观看、互动和送小礼物等功能。

2. 教育类直播平台

相比于传统的以视频、语音、PPT等形式为主在线教育平台，教育类直播平台的优势是互动性强，可以实时答疑与讲解。网易云课堂、沪江cctalk等平台是在原有在线教育平台的基础上增加直播功能；而千聊、荔枝微课、伯索云学堂等平台则属于独立开发的教育直播平台。较典型的教育类直播平台是网易云课堂。网易云课堂的直播课程目前属于邀请制，以确保直播课程的质量。

3. 商务类直播平台

商务类直播平台具有更多的商业属性，直播活动都带有营销目的。利用商务类直播平台，企业可以尝试以更低的成本引导观众下单产生交易。如京东直播（见图8－6）、淘宝直播（见图8－7）是构建在京东生态、淘宝生态上面使用直播技术全面展示商品，即时答复消费者咨询的新消费场景。主播以对产品的知识和经验挑选商品，以专业度赢得用户信赖，以特色、技能和人气获得商家青睐。目前，淘宝直播平台主播数量过多，市场趋于饱和。加入直播的门槛抬高，拥有 2 万粉丝的店铺号才能直播。

图 8－6　京东直播界面　　　　图 8－7　手机淘宝直播入口

4. 游戏类和秀场类直播平台

游戏类直播平台主要是针对游戏的实时直播平台，目前属于游戏类的直播平台有斗鱼、虎牙等。秀场直播从 2005 年开始兴起，是主播展示自我才艺的最佳形式，观众在秀场直播平台浏览不同的直播间，类似于走入不同的演唱会或才艺表演现场。

C 端直播平台竞争异常激烈，随着平台的不断转型发展，很多平台逐步由单一领域向众多领域拓展。

【找一找】

1. 你知道 2019 年有哪些经典的直播营销案例吗？它们分别在哪些平台上进行直播？

2. 教育类的直播平台有哪些？它们各自有哪些特点？

3. 直播营销与短视频营销各有特色，请思考表 8－1 中的营销场景哪些适合采用直播营销或短视频营销呢？

表 8－1　　直播营销与短视频营销适应场景

场景	直播营销	短视频营销
品牌宣传		
产品推广		
公益广告		
招商引资		

步骤三：解析直播营销的模式

艾媒咨询数据显示，2018 年制造业、医疗、教育、房产、金融企业直播用户占比分别达 13.5%、13.6%、14.7%、12.3%、12.1%。艾媒咨询分析师认为，在直播模式商品转化高的背景下，各行业逐渐开始尝试运用直播进行营销推广，“直播＋”模式将碎片化与即时互动相融合，为行业内容赋能新价值，拉动行业及自身平台增长（见图 8－8）。

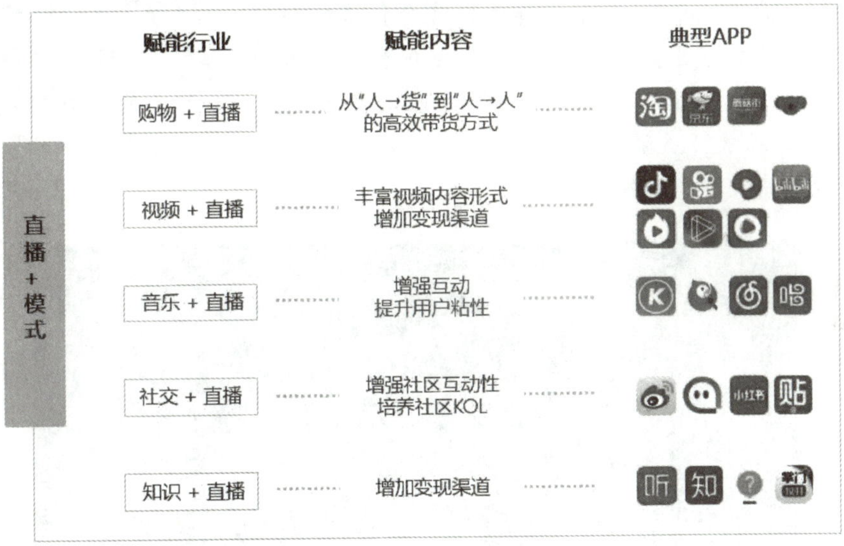

Source： QuestMobile 研究院 2019年12月

图 8－8　“直播＋”模式

在移动互联网背景下，直播逐渐成为企业或商家进行品牌推广或产品销售的重要营销模式。目前常见的直播营销模式有 6 种，这些模式可以独立应用，也可以进行组合成为综合应用模式。当然，新的直播营销模式也会随着玩法的迭代而层出不穷。

模式一：“直播＋电商”

“直播＋电商”是直播最常见的模式之一，电商平台内商家为让用户对所售商品有更直观、全方位的了解，纷纷通过直播模式展示商品或其使用方法等。天猫、京东、拼多多、苏宁易购等电商平台纷纷借助直播的势能为自己带来新的增长点（见图 8－9）。

图 8－9　淘宝某主播直播现场

2019 年以来，直播电商开始成为消费者口中热议的话题，“口红一哥”李佳琦创造出 5 分钟卖出 15000 支口红的记录，成为泛美妆品类最强势的渠道品牌之一；“直播一姐”薇娅在 2018 年收获了 27 亿元销售额，与北上广深一线城市顶级商圈的销售业绩相比也毫不逊色。

艾媒咨询数据显示，2019 年“双 11”全天淘宝直播带动成交近 200 亿元，其中，亿元直播间超过 10 个，千万元直播间超过 100 个。“双 11”启动仅 63 分钟，淘宝直播带动的成交额就超 2018 年“双 11”全天的成交额。2019 年，中国直播电商行业的总规模达到 4338 亿元。

模式二：“直播＋发布会”

直播平台成为品牌推广新品打进市场的一大入口。发布会结合电商等销售平台，可将直播流量直接转化变现。

2017 年 5 月 9 日，锤子科技举行 2017 春季新品发布会，发布新品坚果 Pro，选择京东作为战略合作伙伴和独家首发平台。“让京东直播在新品发布会众多直播媒体中，抢夺更大曝光同时吸引用户购买”是此次直播营销的目标。当晚在线观看人数最终达到 51.9 万人次，点赞超过 450 万人次，创造了当年除“6·18”“双 11”等大型活动以外观看直播人数的新纪录。

图 8－10　锤子科技发布会直播

模式三：“直播＋互动营销”

直播与社交平台结合，吸引社交平台流量参与线上直播活动，同时通过直播进行反哺，引起社交平台粉丝热议。借助“直播＋互动营销”可尝试线上线下配合，招募粉丝亲身参与直播，满足大众猎奇心理。在直播中通过用户参与互动的环节加入营销，起到信息的双向交流传播作用，加深用户对品牌的印象。

2017 年，六神清凉趴直播主要围绕劲凉 CP 产品、品牌主张、明星代言人三大核心进行了一场有内容、有趣的直播活动（见图 8－11）。六神邀请了当下极具个人特色的主持人张某和明星代言人华某搭档，一同与粉丝直播互动，并通过现场两人的访谈、游戏、砸冰蛋等不同互动内容，不断掀起直播高潮。

图 8－11　六神邀请某明星的直播互动营销

模式四："直播＋内容营销"

直播营销内容为王，新颖新奇的内容是直播营销事件脱颖而出的关键。选择合适的目标人群并针对目标人群的基本属性、特征偏好策划直播内容，可以更有针对性地开展直播。

2018 年 10 月 10 日，华为全联接大会 2018 在上海世博中心开幕。华为以企业电视台的运作方式，通过直播方式为网民呈现直播峰会论坛、分论坛及展区专访等大会精彩内容，如图 8－12 所示。

图 8－12　2018 年上海世博中心华为全联接大会

模式五：“直播 + 广告植入”

这是颠覆传统广告刻意而为之的方法，在有趣的直播场景下，主持人可以配合观众的直观评论感受，自然而然地进行产品和品牌的推介，不知不觉激发受众的购买心理。

华为策划了以年轻人的喜好为出发点，突出炫酷时尚的风格，分别策划深受年轻人喜欢的冲浪、滑雪、花式自行车、攀岩、DJ 涂鸦、点唱会等直播营销活动，并以“怎么玩都型”为主题，贯穿六场直播活动（见图 8－13）。直播镜头从主播出发开始，主播打开任务盒后出现华为 P9 手机和防晒补水护肤品，同时附带一张任务卡，主播需要按照任务卡的描述开始行动，接受任务并挑战任务的形式使直播更接近于一场综艺节目，增加节目看点的同时将产品软性植入。

图 8－13　华为 P9 户外直播营销

模式六：“直播 + 个人 IP”

直播平台成为“网红”经济的一个有力出口，为以“个人”为单位的网络主播提供更广阔的粉丝平台。

2019 年“双 11”期间，汽车销售也走进直播时代（见图 8－14）。11 月 1 日，某主持人在直播间和汽车行业某 KOL 合作，长城汽车集团收获的直接引导加购数量达到了 200 多台。

图 8-14　2019 年"双 11"某主持人直播卖车

实战演练

实训目的：通过实训，能够分析直播营销四大要素，能够对主流直播平台进行对比分析，并尝试策划一次直播活动方案。

实训要求：学生以小组为单位完成实训。在实训过程中充分讨论，得出统一结论。

实训 1：搜索"口红一哥"直播卖口红的案例，分析直播营销的四大要素：场景、人物、产品和创意。

实训 2：与花椒直播、映客直播、一直播等平台相比，抖音和快手 App 有什么不同？

实训 3：小组讨论直播主题，然后根据五个要素策划直播方案。

任务二　认识百科营销

案例导入

晓玲："依依，你听过'外事不决问谷哥，内事不决问度娘'这句话吗？"

依依："听过啊，这句话意思是如果想查外文资料可以搜 Google，如果想查中文资料可以搜百度。"

晓玲："那就是和我听过的'有事问度娘'一样了，Google 和百度为什么这么厉害啊？"

依依："是啊，Google 和百度是全球知名的搜索引擎。其中，百度是全球最大的中文搜索引擎及最大的中文网站，旗下包含网页搜索、地图、图片、文库、百科、知道等栏目。"

晓玲："这么丰富啊，什么是百科呢？和我们小时候看的百科全书一样吗？"

依依："百度百科是一个内容开放、自由的网络百科全书平台，目的是想创造一个涵盖各领域知识的中文信息收集平台。"

晓玲：“那百度百科里面的信息资料是谁写的呢？”

依依：“百度百科强调用户的参与和奉献精神，充分调动互联网用户的力量，汇聚上亿用户的头脑智慧，积极进行交流和分享。所以，我们也可以编写词条，但是要通过平台审核才能发布。”

思考：

1. 打开百度百科，查看百度百科的分类有哪些。
2. 打开百度百科，输入“快手”，记录其发展历程及产品特色。

任务描述

百科营销，是向大众传播新的百科知识以及该新知识对他们生活的影响，通过科普宣传，让消费者不仅知其然，而且知其所以然，重新建立新的产品概念，进而使消费者萌发对新产品的需要，达到拓宽市场的目的。

百科营销中的词条具有权威性，网民的信任度高，所以，百科词条的编辑至关重要，但并不是所有的行业都适合做百科营销。我们首先要了解百科营销的概念、优势、适用的行业及运营步骤，才能更好地进行百科营销。

知识准备

一、百科营销的定义

百科营销，是借助百科知识的传播，当受众想要了解某个百科知识的时候，有针对性地将企业提供的行业知识、服务内容、产品信息、经营理念、企业文化、活动等信息传递给这个潜在用户，并促进潜在用户对企业品牌和产品的认知，通过百科的权威性和精准度将潜在用户最终转化为用户的过程和各种营销行为。

微课：百科营销

百科营销主要是通过词条进行宣传。词条指的是对于单一事物内容的介绍，例如人物、事件、物体等。每个词条都有属于自己的名称，用户可以通过搜索词条的名称来找到它们。例如，百度百科规范的词条名是一个专有名词，可以是正式的全称或最广为人知的常见名。

二、百科营销的优势

相比于新闻、论坛、博客、SNS等平台内容，百科的公信力和权威性是最高的，也被认为是互联网上“定义媒体”。百科营销是通过传播知识来形成影响力，相比于其他营销模式，具有以下优势：

（1）提升企业知名度。录入百科词条的信息相对具有权威性，有利于宣传和提升企业的形象或品牌知名度。

（2）提高搜索权重。在搜索引擎排名中百科内容的权重比较高，把企业信息放在百科信息中，有利于企业在搜索引擎中的排名，还能提高网站的流量，辅助网站推广。

（3）目标人群精准。百科的用户都是高学历人群，抱着求知、学习的心态，深度阅读，用户停留时间长，所以，搜索词条的用户是精准人群。

（4）绿色深度营销。知识营销是绿色的营销方式，百科营销是通过知识传播来营销的，其内容更具有深度。

三、百科营销的核心

词条内容优质是百科营销的核心。每个人都希望获得更多的知识来服务于生活，知识特别是公益性科普知识作为润滑剂能有效拉近商家与顾客之间的距离，所以，百科营销的词条内容要足够丰富、具有实用性，要有一定的公益性，不能变成纯粹的广告。因此，要用心搜集对消费者有用的知识，用心编辑知识。

四、创建百科词条的技巧

1. 巧用编辑助手

创建的词条内容越专业，通过的概率就越高。以百度百科创建词条为例，单击创建词条的编辑引导，按照引导一步步往下操作，进入“目录模板”，根据我们要创建的词条找到最合适的分类，然后参考系统给出的目录模板与示例词条进行编辑。

2. 词条正文合格

合格的词条正文具备内容丰富、描述客观、易于理解、条理清晰的特征。内容丰富要求重要内容无缺失，且正文内容与词条紧密相关；描述客观要求采用第三人称描述，使用准确的时间描述，避免用个人评价和主观内容；使用高清图片帮助用户理解词条内容；做好目录帮助读者更好地阅读词条。

3. 编辑更优质的词条

编辑已有的词条是对原有词条进行补充，添加新的内容要比原内容更专业、更具有可读性。若词条中没有明显的错误，通过率会非常高。注意错别字和排版问题，适当添加相关图片和词条链接。

4. 内容中不能有广告信息

词条的编写不能有明显的广告信息或疑似广告信息。如需做广告，可以在词条“参考资料”或者“扩展阅读”中加入链接，但链接的内容必须是与词条高度相关，同时还要注意描述的填写。

任务实施

步骤一：了解主流的百科平台

目前主流的综合型百科平台有百度百科、互动百科、360 百科、搜狗百科等，分类百科主要有商业百科、军事百科等。

1. 百度百科

“世界很复杂，百度更懂你。”百度百科是百度公司推出的一个内容开放、自由的网络百科全书，旨在创造一个涵盖各领域知识的中文信息收集平台（见图 8－15）。

2008 年 4 月 21 日发布，截至 2020 年 3 月，百度百科已经收录了 1669 万个词条，参与词条编辑的用户超过 702 万人，几乎涵盖了所有已知的知识领域。

图 8－15　百度百科的首页

百度百科强调用户的参与和奉献精神，充分调动互联网用户的力量，汇聚用户的头脑智慧，积极进行交流和分享。同时，百度百科实现与百度搜索、百度知道的结合，从不同的层次上满足用户对信息的需求。

2. 360 百科

360 百科是由奇虎 360 创建的一个中文百科，是 360 搜索的重要组成部分，致力于成为最为用户所信赖的专业性百科网站（见图 8－16）。360 百科于 2013 年 1 月 5 日上线测试版，内容涵盖了新闻、数码、财经、旅游、影视等知识领域，旨在帮助用户及时、便捷地获得准确而权威的信息，通过和 360 搜索的结合以及同专业网站的合作给予用户最全面的服务。

图 8－16　360 百科的首页

3. 互动百科

互动百科，原称互动维客，是由潘海东在 2005 年创建的商业中文百科网站，隶属于北京字节跳动科技有限公司。互动百科是全球最大的中文百科网站之一（见图 8－17），致力于为数亿中文用户免费提供海量、全面、及时的百科信息，并通过全新的维基平台不断改善用户对信息的创作、获取和共享方式。以词条为核心，与图片、文章等其他产品共同构筑一个完整的知识搜索体系。

图 8－17　互动百科的首页

4. 搜狗百科

搜狗百科是搜狗旗下的一个百科网站，被搜狗视为继搜狗知立方后知识搜索产品线的重要延伸。搜狗百科基于海量的互联网数据和深厚的技术积累，融合搜狗知立方结构化知识库和“语义理解”技术，可为用户提供更直观更全面的百科知识查询服务，是最新一代的互联网百科大全（见图 8－18）。2013 年 9 月 16 日，腾讯搜搜并入搜狗，搜狗百科包含原有腾讯搜搜百科的内容。2014 年第一季度，搜狗百科更换了首页并且由之前的 SOSO 域名正式切换到 SOGOU。

图 8－18　搜狗百科的首页

【想一想】 按表 8－2 所列项目分析四大百科平台的特色。

表 8－2　　百科平台的区别

百科类型	创建时间	创建公司	特　色
百度百科			
360 百科			
互动百科			
搜狗百科			

步骤二：分析百科词条的主题和构成

百科又被称为开放式在线百科，是由用户共同参与编写的网络百科全书。百科词条由用户创建，人人可编辑，这种模式能够集合用户的智慧将碎片化的知识组合起来并不断迭代。例如，百度百科的词条只要符合百科编辑规则，人人都可以免费编辑或修改。但对于部分已经创建好的优质词条，为了保护创作者的知识贡献及保证百科的权威性，词条的修改设置相应的权限，用户等级达到 4 级才可以进行编辑。

1. 词条的主题

百科的词条大同小异，以百度百科为例，其词条主题包括四大类（见图 8－19）。

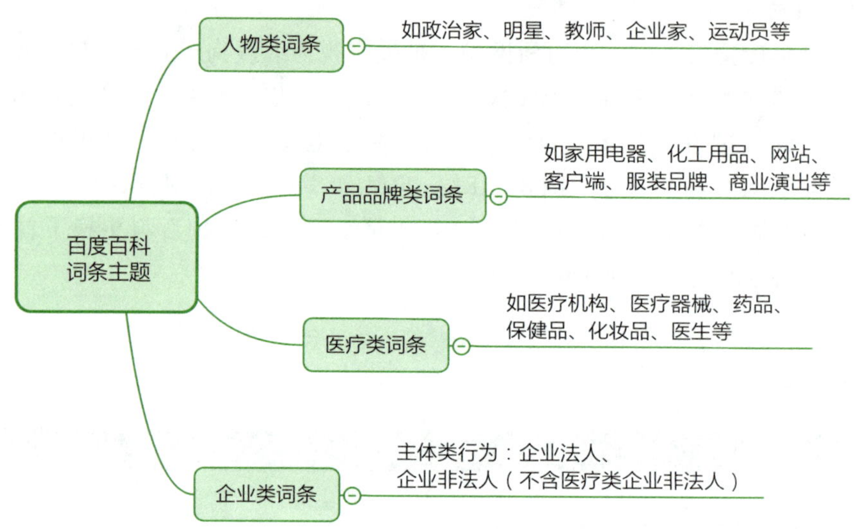

图 8－19　百度百科词条主题

2. 词条的构成

以百度百科为例，词条由词条名、名片、正文和参考资料构成。

词条名要使用大多数用户最容易理解、最不容易混淆的文字，如“王阳明”的使用与普及程度要远高于“王守仁”，所以要用“王阳明”作为词条名。

名片是词条的核心，好的名片可以让读者快速了解到关于这个词条的最重要的内容。名片中包含概述和基本信息栏，概述由概括性的文字和图片组成，基本信息栏位于概述的下方，可以参考模板填写。

正文包含目录、正文内容、图册、内链等部分。词条的目录可以让词条的内容条理更清晰，让读者清晰地了解整个词条的结构。词条的正文内容要求完整、准确，并且使用规范措辞。词条的图册是关于词条内容的图片集合，穿插于正文之中，使词条内容更丰富。词条的内链是词条中指向其他词条的链接。

参考资料是词条正文内容的来源出处，用来佐证内容是真实可信的，因为百度百科必须要保证词条内容是客观、真实的存在，所以参考资料是非常重要的。

企业一般通过词条的知识分析、正文、参考文献或扩展阅读添加网址链接等方式达到营销推广的目的。

【想一想】

1. 当你想搜索哪些信息时，会想到在百度百科中搜索关键词?

2. 在百度百科中搜索词条“抖音短视频”“快手”，仔细阅读内容，查看是否有广告信息?

步骤三：创建或编辑百科词条

在了解了主流的平台和词条的构成后，接下来我们将开始实施百科营销。

1. 选择百科平台

主流的百科平台有百度百科、互动百科、360 百科和搜狗百科等。相对于国内其他百科平台而言，百度百科的权威性比较高，审核较为严格，用户最多，收集的词条也比其他百科更全面，但创建词条需要满足账号等级达到四级的条件。

在选择平台时，首先考虑自身的条件，然后有针对性地选择相应的百科平台。如达不到百度百科的条件，可以针对其他百科平台里面没有而百度百科里已经存在了的词条，依据百度百科的词条去其他百科平台创建或者补充词条，然后在“扩展阅读”或者“相关资料”等处写上想要推广的品牌或网站的链接。

2. 创建新词条

以百度百科为例，创建词条的步骤是：

第一步：进入百度百科页面，登录百度账号，单击“创建词条”，如图 8 – 20 所示。

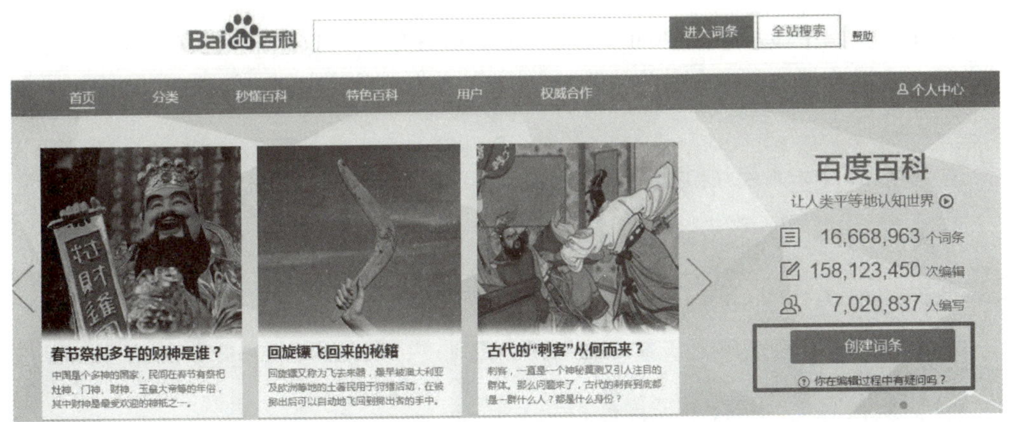

图 8 – 20 百度百科创建词条

第二步：进入词条引导页面，根据情况选择是否需要提供编辑引导，如图 8 – 21 所示。词条编辑引导可以帮助用户理解编辑规则，一步一步引导创建词条。

第三步：输入要创建的词条，单击“创建词条”按钮创建普通词条，或是单击“企业创建通道”创建企业词条，如图 8 – 22 所示。

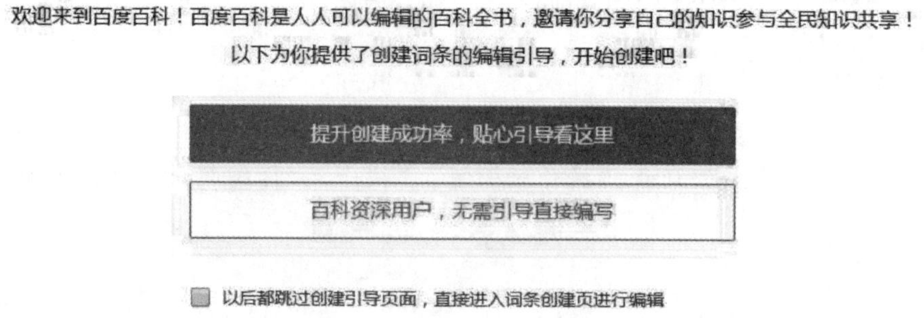

欢迎来到百度百科！百度百科是人人可以编辑的百科全书，邀请你分享自己的知识参与全民知识共享！
以下为你提供了创建词条的编辑引导，开始创建吧！

提升创建成功率，贴心引导看这里

百科资深用户，无需引导直接编写

以后都跳过创建引导页面，直接进入词条创建页进行编辑

图 8－21　词条创建编辑引导

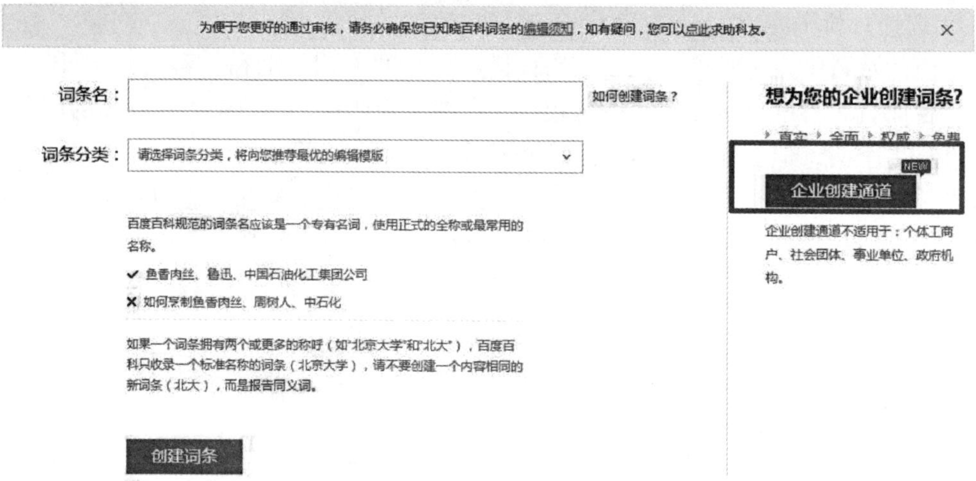

为便于您更好的通过审核，请务必确保您已知晓百科词条的编辑须知，如有疑问，您可以点此求助科友。

词条名：　如何创建词条？

词条分类：请选择词条分类，将向您推荐最优的编辑模版

百度百科规范的词条名应该是一个专有名词，使用正式的全称或最常用的名称。

✔ 鱼香肉丝、鲁迅、中国石油化工集团公司

✘ 如何烹制鱼香肉丝、周树人、中石化

如果一个词条拥有两个或更多的称呼（如"北京大学"和"北大"），百度百科只收录一个标准名称的词条（北京大学），请不要创建一个内容相同的新词条（北大），而是报告同义词。

创建词条

想为您的企业创建词条？

NEW

企业创建通道

企业创建通道不适用于：个体工商户、社会团体、事业单位、政府机构。

图 8－22　创建词条

第四步：页面中显示了两种词条创建方式：极速创建词条和常规创建词条，根据情况选择一种。这里选择“极速创建”（见图 8－23），进入到极速创建的页面（见图 8－24）。

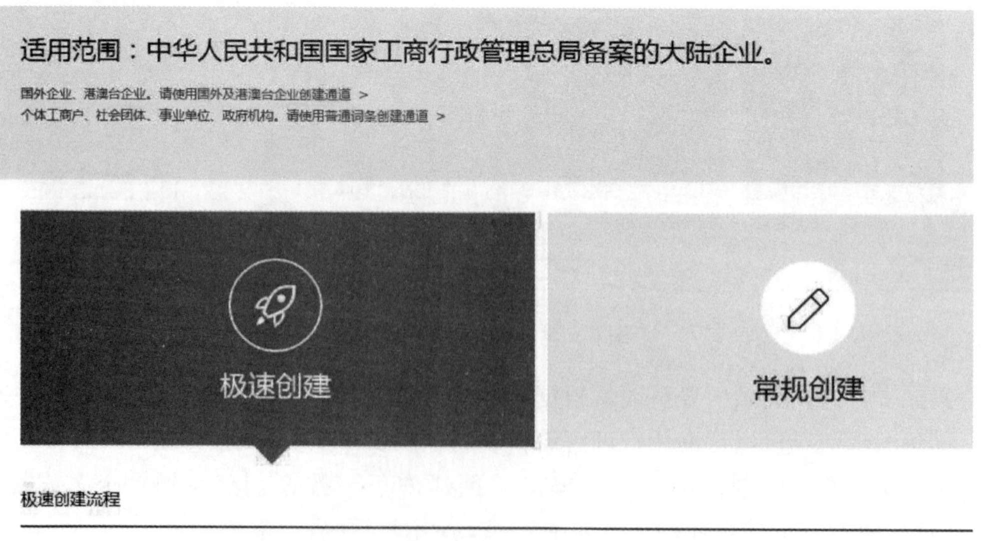

图 8－23　词条创建方式选择

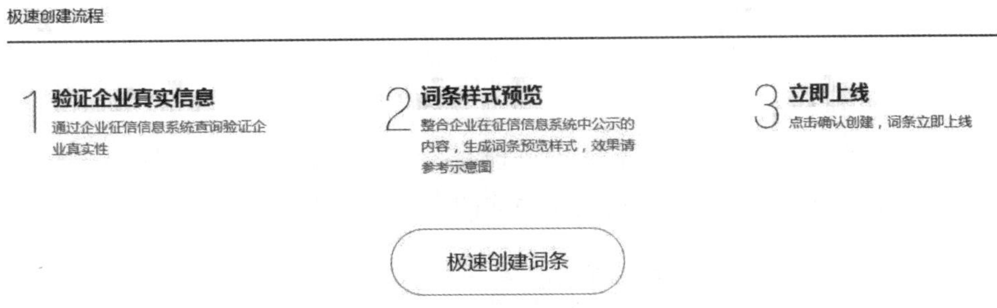

图 8－24　极速创建词条流程

第五步：在页面中输入企业全称和企业代码，单击“验证”按钮（见图 8－25）。如果不清楚企业的具体信息，可以在“企查查”App 中输入企业名称，查询相关信息。

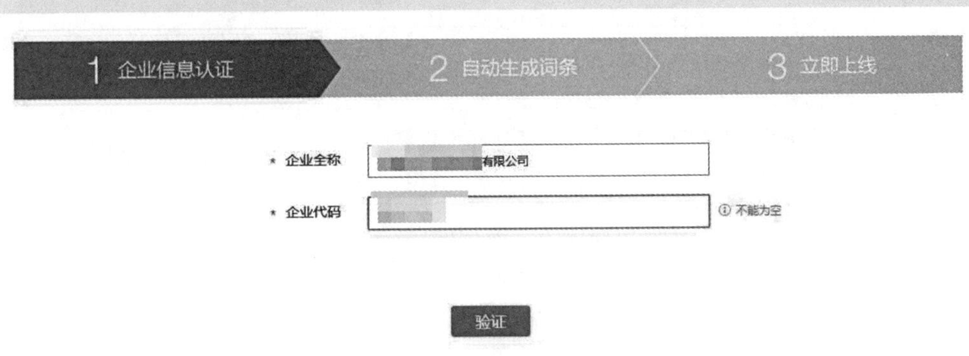

图 8－25　输入企业信息

第六步：经过验证后，在页面中自动生成词条，单击“确认创建”按钮，跳转到“创建成功”页面（见图 8－26），至此，企业词条创建成功。

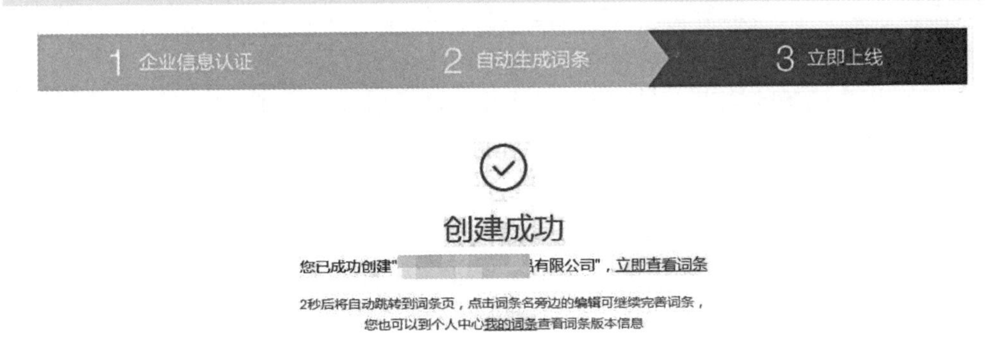

图 8－26　词条创建成功

3. 编辑相关的词条

极速模式创建的词条只展示企业的基本信息，如若要丰富词条，可以选择“编辑词条”，进行内容、图册、内链、参考资料等的补充。根据自己网站创建相关的词条，带上链接很容易被通过。编辑修改已有的词条带链接比自己创建词条通过率要小得多。

所以，相对于编辑词条，可以多创建新词条。

一个合格的百科词条不仅需要丰富的内容，还需要权威的参考资料来证明其内容的真实性，这是成功创建的最关键部分。

百科推广模式在不同的百科平台上的表现有一定的差异，主要原因在于各个平台对词条编辑规则设置的差别。不同百科词条模式的内容和作用如表 8－3 所示。

表 8－3　百科词条模式的内容和作用

百科词条模式	内　容	作　用
正文内容广告	在词条的正文内容中添加的具有广告功能的文字信息	可以增加访问者对企业信息的了解，在一定程度上实现企业产品或服务的推广，有助于提升企业形象
网页 URL 链接	在词条的参考资料和扩展阅读中加入企业官方网站或其他关联信息页面的链接	为企业的相关平台带来优质的外部链接，而且能直接为企业网站或相关平台带来直接访问量，是有效的外部链接资源之一
图片文字注释	包括底部有加粗的文字说明或者在图片本身具有文字水印宣传信息	加强了图片广告的营销传播效果
相册广告	是互动百科和百度百科的特有功能，是指在百科词条正文内容中出现的图片不是单图，而是组图的形式	是图片广告进一步的延伸和发展，能够更充分地发挥百科平台的图片广告推广价值
名片广告	是百度百科特有的形式，是指在百度百科词条中出现在词条正文上方的内容，是对整个词条内容的概括和总结	可以丰富企业的词条内容，提升企业词条的专业性。百度名片属于百度百科的一种关联平台，为企业制作名片可以增加企业推广渠道，增加企业信息的传播机会

实战演练

实训目的：通过实训，能够掌握百科词条的创建技巧，能在多个百科网站注册账户，并进行相关词条的搜索，尝试为某个品牌创建词条并植入广告。

实训要求：学生以小组为单位完成实训。在实训过程中充分讨论，得出一致结论。

实训 1：创建百科词条的技巧有哪些？请举例说明。

实训 2：注册百度百科、互动百科、360 百科等百科账户。

实训 3：在百度百科、互动百科和 360 百科三个平台上搜索“直播营销”相关的词条信息情况。

实训 4：在百度百科、互动百科和 360 百科三个平台中查看可以植入广告的位置并记录下来。

实训 5：选择一个品牌，为其创建一个在百度百科、互动百科和 360 百科三个平台中植入广告的词条。

任务三　认识问答营销

案例导入

晓玲："依依，如果你遇到问题，除了搜索引擎之外，一般会想到去哪儿求助提问呢？"

依依："贴吧啊，百度贴吧就是一个在线的交流平台，里面有很多的版块，在校园贴吧里，也有一个我们学校的吧哦，有时间你可以进去看看，在里面可以提问。"

晓玲："哦，好啊。贴吧里就是你提问，然后其他人来回答，那如果我提的问题比较难，而看到话题的人回答不出来，那我还可以在哪里提问呢？"

依依："那你可以上百度去提问。"

晓玲："有事问度娘，我知道，但有时百度也不是万能的，回答地不专业。"

依依："那你去知乎提问。"

晓玲："什么是知乎啊？"

依依："知乎，认真的问答社区。上知乎，发现更大的世界！"

晓玲："是嘛，那我也去知乎看看。"

思考：

1. 百度贴吧、百度知道、知乎平台有什么不同？填写在表 8－4 中。

表 8－4　主流问答平台的区别

区别	百度贴吧	百度知道	知乎
所属公司			
运行模式			
权威性			
网络营销模式			

2. 请用一句话概括一下你认为的知乎平台的特点。

任务描述

问答营销社区除了百度知道、知乎以外，还有很多其他的平台，如 360 问答、搜狗问答、天涯等等。问答营销利用网民获取知识和实用信息的迫切性，借力传播。网民在浏览自己想要的问答信息时，问答系统会自动显示关联的提问，所以一组问答可以同时吸引目标人群和关联人群的兴趣，便于企业发掘潜在消费人群。

问答营销推广是一种互动性较强的推广方式，也是比较权威的一种推广方式，对于消费者来说更倾向于同类人的帮助和指点，而不是硬性的广告，能够做到自然而然地植入广告和品牌。但是如何在问答平台回答好问题，为品牌宣传润物细无声，却并非易事。我们首先要了解问答营销的特点、主流问答营销社区、问答营销的技巧，才能更好地进行问答营销。让我们一起走进问答营销的世界。

知识准备

一、问答营销的定义

百度百科定义，问答营销是借助于问答社区进行口碑营销的一种网络营销方式。通过遵守问答站点（百度、搜狗、天涯等）的发问或回答规则，巧妙地运用软文，让自己的产品、服务植入问答里面，达到第三方口碑效应。通过问答营销，企业既能与潜在消费者产生互动，又能植入商家广告。

微课：问答营销

二、问答营销的特点

（1）互动性。问答类的互动可以充分地补充网站内容的不足，也能让读者完善知识面，这样的互动不仅具有针对性，还有广泛性。

（2）针对性。问答可以针对某个目标群体，根据群体的特点选择关注的焦点，充分调动这个群体的力量，达到具有针对性的效果。问答也可以针对话题做讨论，让更多的人来参与，达到人群融合的效果。

（3）广泛性。问答营销的特点本身就决定了问答营销的广泛性。一个问题可以引来不同人群的讨论，一个事件也可以引来不同人群来评论，品牌的建设往往从问答开始。

（4）媒介性。通过文章或者问题的形式在各大平台发布，借助媒介达到更好的效果。如幼儿英语教育机构，在相关的母婴论坛或教育类论坛中，通过回答用户提问，把有关幼儿语言学习的好处和特点等进行宣传，吸引年轻家长或者关注教育的专业人士的兴趣。

（5）可控制性。一个问题下面的评论可以通过审核的方式来控制，去除重复的、不符合规定的评论，从而达到内容健康、有益读者的效果。

三、问答营销的表现形式

（1）以问和答的方式，达成营销的最终目的。

（2）常见的问答营销方式一般是对话式的一问一答，也有的平台采用一问多答模式，如百度知道、腾讯搜搜等。

（3）问答营销通过引发争论，恰当引导争论方向，最终在争论过程中潜移默化地达到营销目的。

（4）问答营销也包括评论营销等变相问答营销方式。

四、问答营销的优势

基于问答平台产生的问答营销，是一种新型的网络互动营销方式。商家通过回答问题植入软性广告，吸引潜在用户关注，如图 8－27 所示，问答营销在引流方面的优势有四个方面。

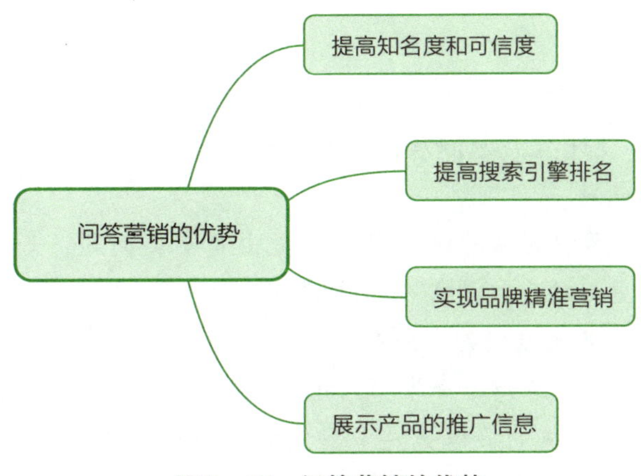

图 8－27　问答营销的优势

任务实施

步骤一：了解论坛营销和问答营销的区别

问答营销是网络营销中最为常见，也是效果最好的模式之一。问答营销属于互动营销方式，既能与潜在消费者产生互动，又能植入商家广告，是做品牌口碑的方法之一。但这需要一个长期坚持的过程，同时广告的营销必须更加软性（不能有明显的生硬的广告词），这些都是提升问答营销效果的必要条件。

知识拓展

常见问答平台提问的类型

1. 比较类问题

当消费者想购买一款产品，对不同品牌的产品难以取舍的时候，经常会提出比较类的问题，例如：“华为 P30pro 和 iPhone X 哪个更值得入手？”

华为p30和iPhoneX买哪个【显卡吧】_百度贴吧
回复数: 30 发贴时间: 2019年06月15日
5楼: ...屏幕的话无论是黑的还是吹的都承认不太行，iphone......
15楼: iPhone吧
百度贴吧 - 百度快照

求大神告诉我华为p30和苹果x选哪个好呀?_百度知道

3个回答 - 回答时间: 2019年5月16日
最佳答案: 华为P30手机不错的,参数如下: 1、屏幕:屏幕尺寸为6.1英寸,屏幕色彩为1670万色,分辨率为FHD+ 2340*1080, pixels,屏占...
更多关于华为p30与iphonex哪个值得入手的问题>>
百度知道 - 百度快照

华为p30pro和苹果iphonex哪个比较值得买? - 知乎
2019年7月1日 - 华为p30pro和苹果iphonex哪个比较值得买? 优先考虑摄像 看到产品介绍说iphone像素1200万 华为p30pro像素4000万 为什么会差这么多 其次考虑芯片(运行速...
知乎 - 百度快照

iphonex和i11和华为p30哪个更值得买? - 知乎
2019年9月13日 - iphonex和i11和华为p30哪个更值得买? iPhone 11 6.4 知乎评分 · 36,704 人...了i6s4年了,现在电池续航是真的受不了了,充满一会就会没电,也没干些什...
知乎 - 百度快照

2. 咨询类问题

对于产品的某些功能不是非常了解的时候，消费者经常会提咨询类的问题，如：“什么是水滴屏设计?”“水滴屏设计的手机有哪些品牌?”

3. 品牌口碑类问题

当对比两个比较类似的品牌时，经常会提出口碑类问题，如：“iPhone X 手机如何?”“拍照功能更好的手机是哪个品牌?”

4. 目标对象或产品功能相关类问题

当消费者明确了产品，想进一步深入了解该产品的某项功能时，会提出此类问题。例如：“iPhone X 手机的摄像头是多少像素? 拍照功能有哪些?”“华为 P30 和 iPhone X 的拍照功能有什么区别?”

论坛营销是指企业利用论坛这种网络交流的平台，通过文字、图片、视频等方式发布企业的产品和服务的信息，从而让目标客户更加深刻地了解企业的产品和服务，最终达到企业宣传品牌、加深市场认知度的网络营销活动。

【想一想】 论坛营销和问答营销有什么不同?

步骤二：分析主流问答营销社区

要真正做好问答营销，不是仅仅提问或者回答那么简单。做问答营销首先要选好平台。知名的问答营销平台有：百度知道、天涯问答、360 问答、新浪爱问、知乎问答等。

1. 知乎——认真的问答社区

知乎是网络问答社区，是目前最火热的社交化问答平台（见图 8－28），月平均访问量已突破上亿人次。知乎连接各行各业的用户，用户围绕着某一感兴趣的话题进行相关的讨论，同时可以关注兴趣一致的人，分享着彼此的知识、经验和见解，为中文互联网源源不断地提供多种多样的信息。对于概念性的解释，网络百科几乎涵盖了所有的疑问，但是对于发散思维的整合，却是知乎的一大特色。知乎鼓励在问答过程中进行讨论，以拓宽问题的发散性。鼓励答案的非针对性，鼓励答案的 Wiki 可参考性。

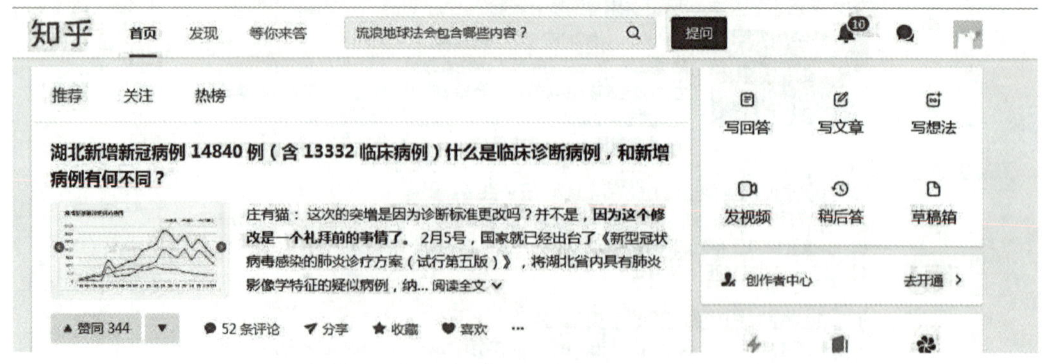

图 8－28　知乎首页

2. 天涯问答

天涯问答是天涯社区旗下的一个问题分享平台，也属于社交问答平台（见图 8－29）。在该平台，用户可以根据自身需求提出问题，查找各类知识信息，回答、关注感兴趣的问题和话题，分享知识和经历，并与其他志趣相投的好友讨论和交流。天涯问答是一个集知识性、互助性为一体的平台。问答用户分为普通用户、中级用户、高级用户三个等级。在天涯社区注册，即可成为问答普通用户。

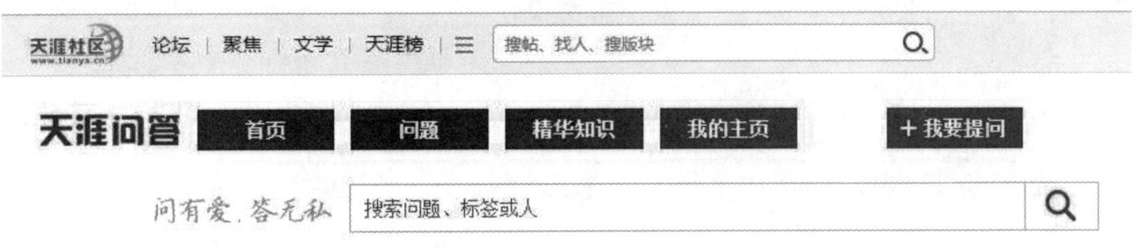

图 8－29　天涯问答首页

3. 百度知道

百度知道是一个基于搜索的互动式知识问答分享平台（见图 8－30），于 2005 年 11 月 8 日发布正式版。

"世界很复杂，百度更懂你。""百度知道"的搜索模式是用户自己有针对性地提出问题，通过积分奖励机制发动其他用户来解决该问题。同时，这些问题的答案又会进一步作为搜索结果，提供给其他有类似疑问的用户，达到分享知识的效果。百度知道的最大特点，就在于和搜索引擎的完美结合，让用户所拥有的隐性知识转化成显性知识，用户既是百度知道内容的使用者，同时又是百度知道的创造者，在这里累积的知识数据可以反映到搜索结果中。通过用户和搜索引擎的相互作用，实现搜索引擎的社区化。

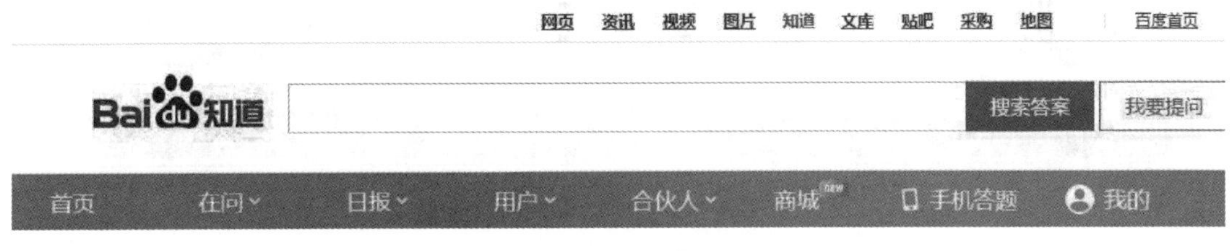

图 8－30　百度知道首页

4. 360 问答

360 问答是 360 搜索旗下产品（见图 8－31），由用户有针对性地提出问题，并由问答本身的奖惩机制来发动其他用户来解决问题。同时，这些问题的答案又会进一步作为搜索结果，提供给其他有类似疑问的用户，达到分享知识的效果，以此营造"你问大家答"的良好网络知识氛围。同时，依托于奇虎 360 强大的安全技术支持，360 问答在"反作弊、反广告、反垃圾"方面一直成绩显著，致力于为用户打造一个干净、安全、可靠的问答环境。

360 问答主要分为问答首页、问题库、乐帮团、知识商城等版块。问答首页，针对社会热点每日制作专题；问题库，十四大分类问题汇集，帮助用户直接搜索信息。除此之外，还定期举办问答有奖活动，任何用户，只要积累到一定数量的金币，就有机会赢得奖品。

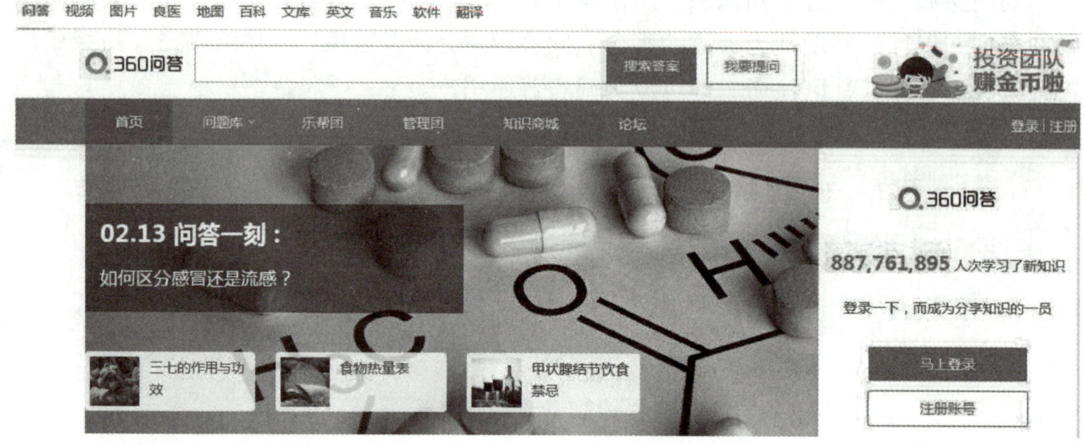

图 8－31　360 问答首页

5. 新浪爱问

新浪爱问是新浪完全自主研发的搜索产品（见图 8－32），充分体现人性化应用的产品理念，为广大网民提供全新搜索服务。爱问把自己定位成一项真正能帮助广大网民解决问题的服务。爱问的宗旨是：用户可以在这个平台上无所不问，而爱问的最终诉求则是能做到有问必答。

图 8－32　新浪爱问首页

【想一想】 分析知乎、天涯问答、百度问答、360 问答和新浪爱问这五大问答平台的特色。

步骤三：实施问答营销

第一步：选择浏览量高的问答网站。

问答网站往往是搜索引擎的下属产品，如百度旗下有百度知道，搜狗旗下有搜索问问。应当选择用户量较高的热门问答平台，如百度知道、新浪爱问、知乎、天涯问答等等。

第二步：注册、培养 ID。

在问答类网站发布问题，回答问题需要用 ID，发布问题和回答问题应当是不同的人，所以需要注册不同的 ID 进行使用。因为问答营销已被广泛实施，很多问答平台监管得比较严格，经常会审帖和删帖。这时就需要注册、培养 ID，来完成不同的任务。

第三步：发布问题。

发布问题是问答营销的关键之处。问题设计的好与否，关系到搜索引擎能不能被搜到，以及是否会排在前列，同时也关系到回答问题时能否自然地植入广告，实现问答营销的目的和效果。不论在哪个问答平台，提问时都要注意合理地控制问题中的关键词密度和提问的技巧，如选取核心关键词，按照用户搜索习惯选取关键词和设计针对性问题。

第四步：回答问题。

回答问题也是问答营销中至关重要的环节。在前面做好充分铺垫后，该环节可以植入广告。回答问题有两种形式，第一种是回答别人的问题，第二种是自问自答。如果是回答别人的问题，针对不同的行业，可以采用不同的回答方式，其中主要有对比回答法、举例回答法、专业回答法。如果为自问自答的形式，账号回答的时间段最好错开，回答的内容也要真实可信，保证答案的质量。回答的内容必须要合理、可信、靠谱，这样的内容才能打动并影响客户。此外要注意问题答案的关键词。

第五步：问答排名优化。

当编辑、提交、回答问题后，需要及时/不定期地查看所做的问答是否还在，置顶的人数、关注情况、问答的排名、转载情况等。要进行跟踪监控研究并不断完善。问答排名与问题的搜索和点击量有直接的关系，可以通过提升问题的搜索量和点击量提升问题的排名。

步骤四：探究问答营销的技巧

1. 提问技巧

开展问答营销推广，首先必须明确要推广的关键词。对所处的市场、资源和企业的网站进行整体评估判定之后，选择正确合理和竞争不是特别激烈的关键词，会让问答营销更具有穿透力和目的性。

（1）从客户角度思考选取关键词。假设一个幼儿英语教育机构要开展问答营销，目标人群定位为 3~7 岁幼儿的父母。那么在提问题的时候，就必须站在一个幼儿家长的角度去提出问题。比如：幼儿什么时候开始学英语较好？

（2）根据用户搜索习惯选择关键词。利用用户的搜索习惯来做问答和提问，可以提高曝光率。如“移动端详情页设计”和“手机端详情页设计”，选择哪一个比较好？这时可以利用搜索引擎查询一下关键词“移动端”“手机端”，哪个搜索量大，就用那个关键词设计问题。

2. 注册问答社区账户

开展问答营销需要注册大量的账号，然后培养这些账号。不同的账号有不同的功能，提问账号与回答账号要分开；培养几个回答问题的账号到高等级，以便问答的权重更高，推广的效果更好。

【想一想】 问答营销时回答问题有哪些注意事项？

实战演练

实训目的：通过实训，能在各大社区搜索相关信息，整理相关数据，并尝试制订问答营销方案，通过自问自答的方式来加深对问答营销的理解和掌握。

实训要求：学生以小组为单位完成实训任务，在实训过程中充分讨论，得出一致结论。

实训 1：在各大问答社区搜索所在学校及本市兄弟院校的有关图书馆利用率评价。

实训 2：整理图书馆自习室使用率及一周内的变动情况。

实训 3：制订问答营销方案，包括问答类型、关键词、好评等。

实训 4：采用自问答的方式，做出五个问答页面，每个问题下面至少有三个以上的答案。

实训 5：总结问答营销的营销技巧和方法。

任务四　认识 App 营销

案例导入

晓玲：“依依，这周六有空吗？我们一起去看新上映的《哪吒之魔童降世》好吗？”

依依：“有空啊，那我们约个时间到了影院再去买票吧。”

晓玲：“不用，我们现在就可以先在手机里买票，我喜欢用淘票票 App。”

依依：“那好啊，我们先买电影票，然后看看附近哪里有美食，到时候再去吃饭。”

晓玲：“嗯，大众点评 App 可以告诉我们附近有什么美食，网友们还会推荐什么好吃。”

依依：“真好，那我们就交给大众点评吧。等吃完饭，再陪我去屈臣氏买个面膜好吗？”

晓玲：“你用什么牌子的面膜？”

依依：“我没有研究过，一般就买补水的面膜。”

晓玲：“那我在小红书 App 搜一下什么面膜适合你？”

依依：“你的手机里藏着多少 App 啊？”

晓玲：“我手机里的 App 可多啦，微博、微信、今日头条、抖音、快手、爱奇艺、淘宝、美拍、QQ 音乐、喜马拉雅、学习通等等。”

依依：“涵盖了娱乐、购物、学习，太棒了！推荐给我一些好用的 App，我也下载几个。”

思考：

1. 什么是 App？
2. 你的手机里下载了哪些 App？

任务描述

随着手机、Pad 等移动设备的普及和移动互联网的高速发展，App 极大地改变了人们的生活方式。如今购物、预订机票、上网课、办理日常业务等，App 都可以帮人们轻松搞定，所以 App 营销也越来越被商家重视。

App 营销的发展前景十分广阔，越来越多的企业把 App 营销作为重要的营销策略。但是如何设计用户体验感好的 App，通过不同的营销方式，开拓 App 营销的市场，取得预期的营销目标，并非易事。我们首先要了解 App 及 App 营销的概念、特点及营销模式，才能更好地进行 App 营销。让我们一起走进 App 营销的世界。

知识准备

一、App 的定义

App 是一种第三方应用程序（application）的简称，多应用于智能手机、Pad 等移动终端设备，具有方便、快捷、适用范围广、可实现多形式沟通的特点。App 适用于人们日常生活中的各个方面，如学习、旅游、出行、购物、娱乐、健身等。

微课：App 营销

目前，比较常用的 App 商店有 Apple 的 App Store 商店，Android 的 The Android App Store，Blackberry 用户的 BlackBerry App World，以及微软的应用商城等。

二、App 的类型

目前，移动 App 涵盖了大众日常生活中的各种需求，如社交、服务、购物、理财、旅行、娱乐、教育等各方面（见图 8－33）。

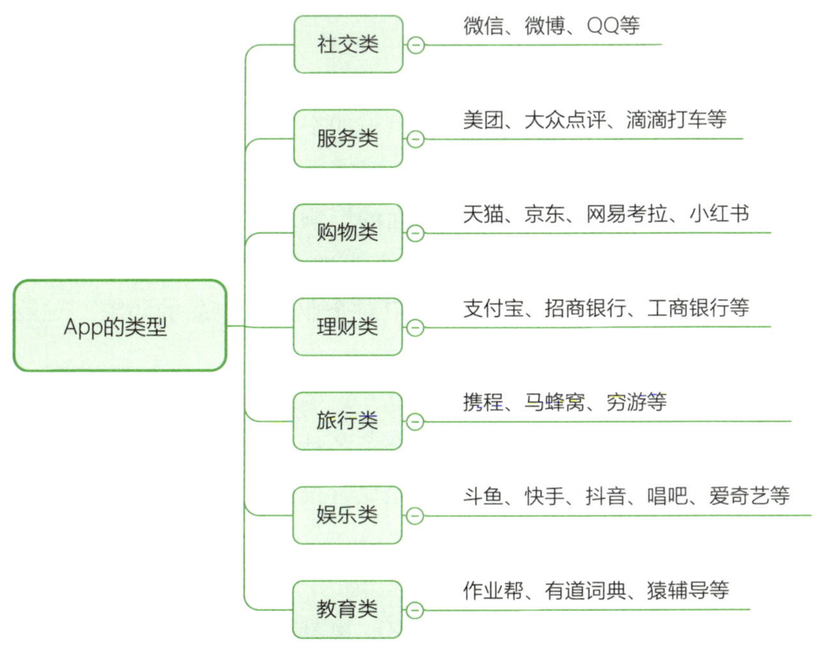

图 8－33　App 的类型

三、App 营销的推广渠道

据 QuestMobile 数据调查显示，当前智能设备 App 行业用户规模已接近 1.2 亿，增幅显著。并且，随着 5G 商用初落地及智能生活场景的逐步实现，它将为行业创造更多的增长机会。企业要开展 App 营销，开发符合企业自身定位的 App 之后，推广安装 App 应用至关重要，常见的推广渠道有如图 8－34 所示。

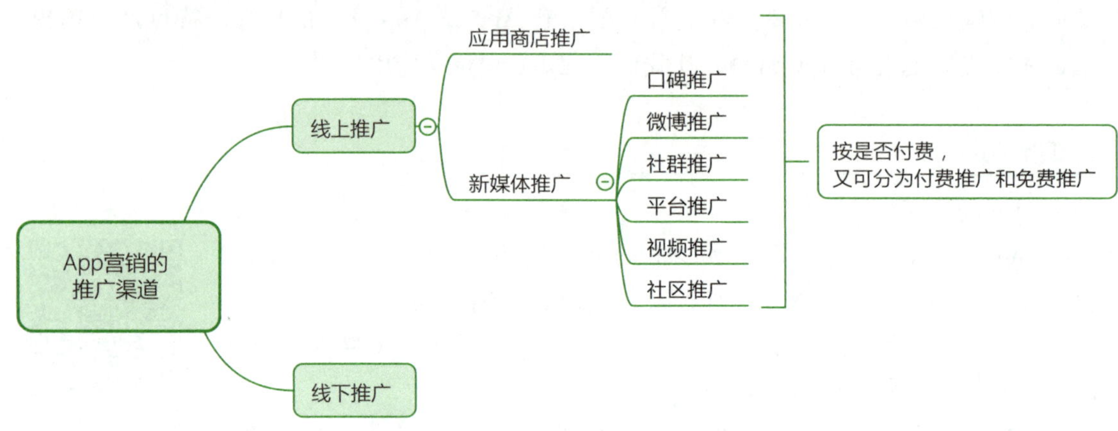

图 8－34　App 营销的推广渠道

四、App 营销的价值

App 营销，是指将企业的相关元素借助应用程序表现出来，吸引用户下载来开展营销活动。在移动互联网快速发展的形势下，企业把 App 当作品牌形象、产品宣传的重要工具。App 也成为企业品牌推广，发布活动信息，产品销售预定、支付，以及为消费者提供各类服务的主要渠道。

App 是移动互联网发展新形势下最活跃的因素，更是整合营销服务中的核心要素。从企业角度来讲，App 营销的价值可体现在以下四个方面：

1. 品牌价值

App 对营销的影响，首先体现在品牌方面的影响力。由于与用户的联系更直接、更紧密，可在最短的时间、用最直接的方式将企业理念、品牌文化、产品信息传递给用户。这无形中提升了品牌的价值，加深了用户对企业及其产品的印象，对最终的购买起到潜移默化的作用。

2. 渠道价值

App 营销作为一种新型的营销模式，整合了各种移动互联网先进技术和新型推广手段，有效拓宽了企业的营销渠道。App 营销是完善渠道建设的有效补充，成为企业整个营销体系建设的主要组成部分。

3. 宣传价值

App 营销在宣传方式上比传统营销更丰富，更具有多样性和个性。可让用户在使用的同时自然而然地了解产品信息，从而拉近与消费者的距离，使他们更多地去体验、去选择，从而可带动消费、引导消费。

4. 服务价值

App 的作用除了宣传、推广品牌之外，还在于能够提供更多的服务，如互动服务、体验服务、售后服务等。这些优质的配套服务最终为产品的推广奠定了基础。如大众点评 App 基于用户的位置会提供周边的餐饮、购物场所、娱乐场所等信息，增强了用户黏性。

任务实施

步骤一：了解 App 营销与传统网络营销的区别

在了解 App 营销之前，我们先来看一组数据：据 App Annie 2020 年研究报告数据显示，2019 年，全球移动应用报告 App 总下载量破 2040 亿次；全球应用商店消费者支出 1200 亿美元。预计 2020 年全球消费者和移动广告支出将超过 3800 亿美元。

据 App Annie 2020 年 2 月 10 日调查数据显示，2020 年 1 月中国热门应用下载排行榜 Top 10 榜单中，头条系大放异彩，共占据 6 个席位（见图 8－35）。旗下资讯、视频、直播、阅读等 App 均强势上榜，展现出了头条系在中国市场强劲的势头。

中国热门应用

iOS App Store, 2020 年 1 月

排名		下载排行	与上月相比排名变化	排名		收入排行	与上月相比排名变化
1		快手	-	1		爱奇艺视频	1 ▲
2		今日头条	52 ▲	2		腾讯视频	1 ▼
3		爱奇艺视频	14 ▲	3		抖音短视频	-
4		西瓜视频	32 ▲	4		优酷	-
5		抖音短视频	-	5		QQ音乐	-
6		火山直播	↑	6		QQ	2 ▲
7		微视	5 ▲	7		芒果TV	2 ▲
8		剪映	5 ▼	8		快手	1 ▼
9		百度	5 ▼	9		哔哩哔哩动画	4 ▲
10		红果小说	31 ▲	10		喜马拉雅FM	4 ▼

图 8－35　中国热门 App 下载排行榜

App 营销即应用程序营销，是指通过智能手机、社区、SNS 等平台上运行的应用程序来开展营销活动。App 可以广泛应用于各行各业，在移动互联网时代，各行各业都可以利用 App 去更快速、更便捷、更优质地服务用户。

传统网络营销，一般在 PC 端获取流量，需要投入较高的费用才能取得较好的广告位；撒网式发布广告信息，但转化率较低；可以收集客户的部分数据资料，但无法进行大数据分析；一般通过短信或邮箱等方式进行二次客户开发和活动推荐。

App 营销，是通过 App 应用进行营销的方式。其流量的来源是移动端，在很多的社交平台、游戏平台、短视频平台、购物平台等进行单一或综合推广，利用大数据信息精准定位消费者，实现精准营销，提高转化率，费用相对较低。目前除了电商行业之外，很多行业都开始开发自己的 App 客户端，这标志着 App 客户端的商业使用已经非常普遍。未来 App 营销会呈现出适用环境更广、使用体验更好、用户规模更大、支付更加便捷等优势。

【想一想】从费用、效果、转化率、客户数据及二次开发这五个方面归纳 App 营销与传统网络营销的区别。

步骤二：分析 App 营销的特点

App 营销是借助移动终端的应用程序进行互联网营销，目前很多网络营销模式如社群营销、短视频营销、直播营销、百科营销等都可以通过 App 实施开展。App 营销具有如下特点：

1. 营销成本较低

与传统网络营销模式相比，App 营销成本相对较低，但效果却很好。App 营销只需开发一个与企业品牌对应的应用软件，且推广方面的费用也不高。

2. 用户黏性强度高

基于社交群体的分享特性，当 App 里的功能能够给用户带来很好的体验时，用户就会把 App 推荐给亲朋好友，而这个推广不需要任何费用。即使用户不经常使用 App，如果手机内存足够的话，App 也能在用户的手机桌面上停留很长一段时间。App 开发商可以经常通过信息提醒的功能，提醒用户打开 App 去了解新的信息，实现持续性推广。

3. 信息展示全面

当用户下载了 App，在用户深入了解其功能的时候，也是一次向用户全面展示品牌推广或商品信息展示的机会。用户在购买产品之前就能全面了解产品的信息，降低了抵触情绪，提高了转化率。

4. 品牌宣传给力

有些 App 是企业根据自己的需求单独开发的，此时可以采取品牌建设的营销方式，宣传品牌，吸引新客户。品牌建设是 App 营销中最大的优势，可以使用户通过品牌来了解企业和产品，从而间接地推动销售。如小红书 App 属于社交型 App，通过用户的分享，很多品牌免费得到了宣传；招商银行 App 属于企业独立开发的 App，通过更多手机端功能的开放，为用户提供了更全面、便捷的服务，提升了品牌形象。

5. 精准营销高效

凡是下载并长期使用 App 的用户，都是精准的目标客户，他们拥有共同的兴趣爱好，便于商家依据收集到的大数据信息实施精准营销，提升转化率。例如手机淘宝的界面采取千人千面模式，根据用户以往购买或搜索产品的信息，在用户下次打开手机淘宝的时候，自动推荐其感兴趣的商品，实现精准营销。

6. 营销交互性强

在大众点评 App 中，用户可以利用地图定位功能查看商家的具体位置和联系方式；在淘宝、网易考拉等电商平台中，每件商品都可以看到顾客的评价，在评价中实现顾客和商家的互动，商家取长补短，争取更好地为顾客服务；而独立的 App，企业和客户能实现一对一交流，提升服务质量。

思考：App 营销具有如此多的优点，那我们如何更好地推广 App 呢？

步骤三：掌握 App 营销的模式

App 营销的本质是将企业的产品、品牌和相关附带的信息借助应用程序展现出来，并利用移动互联网平台开展营销推广。随着 App 不断融入人们的生活，娱乐、社交、购物、工作等类型 App 无处不在。App 营销的模式主要有如下几种：

1. 广告营销模式

App 的广告营销是指通过广告植入进行营销的方法。例如，打开咪咕阅读 App，首次登录的用户会看到一个弹出界面：免费成为会员（见图 8－36），点击进去操作之后，下方会有“下载省点花锦鲤卡”的广告，如果点击按钮，就会到 App 下载的界面，起到了广告营销的效果。

图 8－36　某款 App 广告营销模式

有时，广告营销的方法还可以结合热点事件、时事新闻进行广告的投放，以达到吸引用户眼球的目的。

例如，在疫情期间，大家最关注的是口罩、消毒液、75%酒精消毒液等商品，美柚App打开后，签到时会弹出浮动广告，展示的是热门商品口罩、酒精消毒液等产品广告。看到如此诱人的价格，很多用户会忍不住想购买吧？咪咕阅读在做任务赚积分时，也会经常弹出各类广告（见图8－37）。

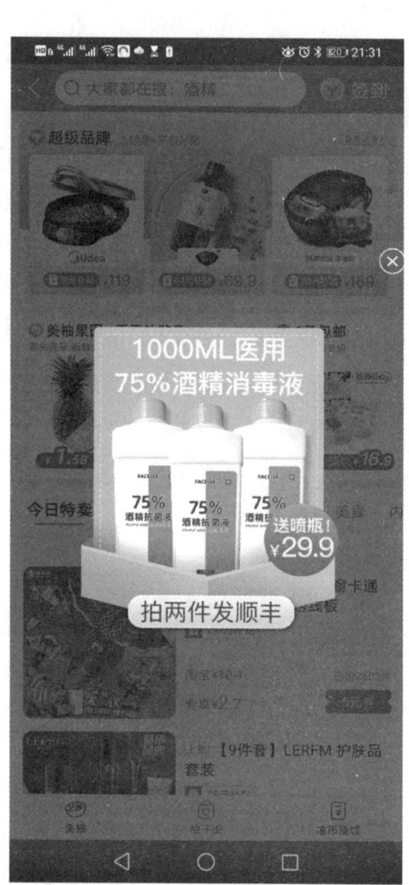

图8－37　App广告营销模式

2. 植入营销模式

App植入营销和广告营销的植入不一样，广告营销的植入可以通过广告传播媒介进行营销，而App的植入营销是App本身在应用内进行植入。App的植入广告一般去不掉。

广告营销模式很容易引起用户反感，而通过在App中植入相关信息的方式来影响用户的植入营销模式，效果也能达到广告营销效果，但不会引起用户的反感。App植入营销主要通过植入品牌形象、背景、用户锁屏的方式植入应用内部。App的植入营销虽不是广告营销，但在内容和表现形式上是用广告的形式来进行营销。App植入广告营销的方法如图8－38所示。

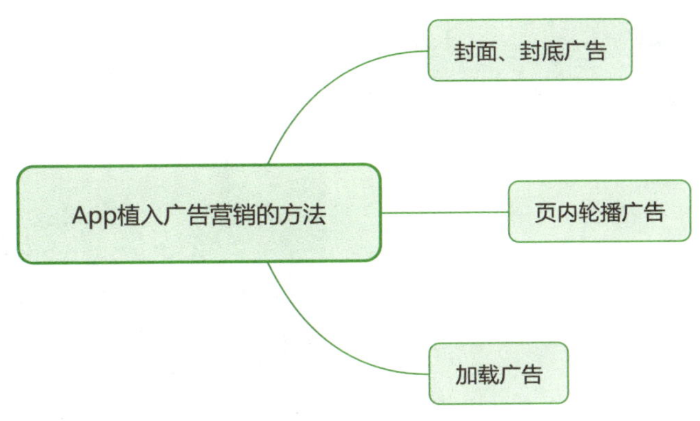

图 8－38　App 植入广告营销的方法

例如，绿城物业 App——绿城生活，首页进去就会看到最上方的轮播广告和“绿城 & 海外购”广告。这些广告在呈现给业主的时候，有些业主就会点开查看，甚至下单购买。华为手机的锁屏也有很多广告植入，如图 8－39 右图，@视觉中国，用户在锁屏屏幕上看到吸引眼球的照片后会情不自禁地点击“查看更多”。

图 8－39　App 植入营销模式

在 App 内部植入广告可以设置在封面、封底和页内轮播位置，如图 8－40 所示，爱奇艺在页面底部植入，中国电信在封面植入广告。

图 8－40　App 植入广告营销模式

3. 内容营销模式

根据中国互联网络信息中心（CNNIC）数据调查，各类社交、新闻、娱乐、购物等手机 App 是占据网民上网时长的最大因素，中国网民平均每周有 26 小时花费在手机 App 的使用上。

在 App 市场竞争激烈的背景下，如何吸引用户的注意力，在用户脑海中留下印象，内容营销可以帮助商家在竞争中以质取胜。如果说广告营销是宣传，属于外在营销，那么，内容营销则是打造 App 本身，属于内在营销，是利用优质的 App 内容挖掘用户并吸引用户。

支付宝是阿里巴巴旗下的第三方支付平台，后由蚂蚁金服集团扩展成一个综合的生活服务平台，除了提供支付、转账、收款等一些基础功能，还能够进行生活缴费、购买火车票/机票、充话费、滴滴打车、信用卡还款等多种操作（见图 8－41）。

支付宝 App 曾推出“十年晒单”活动，用户们纷纷下载统计自己的账单，在朋友圈晒单，这是 App 内容营销的典型案例。从支付宝“十年账单日记”发布后，朋友圈被刷屏了，在“晒账单”“看排名”“找槽点”等好奇和攀比心理的做祟下，网友们纷纷强制升级支付宝钱包到最新版，统计完后在朋友圈不禁感叹“不敢相信，我居然花了这么多钱”“原来××是土豪呀”“你排名多少”。

图 8-41　支付宝界面和 2019 年年度账单

内容营销时，互动性内容能够给用户带来参与感与娱乐性，能够更好地吸引用户，刺激 App 下载，也可以让用户在下载 App 后持续使用。小测试、游戏、调查等都是能吸引受众互动的方式。

4. 网购营销模式

网购营销的模式是指通过网上购物的网站进行产品的销售及推广，开发出客户端的购物软件，将其投放到各大应用商店以及网站上，供用户免费下载，让消费者可以在手机上浏览网站商品信息，进行购物。

据《互联网周刊》& eNet 研究院选择排行数据调查，2019 年上半年度综合电商 App 和优惠比价 App Top10 排行如图 8-42 所示。电商购物 App 的出现也让网购发生了很多的变化，收集用户浏览、收藏和加购等信息推出用户感兴趣的产品，抓住碎片化的时间，让用户能在乘电梯、等公交车的时候完成购物，是移动电商 App 在设计上一种优化，大大提升了购物的转化率。

为了争夺网购市场，各大电商平台在开发和设计时都各显神通。淘宝网品类众多，适合所有人群，生活中需要的用品淘宝上几乎都能找到，但价格参差不一，质量难以保证。京东自营有专属快递，送货速度快，产品有质量保证，电子产品相比淘宝更专业，售前售后服务比较完善。拼多多在三四线城市和农村有很大的市场，价格便宜、实惠，但东西质量难以保证。

2019年上半年度优惠比价 App

排名	名称
1	折800
3	卷皮折扣
2	返利网
6	花生日记
5	一淘
4	淘粉吧
7	聚划算
9	返利淘联盟
8	网购联盟
10	小黑鱼

2019《互联网周刊》& eNet研究院选择排行

2019年上半年度综合电商 App

排名	名称
1	手机淘宝
2	京东
3	唯品会
4	拼多多
5	手机天猫
6	苏宁易购
7	网易严选
8	当当
9	国美
10	聚划算

2019《互联网周刊》& eNet研究院选择排行

图8－42　2019年上半年度电商类 App Top10 榜单

在榜单中排名第三的唯品会，其主营业务为互联网在线销售品牌折扣商品，涵盖名品服饰鞋包、美妆、母婴、居家等各大品类，目前已成为中国第三大电商。唯品会在中国开创了“名牌折扣＋限时抢购＋正品保障”的创新电商模式，并持续深化为“精选品牌＋深度折扣＋限时抢购”的正品特卖模式（见图8－4）。这一模式被形象地誉为“线上奥特莱斯”。

图8－43　唯品会 App 界面

5. O2O 营销模式

O2O（Online To Offline）是指线上线下电子商务，O2O 营销是将线上线下相结合的一种营销模式，这种模式结合了线上和线下的资源，可随时随地为消费者提供便捷的服务，效率高、成本低，尤其是与 App 的链接，充分运用了 App 跨领域、无边界、海量信息的优势，获得了很多企业的青睐。利用线上优势，深度挖掘线下资源，进而促成了线上线下的完美闭环营销体系。

O2O 模式下的热门 App，美食类有大众点评、饿了么、口碑等，团购类有美团、百度糯米等，出行类有滴滴出行、曹操出行等，旅游住宿类有携程旅行、去哪儿旅行等。

“大众点评”是一款汇聚吃喝玩等各类优惠信息的 App（见图 8－44），可以根据用户所在的位置搜索出附近最实惠的美食、休闲娱乐、购物、酒店等优惠券和折扣信息。涵盖全国大部分城市，用户将 App 下载到手机上后，打开后即可以看到所在城市的各类优惠信息。例如，如果想在自己所在位置周围查找餐饮美食的优惠信息，只要点击“附近”界面里的热门商圈或附近距离，符合要求的餐饮美食信息都会显示出来。

图 8－44 大众点评 App 界面

大众点评 App 集合了所有信息，不仅能够搜寻附近美食，也提供生活服务类的店家信息以及休闲旅游类的景点和住宿查询等。“大众点评”O2O 模式在于能够准确掌握线上用户的线下行为，记录线下消费者人数和消费金额。验证机记录的用户行为和数据即可传输到自己的应用后台，也可同步到店家的 CRM 系统，从而构成了一个相对的闭环。

O2O 的实质在于资源的整合和共享，这种模式充分调动了线上线下资源的合理配置，挖掘了线上线下资源的巨大潜力。只有线上和线下形成一个闭环才可能持续不断地运营下来，去为用户提供完善的服务。

6. LBS 营销模式

LBS（Location Based Services），基于位置服务，是由移动通信网络和卫星定位系统结合在一起提供的一种增值业务。LBS 营销是借助互联网为用户提供定位和终端服务的一种营销方式。

很多领域都采用了定位技术，采用 LBS 营销的 App 应用已经非常普遍。（1）导航类，如北斗导航、高德地图、百度地图等 App，能提供网络地图搜索服务，拥有导航功能、实时公交到站信息功能、优化路线算法功能、实时路况功能等，还可以为用户提供目的地附近的停车场、加油站等信息。（2）生活服务类，例如美团网、携程旅行、墨迹天气等 App，基于位置可以为用户提供周边的美食、购物、酒店住宿、天气等信息。（3）GPS 定位类，如 Keep、咕咚、悦跑圈等 App，可以记录跑步、走路轨迹，为用户提供多种运动的辅助，提醒用户坚持运动。（4）出行类，如滴滴出行、掌上公交等，可以为用户提供打车、公交车线路查询、站点查询等服务。

【想一想】上网搜索查找 App 内容营销成功的案例，并与同学们分享。

步骤四：选择 App 营销的推广渠道

目前，App 应用已经涉及各行各业，商家都在争夺 App 市场流量，App 应用的数量与日俱增。App 推广是提高 App 影响力的前提，可以使针对用户的营销达到事半功倍的效果。如何有效地推广 App，是商家必须考虑和重视的问题。

在目前的市场环境下，对 App 的推广渠道有很多，有线上推广和线下推广。其中，线上推广包括社区推广、社群推广、微博推广、口碑推广、应用商店推广等，这其中应用商店推广和新媒体推广是非常重要的两个渠道。下面我们一起来了解常见的推广渠道。

1. 线上推广

线上推广渠道很多，按照是否需要付费，可以分为免费推广和付费推广。付费推广中，有搜索引擎营销、广告联盟投放、门户网站合作、新闻传播推广、精准广告模式、事件炒作推广等方式。例如，在新冠疫情期间，口罩是紧俏品，一度限购，有些企业就开始向市民免费发放，领取的前提是用户必须是该 App 的注册用户（见图 8－45）。

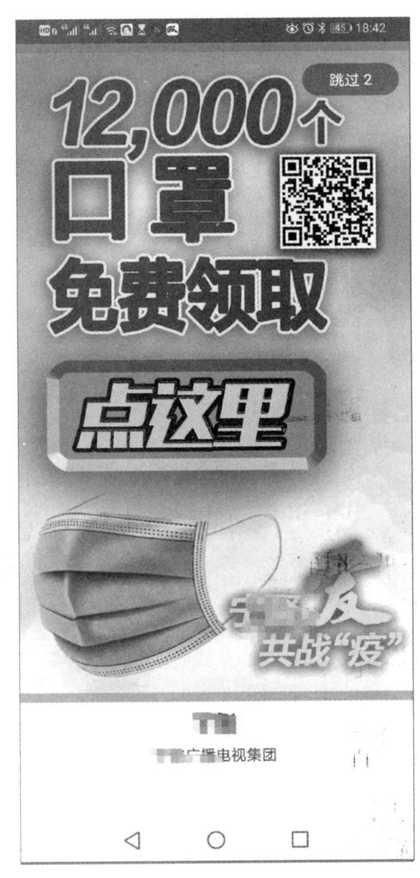

图 8－45　付费推广 App

2. 线下推广

线下推广的方式也有很多，如地推、活动推广等。地推，指针对以社区、高校等为主要组成部分的地面市场资源，利用实地宣传来进行传播的一种市场营销活动。策划地推之前，首先要准备好推广所需的材料，如含有 App 二维码的宣传海报、小礼品等，接着确定线下推广的场所和时间，如双休日在大型购物广场、门店等，然后招募推广的工作人员。

活动推广需要策划一场活动，在活动现场让观众扫码下载 App。为了达到更好的推广效果，前期需要对活动进行宣传。交通银行“买单吧” App 与多家餐饮店合作，推出“周五你惠红”活动（见图 8－46），鼓励到店消费的交通银行信用卡用户下载“买单吧” App，享受打折优惠。

3. 应用商店推广

除了扫码下载 App，多数用户会选择在应用商店搜索下载。应用商店主要以免费为主，在用户搜索之后，会推出很多相似的 App 供用户自行选择（见图 8－47）。在这个过程中，渠道推广专员要准备大量素材、测试等与应用市场对接，以便能够更好地完成效果评估。智能手机应用软件下载平台有如下几种：Android 系统的应用商店，苹果 ISO 系统的 App Store，腾讯的应用宝，360 的应用商店等。

图 8－46 线下推广 App

图 8－47 应用商店下载界面

4. 新媒体推广

新媒体包括网络电视、博客、微信、视频、电子杂志等网络媒体，手机媒体，数字电视和公交电视、地铁广告、楼宇电视等户外新媒体。企业可通过在新媒体策划系列活动宣传品牌、推广 App。如唯品会在某网络电视播放过程中插播 30 秒广告，宣传唯品会，引导用户下载 App 购买与影视主人公同款的衣服。

【想一想】 上网搜索使用 App 推广四种技巧的案例。

实战演练

实训目的： 通过实训，使学生能够掌握 App 营销的特点，能分析 App 的受众和目标，并策划一次 App 线下推广活动。

实训要求： 学生以小组为单位完成实训任务，在实训过程中充分讨论，得出一致结论。

实训 1： App 营销具有哪些特点？

实训 2： 如果你想设计一款针对少儿英语学习的 App，请你确定一下 App 的受众和目标，并填入表 8－5 中。

表 8－5　设计 App 前的头脑风暴

序号	问题	答案
1	App 受众是谁？	
2	怎样才能找到他们？	
3	他们的年龄段是什么？	
4	他们还有什么其他的兴趣？	
5	他们会怎样使用您的 App？	
6	他们为什么会使用您的 App？	
7	最初上市三个月的目标下载量是多少？	
8	理想的 App 留存率是多少？	

实训 3： 上网搜索记录表 8－6 中所列行业中前 10 名的 App 应用。

表 8－6　搜索各类应用 Top10 排行榜

序号	App 类型	Top10 排行榜
1	银行信用卡	
2	综合资讯	
3	综合电商	
4	在线视频	
5	电子读书	
6	在线音乐	
7	拍照美图	
8	中小学教育	
9	综合旅游服务	
10	学习工具	

实训4：请为一款儿童英语学习 App 策划一次线下推广活动，并做好记录。

项目评价

表 8－7 学生学习评价表

<table>
<tr><th rowspan="2">序号</th><th rowspan="2">知识点</th><th rowspan="2">评价标准</th><th colspan="2">学生自评</th><th colspan="2">教师评价</th></tr>
<tr><th>达标</th><th>未达标</th><th>达标</th><th>未达标</th></tr>
<tr><td>1</td><td>直播营销的概念</td><td>能够理解并复述概念</td><td></td><td></td><td></td><td></td></tr>
<tr><td>2</td><td>直播营销的四大要素</td><td>能够说出四大要素</td><td></td><td></td><td></td><td></td></tr>
<tr><td>3</td><td>百科营销的概念</td><td>能够理解并复述概念</td><td></td><td></td><td></td><td></td></tr>
<tr><td>4</td><td>直播营销与短视频营销的区别</td><td>能够举例说出两者的区别</td><td></td><td></td><td></td><td></td></tr>
<tr><td>5</td><td>问答营销的技巧</td><td>能够说出至少三种问答营销的技巧</td><td></td><td></td><td></td><td></td></tr>
<tr><td>6</td><td>App 营销的推广渠道</td><td>能够举例说出至少三种推广渠道</td><td></td><td></td><td></td><td></td></tr>
<tr><th rowspan="2">序号</th><th rowspan="2">技能点</th><th rowspan="2">评价标准</th><th colspan="2">学生自评</th><th colspan="2">教师评价</th></tr>
<tr><th>达标</th><th>未达标</th><th>达标</th><th>未达标</th></tr>
<tr><td>7</td><td>选择合适的直播平台</td><td>能够根据推广目标选择合适的直播平台</td><td></td><td></td><td></td><td></td></tr>
<tr><td>8</td><td>策划直播活动方案</td><td>能够复述直播活动策划步骤</td><td></td><td></td><td></td><td></td></tr>
<tr><td>9</td><td>百科营销模式</td><td>能策划一种百科营销的实施方案</td><td></td><td></td><td></td><td></td></tr>
<tr><td>10</td><td>百科营销技巧</td><td>能采纳一至两种百科营销技巧</td><td></td><td></td><td></td><td></td></tr>
<tr><td>11</td><td>问答营销表现形式</td><td>能够判断并分析问答营销的表现形式</td><td></td><td></td><td></td><td></td></tr>
<tr><td>12</td><td>问答营销的优势</td><td>能够在问答平台注册账号回答问题</td><td></td><td></td><td></td><td></td></tr>
<tr><td>13</td><td>线下推广 App</td><td>能够采用多种线下推广方式有效推广 App</td><td></td><td></td><td></td><td></td></tr>
<tr><td>14</td><td>App 营销的模式</td><td>能够辨认 App 营销的模式并分析该模式优点</td><td></td><td></td><td></td><td></td></tr>
<tr><th rowspan="2">序号</th><th rowspan="2">素质点</th><th rowspan="2">评价标准</th><th colspan="2">学生自评</th><th colspan="2">教师评价</th></tr>
<tr><th>达标</th><th>未达标</th><th>达标</th><th>未达标</th></tr>
<tr><td>15</td><td>创新意识</td><td>能够在设计 App 推广方案时推陈出新</td><td></td><td></td><td></td><td></td></tr>
<tr><td>16</td><td>协作精神</td><td>能够和团队成员协商，共同完成实训任务</td><td></td><td></td><td></td><td></td></tr>
<tr><td>17</td><td>资源整合能力</td><td>能够借助网络资源、周围人脉提出更多 App 营销的推广方法</td><td></td><td></td><td></td><td></td></tr>
</table>

思考练习

一、简答题

1. 什么是直播营销？直播营销的模式有哪些？
2. 直播营销与短视频营销的区别有哪些？

3. 百科营销的实施步骤有哪些？
4. 百科营销的优势有哪些？
5. 创建百科词条的技巧有哪些？
6. 问答营销平台有哪些？简述实施问答营销步骤。
7. 问答营销的技巧有哪些？
8. App 营销的推广渠道有哪些？

二、论述题

1. App 营销的特点有哪些？请分别为 App 营销的四种模式举个例子。

2. 阿里巴巴是全球最大的零售交易平台，而阿里巴巴的创始人马云却非常明确地表示："阿里巴巴不做帝国，而是做生态圈。"发展至今，阿里巴巴已经形成了完整的生态圈，四驾马车并驾齐驱。阿里巴巴生态圈中的每个体系都能够独当一面，形成了一个庞大的电子商务生态圈。

请问阿里巴巴的四驾马车分别是什么？阿里巴巴生态圈中的每一个体系是否可以作为 O2O 营销的切入口，它们又是如何实施 O2O 营销模式的？

三、案例分析

A 公司是一家传统的餐饮企业，因为受到"互联网 +"浪潮的冲击，企业的销售额大幅下跌。A 公司决定进行转型，由原来的运营模式转型成为"互联网 + 餐饮"模式，并制订了"三步走"计划。

第一步是握手互联网。A 公司先后入驻"美团外卖""口碑外卖"和"饿了么"外卖平台，打破原来单一的线下营销模式，将营销渠道扩展到互联网，形成了"线上点餐、线下消费"的 O2O 营销模式。

第二步是拥抱消费者。A 公司在 3 个外卖平台中积累了许多优质的客户资源，为了更好地服务消费者，A 公司对消费者进行全方位的人群画像分析，包括性别、年龄、职业、居住点和餐饮偏好等方面，甚至深入到同一消费者点餐频次、同一菜品的点餐率、菜品明星排行榜和消费者对菜品的满意度。

第三步是服务消费者。A 公司始终坚持"消费者至上"的经营理念，首先，大力主推热门菜品，进而打造明星菜品，形成口碑效应，其次是针对不同的消费群体定制专属菜品，例如白领餐、简便快餐、学生餐等，最后是定期进行消费者意见调查，了解消费者对菜品和服务的意见，并且不断改进和提升。

经过"三步走"计划的落地执行，A 公司成功转型，很快就扭转盈亏，销售额一路攀升，一度成为外卖平台的风云企业。

分析：A 公司在转型过程中采用了什么营销模式？A 公司转型成功的经验是什么？从该案例中可以看到要做好 O2O 营销，需要注意哪些事项？

项目九

网络营销策划

学习思维导图

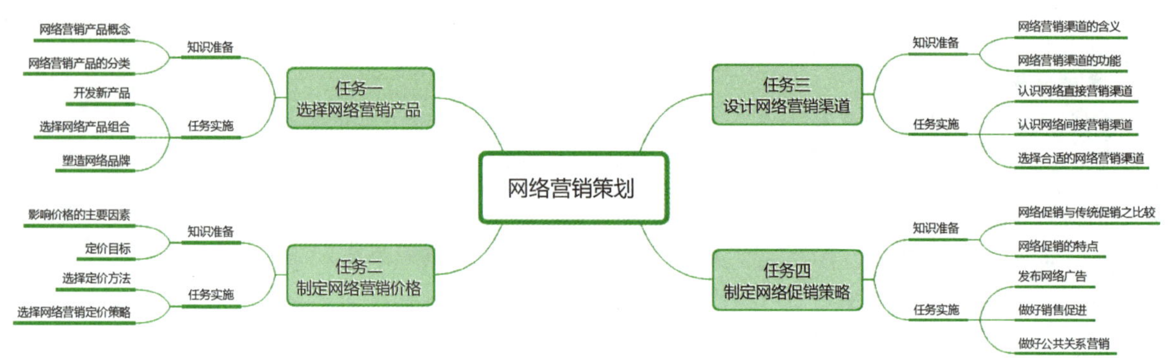

素质目标

□ 树立创新意识和创新精神，能够创新网络营销策划

□ 具备正确的价值观，开展各类积极向上的网络营销策划活动

□ 养成诚实守信、遵纪守法的习惯，合法开展各类网络营销策划活动

知识目标

□ 了解网络营销产品概念及产品分类

□ 掌握影响制定价格的主要因素

□ 熟悉网络营销渠道的含义和特点

□ 了解网络促销和传统促销的区别

□ 了解网络促销的功能和特点

能力目标

- ☐ 能够根据实际情况运用恰当的定价策略为产品定价
- ☐ 能够正确运用产品组合策略
- ☐ 能够为产品选择合适的网络分销渠道
- ☐ 能够熟练运用网络广告、公共关系营销等方式开展促销活动
- ☐ 能够根据实际情况开展网络营销策划活动

任务一　选择网络营销产品

微课：选择网络营销产品

案例导入

重庆女孩网上卖汉服，年销售额超200万元

从开始尝试设计第一件服装，到现在每季度推出上百套独家设计的汉服；从月营业额不足2000元的小店，到年销售额超过200万元、淘宝排名前三的汉服店铺……10年的积累使网店“衔泥小筑”成为引领汉服文化潮流的店铺之一。

毕业于艺术设计系的黄春燕，第一次接触淘宝是在2007年，那时她在“金夫人”担任网页设计师。“我喜欢自己设计衣服，很多朋友觉得不错，就让我替她们做。”黄春燕回忆说，由于设计的衣服比较受朋友喜爱，她就琢磨不如把衣服拿到网上卖。就这样，她的淘宝网店“衔泥小筑”诞生了。

“现在，我店里汉服的主要购买人群是热爱传统文化的22～28岁的年轻人。”黄春燕说，其中有从事与传统文化职业相关的人群，如茶艺师、民族乐器演奏师、传统婚庆主持人等，还有比例相当大的留学生。

目前黄春燕遇到的最大瓶颈是汉服的批量生产。“汉服的制作周期长，无法批量生产，导致供货速度远远达不到客户的要求。”黄春燕坦言，懂得汉服制作工序的师傅越来越少，有时候她也想多卖些汉服，但总是心有余而力不足。

不过，对于汉服市场前景，黄春燕倒是很有信心：“去年9月，我和老公在南滨路穿着汉服举行了中式婚礼。后来重庆的婚庆公司尤其是做汉服婚庆的，都来找我们联系服装。”说到今年的计划，黄春燕一脸期待：“希望能在观音桥或解放碑，开一家属于自己的汉服实体店。”

（资料来源：高亮：《重庆女孩网上卖汉服，年销售额超200万元》，《重庆商报》。）

思考：假如你要在网上创业，会选择汉服作为网上创业项目吗？为什么？

任务描述

随着互联网技术的发展以及经济全球化的发展，网络营销变得越来越重要，其产品概念及策略也有了新的特点和意义。为此，企业首先要从消费者角度出发，从整体上把

握网络营销产品的含义，充分满足消费者的需求；其次，在向市场提供的现有产品中选择合适的网络营销产品，在做好相应的产品网络营销的同时，企业要不断地开发新产品，适应消费者需求的变化；最后，要考虑网络产品组合，力争塑造网络品牌。

知识准备

一、网络营销产品的概念

产品是企业开展营销活动的基础。网络营销产品整体概念指的是通过网络营销，消费者所期望的能满足其需求的所有有形实物产品和无形服务，由核心产品、形式产品、期望产品、延伸产品和潜在产品五个层次构成。

1. 核心产品

核心产品是指消费者所期望的通过交易得到的最为核心或最为基本的效用。这一层次的效用是目标市场消费者所期望的无差别利益。企业进行网络营销就是要最大限度地向消费者提供各种效用。

2. 形式产品

形式产品是核心产品的物质载体，产品的基本效用通过形式产品的物质形态反映与体现出来。有形产品主要是由产品的质量水平、材质、式样、品牌、包装等因素构成。服务产品则主要是由服务的流程、服务人员、地点、时间、态度和品牌等构成。

3. 期望产品

期望产品是网络营销产品的整体概念中特有的层次，指网络目标市场中，消费者在购买产品前对所购产品的质量水平、特性、使用方便程度等方面的期望值。

4. 延伸产品

延伸产品是指在购物过程中，产品的生产者或经营者为消费者提供的附加服务，主要是为了协助顾客更充分、更好地获得核心产品带来的基本效用而派生的延伸性需求，通常包括售后服务、送货、质量保证、信贷、赠品等。

5. 潜在产品

潜在产品是指由企业提供的、延伸产品之外的、能满足消费者潜在需求的产品，主要指产品的超值利益。例如，谭木匠除了销售梳子之外，还为顾客提供诸如特殊的包装、个性化书签、卡片以及健康知识等附加的产品，使顾客买到的不光只是一把梳子。

二、网络营销产品的分类

在网络上销售的产品，按照产品性质的不同，可以分为两大类：实体产品和虚体产品。

1. 实体产品

实体产品是指具有物理形状的物质产品。在网络上销售实体产品的过程与传统的购物方式有所不同。在这里已没有传统的面对面的买卖方式，网络上的交互式交流成为买卖双方交流的主要形式。消费者或客户通过卖方的主页考察其产品，通过填写订单表达自己对品种、质量、价格、数量的选择；而卖方则将面对面的交货改为邮寄产品或送货上门。因此，网络销售也是直销方式的一种。

2. 虚体产品

虚体产品与实体产品的本质区别是：虚体产品一般是无形的，即使表现出一定形态也是通过其载体体现出来，但产品本身的性质和性能必须通过其他方式才能表现出来。在网络上销售的虚体产品可以分为数字商品和在线服务两大类（见表 9－1）。

表 9－1　虚体产品分类

商品形态		销售品种
虚体商品	数字商品	资料库检索、研究报、论文、电子新闻、电子书刊、电子报刊
		各类软件
		网络游戏、歌曲、电影、网络小说
	在线服务	股市行情分析、银行、金融咨询服务
		网络交友、远程医疗、法律救助
		航空/火车订票；预约饭店、餐馆；电影票、音乐会、球赛入场券预订；旅游预约服务；医院预约挂号

数字商品包括计算机系统软件和应用软件。网上软件销售商常常可以提供一段时间的试用期，允许用户试用并提出意见。好的软件很快能够吸引顾客，使他们爱不释手并为此慷慨解囊。

在线服务分为普通服务和信息咨询服务两大类。普通服务包括远程医疗、法律救助、航空火车订票、入场券预订、饭店旅游服务预约、医院预约挂号、电脑游戏、网络任务等；信息咨询服务包括法律咨询、医药咨询、股市行情分析、金融咨询、资料库检索、电子新闻、电子报刊等。

【议一议】我们在荔枝微课上购买的学习课程，属于哪种类型的商品？

任务实施

步骤一：开发新产品

不断开发新产品是企业在市场上求得生存和发展的重要条件之一。在开发新产品时，首先需研究在电子商务时代消费者的消费行为与消费需求的特点，进而确定网络营销新产品的定位和新产品的开发。在网络营销中，一般有六种常用的新产品开发策略：

1. 非连续性创新策略

这种策略是针对开发一种前所未有的新产品。音乐 CD 和电视机刚问世时就是非连续性创新产品。在互联网上，第一个网络授权软件、移动电话、搜索引擎等都属于这一类。

2. 连续性创新策略

这种策略是在已有新产品基础上连续推出一系列新产品，采用一种品牌命名，形成新的产品线。

3. 增加花色品种策略

这种策略是对现有产品增加花色品种，只是对产品线的延伸。

4. 改进或调整策略

这种策略是通过对现有产品的改进或调整而形成一种新产品，也可以用来替代旧产品。例如：以网站为基础的电子邮件系统是对基于客户端的电子邮件系统的发展；电子邮件系统不断增加邮件空间和其他增值服务等。

5. 重新定位策略

这种策略是将现有产品定位于新的目标市场，或者宣传和推广产品的新用途。例如：雅虎开始定位于网络搜索引擎，后来定位于提供多种服务的公共门户网站。

6. 低价格推出策略

这种策略是用低价与现存品牌展开竞争，以价格上的优势抢占市场。互联网在发展过程中甚至还有过许多免费的产品，目的就是抢占市场，待赢得客户群后，再推出其他产品。

步骤二：选择网络产品组合

产品组合，是指企业卖给消费者一组产品，包括一大类产品中的各种不同品种、价格的产品。企业通常将各种功能相似、用处相同、有关联的产品放在一起销售。网络营销产品组合是指网络营销企业向网络目标市场所提供的全部产品或业务的组合或搭配。具体来说，选择网络产品组合的策略包括收缩策略、扩张策略、高档化策略、低档化策略等。

1. 收缩策略

收缩策略就是企业减少经营的产品种类，缩小经营范围。该策略通常是在市场环境不好，或企业经营状况不景气等情况下采用，目的是降低经营成本，减少支出。

2. 扩张策略

扩张策略与收缩策略相反，是指企业增加经营的产品种类，扩大经营范围。如亚马逊公司在稳稳占领了图书这个主营商品市场后，开始增加新的经营品种，其业务范围已经从图书成功地拓展到其他利润丰厚的商品中去。房地产龙头企业恒大集团从地产主业到开拓创新多元发展即属于这种策略。恒大旅游打造了两大拳头产品“恒大童世界”和“恒大水世界”；恒大健康已在香港上市，着重打造填补空白的养生养老拳头产品“恒大养生谷”；恒大还进军新能源汽车产业，入主瑞典国家电动汽车有限公司 NEVS，获得有 75 年历史的瑞典萨博汽车核心技术。

3. 高档化策略

高档化策略是指企业在产品组合中增加一些质量好、价格高的高档产品，这主要是针对有强大消费能力的富裕阶层，以此提高企业的整体形象。如国际体育产品品牌耐克、阿迪达斯，国内体育用品公司李宁、安踏等针对高端客户群，推出一系列价格千元以上的高端运动产品，成功树立了高端企业形象。

4. 低档化策略

低档化策略与高档化策略相反，企业在产品组合中增加一些价格较低的产品，这样可以吸引普通消费者，以扩大企业的生产规模。例如，总资产和年销售额都创造过世界第一的美国通用汽车公司，其网站上不仅销售新车，同时还提供旧车交易。购二手车可进入标有“经 GM 认可确保质量的二手车”字样的网页进行选择。此举如今已被其他厂商效仿，纷纷利用各自的网站进行旧车交易。

步骤三：塑造网络品牌

网络品牌，是指企业利用各种网络传播手段，如企业网站、网络广告、虚拟社区等，在互联网环境中塑造或传播的品牌。

网络品牌可以分为三种类型：纯网络品牌、不完全网络品牌、“伪”网络品牌。纯网络品牌指完全依托于网络手段建立起来的或者是完全依赖于网络环境生存的品牌，其产品完全通过网络进行销售，如 QQ 即时通信、当当网等。不完全网络品牌可以理解为传统品牌在互联网上延伸而形成的网络品牌，它们的产品可以是数字化产品，也可以是实体产品，如 Disney、海尔等，Disney 的产品既有音乐、游戏等数字化产品，也有画册、饰品等实体产品。“伪”网络品牌可以理解为传统企业借助于网络实现原有品牌的延伸，或者说拓展到互联网上，即传统品牌的网络化，但企业的经营核心仍专注于传统领域业务，如耐克、可口可乐、谭木匠等。

一个网络新品牌，往往因其缺乏知名度而难以获得消费者的关注和信任，这就需要企业投入精力去推广品牌。一般来说，新品牌的塑造过程有三个阶段：

第一阶段：品牌传播。

这一阶段的推广方式主要有搜索引擎优化、搜索引擎营销、新闻公关传播、软文推广等。目标在于提高品牌的知名度，提高企业网站的访问量。

第二阶段：口碑传播。

这一阶段可以采取在百度知道、问答、天涯、爱问等网站展开互动营销，从品牌、质量、价格等方面结合新品牌的产品和品牌信息与消费者进行互动，还可以借助论坛、社区、微博、博客等平台与网上用户进行互动式交流，引导目标消费者对新品牌的认知，及时了解潜在客户的需求，实现精细化营销，使品牌知名度和美誉度不断上升。目标在于根据消费者遇到的问题，有针对性地与消费者进行互动交流，提升品牌口碑。

第三阶段：精准营销。

经过前两个阶段的推广，品牌已经有了一定的知名度，并积累了一定数量的潜在客户。此时最重要的是留住潜在客户，并将潜在客户变成真正的客户。基于此，这个阶段网络营销的重点转为精准营销，分析潜在客户主要关注的产品和服务，并收集客户的资料，定期向目标客户发送促销活动等。

实战演练

实训目的：通过实训，能够掌握新产品开发策略，为将来网上创业打下基础。

实训要求：学生以小组为单位完成实训任务，在实训过程中充分讨论，得出一致结论。

实训 1：列出你认为最适合于网络销售的产品，并说明原因（见表 9－2）。

表9-2 适合于通过网络销售的产品

序号	产品名称	说明原因
1		
2		
3		
4		
5		

实训2：根据所学的六种新产品策略，登录商业网站开展网络调查，找出商业网站中的实例并分析效果（见表9-3）。

表9-3 分析新产品策略

新产品策略	网站名称	产品名称	效果分析
非连续性创新策略			
连续性创新策略			
增加花色品种策略			
改进或调整策略			
重新定位策略			
低价格推出策略			

任务二 制订网络营销价格

微课：制订网络营销价格

案例导入

随着近年来传统文化复兴浪潮的到来，《三生三世十里桃花》《庆余年》等古装影视剧占据热播榜，穿“汉服”在年轻人中成为一股风潮，在抖音、快手、B站、微博的推波助澜下，汉服产业正急速膨胀。

汉服爱好者人数仅约200万人是一个相对小众的群体，但这一群体支撑的消费规模却突破10亿元，说明这一群体的消费力强并且消费热情高、黏性大。

近几年，汉服市场获得资本青睐，正在向品牌化、细分化的方向发展。2019年9月，盘子女人坊从中国古风摄影服务平台分离出汉服品牌，正式进军汉服产业。森马服饰集团从童装着手也开始布局汉服市场。

从汉服消费者人群的汉服拥有率来看，2019年，约55.5%的汉服爱好者拥有2~4套的汉服，拥有5套汉服及以上的消费者数量约占15.3%，总体的汉服人均拥有量约为3件。

对于单套汉服的价格，约一半的汉服消费者表示300～500元为通常购买的价格带，同时也有31.9%的消费者表示可接受500～1000元甚至以上的汉服。

（资料来源：https：//www.iimedia.cn/。）

思考：对于单套汉服的价格，你能接受的价位是多少？你认为应该如何为汉服定价？

任务描述

网络销售吸引了大量的消费者。对于大部分消费者来说，商品的价格高低是决定自己最终会不会选择购买这件商品的第一要素，甚至是决定性要素。所以，对于商家来说，如何制定合适的价格，打开网络市场，促进产品的销售也就显得尤为重要。在本任务中，我们将学习各种网络定价方法以及网络营销定价策略。

知识准备

一、影响价格的主要因素

制定产品或者服务在网上的销售价格，首先必须了解价格高低受到哪些因素的影响。影响网上销售价格的因素很多，如成本的高低、市场需求状况、如何通过价格与同行开展竞争、产品的生命周期、线上线下商品价格的协调、网络平台的某些规定、相关法律法规及政策的规定等等。这些影响网上价格的因素当中，最主要的因素是成本、市场需求、竞争。产品的最低价格取决于该产品的成本费用，高价格取决于产品的市场需求。在最低价和最高价的幅度内，企业能把该产品的价格定多高，则取决于竞争对手同种产品的价格水平。

1. 成本

成本是每一位网络销售者在制定网上价格时不容忽视的问题，因为成本决定了价格上下波动的底线，从长期来看，价格一般都要高于成本。网络产品成本包括生产成本和网络化建设成本。网络化建设成本包括网络硬件及相关软件成本、网络维护成本、网站推广成本、顾客服务成本以及物流配送成本。

2. 市场需求

一般来讲，当商品的市场需求大于供给时，价格应高一些；当商品的市场需求小于供给时，价格应低一些。

3. 竞争因素

在企业竞争的市场中，价格是由众多买者和卖者共同作用的结果。制定价格时，要考虑市场整体行情；行业的热销品牌、品类、产品；行业同期促销的情况，如最近同行上了聚划算；行业是否有大的变化，如某品牌正在得到淘品牌的支持等。

4. 其他因素

产品的生命周期、线上线下商品价格的协调、淘宝或者拍拍等交易平台的某些规定、国家相关法律法规及税收政策的规定等等，这些都会直接影响企业产品的定价。

二、定价目标

定价之前先要考虑一下这个产品是用来与同行对手开展竞争，还是靠它赚钱，或者是用来赚人气等，这就涉及定价目标的确定。定价目标是指企业希望通过产品定价所要达到的目的或结果。不同的企业有不同的定价目标，同一企业在不同的发展阶段的定价目标也不同。同时，企业定价目标往往不是单一的，而是多元化的。定价目标的确定要服务于企业整体营销目标的实现。网络营销定价目标主要有以下五种：

1. 生存目标

生存目标是指企业以生存作为产品或服务定价的首选目标，暂时不考虑赢利和发展。在以生存目标进行产品定价时，企业首先考虑在弥补产品成本费用的基础上选择低价策略，以维持企业生存。

2. 利润最大化目标

利润最大化目标是指企业根据当前市场需求和供给状况，结合企业的产品优势和市场竞争优势，选择以利润最大化作为定价目标。一般情况下，只有那些产品品牌知名度较高、顾客愿意为获得产品而支付较高价格的企业或垄断性企业才有可能选择利润最大化目标。

3. 市场占有率最大化目标

市场占有率最大化目标是指产品定价以能否增加市场份额为考虑因素，实现企业扩大市场占有率的目标。以此为定价目标的企业一般采用低价策略，以希望在最短的时间内占领市场。许多具有一定竞争优势的企业在市场成长期往往选择此定价目标。

4. 产品质量最优目标

产品质量最优目标是指企业的产品定价以产品质量为基础，并且有利于提高产品质量。产品质量与价格一般成正比。产品质量不仅包括性能质量，还包括服务质量。网络营销服务的低成本特点，使企业有条件为顾客提供高质量的服务，如即时应答、快速发货等，从而提高顾客满意度。同时，产品的性能质量是由顾客决定的，它以顾客的需求和支付成本为基础。

5. 应对和防止竞争目标

当企业具有较强的实力、在行业中居于价格领导地位时，其定价目标主要是应对竞争者或阻止竞争对手，故企业常常首先变动价格；当企业具有一定竞争实力、居于市场竞争挑战者位置时，其定价目标是攻击竞争对手、侵蚀竞争对手的市场份额，故其制定的价格相对较低。而市场竞争力较弱的中小企业，在竞争中为防止竞争对手的报复，一般不首先变动价格，在制定价格时主要跟随市场领导者的价格。

任务实施

步骤一：选择定价方法

影响网络营销定价高低的主要因素是成本、市场需求和竞争。与此相对应，定价方法主要有三大类：成本导向定价法、需求导向定价法、竞争导向定价法。

1. 成本导向定价法

成本导向定价法是以产品单位成本为基本依据，再加上预期利润来确定价格的一种定价方法。定价时只考虑成本的定价方法包括成本加成定价法、保本定价法、投资回收定价法。其中成本加成定价法是目前最基本、最普遍的定价方法。

成本加成定价法就是在产品单位成本的基础上，加上预期利润作为产品的销售价格。计算公式为：

进货成本 + 仓库成本 + 推广成本 + 其他费用 + 利润 = 最终定价

以品牌服装为例：

30 元（进货成本）+ 1 元（仓库成本）+ 10 元（推广成本）+ 10 元（员工成本）+ 10 元（利润）= 61 元（最终定价）

2. 需求导向定价法

需求导向定价法又称顾客导向定价法，是指企业根据市场需求状况和消费者的不同反应，分别确定产品价格的一种定价方式。其特点是：平均成本相同的同一产品价格，随需求变化而变化。需求导向定价法一般是以该产品的历史价格为基础，根据市场需求变化情况，在一定的幅度内变动价格，以致同一产品可以按两种或两种以上价格销售。这种差价可以因顾客的购买能力、对产品的需求情况、产品的型号和式样，以及时间、地点等因素而采用不同的形式。如以产品式样为基础的差别定价，同一产品因花色款式不同而售价不同，但与改变式样所花费的成本并不成比例；以场所为基础的差别定价，虽然成本相同，但具体地点不同，价格也有差别。

3. 竞争导向定价法

这一方法的特点是参照竞争对手的产品价格来定价，不太考虑产品成本，也不太注重价格与需求之间的关系。在充分考虑了本企业产品的竞争能力后，选择和确定最有利于自己获胜的价格。根据本企业产品的竞争能力，定价又可分为跟随法、高价法和低价法三种。

（1）跟随法。当本企业对顾客和竞争对手的反应都没有把握时，即可采用跟随法定价以市场价作为自己的价格水平，然后再考虑自己产品的成本。

（2）高价法。当本企业的产品质量或花色款式特别良好，售前、售中、售后服务又特别周到时，就可以把商品价格定得高一些。

（3）低价法。当本企业的产品成本低于同行业的平均成本时，就可以把商品价格定得低一些，以扩大自己商品的市场占有率，甚至可争取到已被竞争对手占领的市场。

步骤二：选择网络营销定价策略

1. 个性化定价策略

消费者往往对产品性能、外观、样式等方面有具体的内在个性化需求，即所谓的“私人订制”。因此，企业也可以根据消费者的需求进行有针对性的定价。个性化定价策略就是利用网络互动性和消费者的个性化需求来确定商品价格的一种策略。网络的互动性可以随时获得消费者的需求，使“一对一”的个性化营销成为可能。个性化服务是互联网诞生后网络营销方式的一种创新，个性化定价策略也已经成为网络营销的重要策略。

案例重现

Dell公司的用户可以通过其网页了解各型号产品的基本配置和基本功能，根据实际需要，在能承担的价格内，配置出自己最满意的产品，使消费者能够一次性买到自己中意的产品。在配置电脑的同时，消费者也相应地选择了自己认为价格合适的产品，因此对产品价格有比较透明的认识，增加企业对消费者的信用。

目前这种允许消费者定制定价订货的尝试还只是初步阶段，消费者只能在有限的范围内进行挑选，企业还不能完全满足消费者所有的个性化需求。

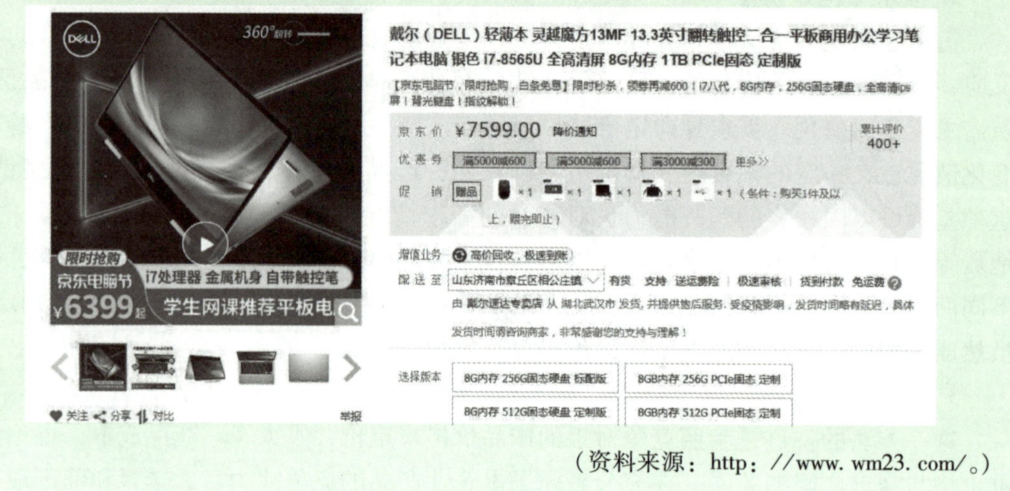

（资料来源：http：//www.wm23.com/。）

2. 低价定价策略

网络由于销售成本比传统销售渠道的销售费用要低，所以低价策略能得以实现。另据调查显示，大部分人选择网络购物一方面是因为其便利，另一方面则是由于价格低廉。

低价定价策略主要包括直接低价、折扣低价和促销低价三种策略。

（1）直接低价策略。由于采用直接低价策略的企业在定价时大多采用成本加利润（有时甚至是零利润）的方法，因此这种定价在公开价格时就比同类产品要低。它一般是制造业企业在网上进行直销时采用的定价方式，如Dell公司电脑定价比同性能的其他公司的产品低10%～15%。

（2）折扣低价策略。它是在原价基础上进行折扣来定价的。这种定价方式可以让顾客直接了解产品的降价幅度以促进顾客的购买，一般按照市面上的流行价格进行折扣定价。图9－1显示就是京东数码产品折扣促销页面。

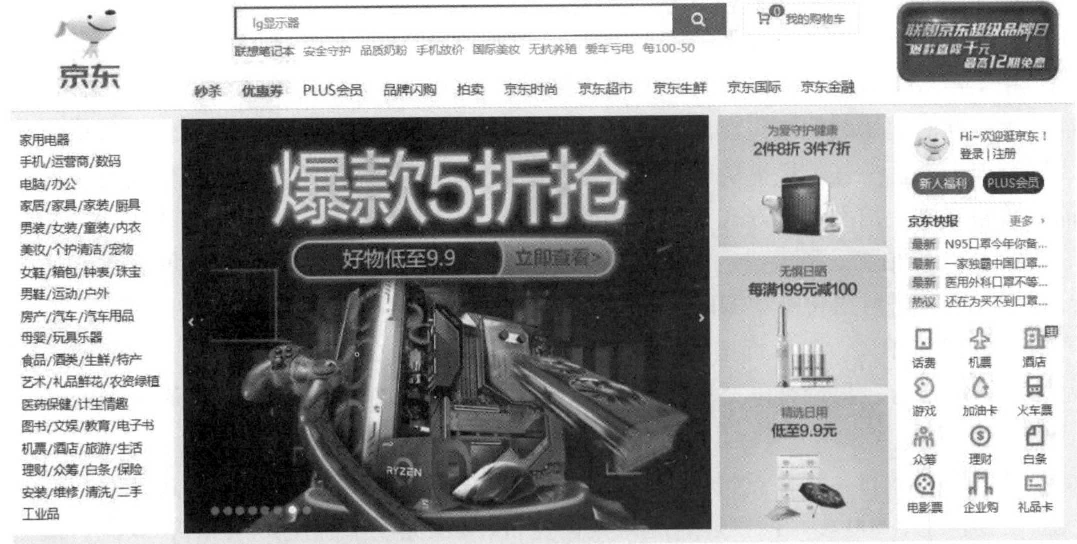

图9－1　京东数码产品折扣促销页面

【想一想】 哪些商品在网上销售时适合采用低价定价策略？请列举出几个具体的商品类别或名称。

(3) 促销低价策略。是指网络企业以促销为目的，通过某些方式给顾客一定的实惠变相降低产品价格的定价策略。许多企业为打开网上销售局面或推广新产品，在产品价格不具备长期低价的条件下，往往采用临时性的、短期的促销低价策略。

3. 免费定价策略

免费定价策略就是将企业的产品或服务以零价格或近乎零价格的形式提供给顾客使用，满足顾客需求。采用免费定价策略的产品一般都是利用产品成长推动占领市场，帮助企业通过其他渠道获取收益，为未来市场发展打下基础。免费定价策略常见的形式有：

(1) 完全免费。即产品（服务）在购买、使用和售后服务等所有环节都实行免费服务，如《人民日报》的电子版在网上可以免费使用；美国在线公司成立之初，提供免费的美国在线软件，5年间，公司吸收到100万个用户。

(2) 限制免费。即产品（服务）可以被有限次使用，超过一定期限或者次数后，就不再享受免费的定价策略。如：X－tools公司的CRM产品可以免费试用30天。使用30天后还想继续使用则需要付费。

(3) 部分免费。部分免费是指对产品整体中某一部分或服务全过程的某一环节的消费可以享受免费的定价策略。如一些网络电影或歌曲，只能免费播放某片段或试看5分钟，要想观看或收听全部内容，则需要付费。

【议一议】 你是否在网上使用过免费的商品？企业在采用免费价格策略后，其收益如何保障？

采用此类策略的企业大多出于以下两方面的考虑：一是让用户免费使用习惯后再开始收费；二是想挖掘后续商业价值，从战略发展需要出发，先占领市场，再从市场中获取收益。

4. 拍卖定价策略

拍卖定价策略是一种较为新颖的定价策略。拍卖定价策略的前提是商品稀少、市场需求大。商品起始的价格非常低，甚至为零，但经过一番消费者的争夺后，其价格便会无限制地上涨。一些数量稀少难以确定价格的商品甚至其竞拍的价格会高于同类一般商品的价格。网上拍卖竞价方式有如下几种：

（1）竞价拍卖。最大量的是 C2C 的交易，包括二手货、收藏品，也可以是普通商品以拍卖方式进行出售。如 HP 公司也将公司的一些库存积压产品放到网上拍卖。

（2）竞价拍买。是竞价拍卖的反向过程，消费者提出一个价格范围，求购某一商品，由商家出价，出价可以是公开的或隐蔽的，消费者将与出价最低或最接近的商家成交。

（3）集体议价。集体竞价模式，是一种由消费者集体议价的交易方式。如在雅宝竞价交易网上，500 多个网民联合起来集体竞价，《没完没了》电影票原价 30 元，最后他们 5 元就可以购得。

5. 使用定价策略

使用定价是指顾客在企业的网站注册后，无须完全购买就可以直接使用企业的产品或服务，企业则按照顾客使用产品的数量或接受服务的次数进行计费。这一方面减少了企业为完全出售产品而进行的不必要的大量的生产和包装浪费，同时还可以吸引过去那些有顾虑的顾客使用产品，扩大市场份额。顾客每次只是根据使用次数付款，节省了购买产品、安装产品、处置产品的麻烦，还可以节省不必要的开销。采用按使用次数定价，一般要考虑产品是否适合通过互联网传输，是否可以实现远程调用。目前，比较适合的产品有软件、音乐、电影等。

6. 心理定价策略

心理定价策略是指网络企业根据消费者的不同心理需求和对不同价格的心理感受，有意识地采用多种价格形式，以实现促进销售的目的。

（1）尾数定价。保留价格尾数，采用零头标价。如 9.90 元，而不是 10 元，使价格保留在较低一级档次。尾数定价一方面给人以便宜感，另一方面又因标价精确给人以信赖感。尾数定价用以满足消费者的求实消费心理，使之感到商品物美价廉。对于需求价格弹性较强的商品，尾数定价策略往往会带来需求量大幅度的增加。

（2）整数定价。采用合零凑整的方法，制定整数价格。例如，将价格定为 1000 元，而不是 999 元。这样使价格上升到较高一级档次，借以满足消费者的高消费心理。顾客会感到消费这种商品与其地位、身份、家庭等协调一致，从而迅速做出购买决定。

（3）声望定价。针对消费者“一分钱一分货”的购物心理，对在消费者心目中享有声望的产品制定较高的价格。特别是对于一些产品质量不易鉴别、产品成本不易估算的产品，比较适合采用这种方法。因为，对于这类产品，价格高低常常被视为产品质量高低的最直观反映，特别是消费者在识别名优产品时，这种意识尤为强烈。

（4）弧形数字定价。据调查发现，商品定价时所用数字的频率依次是 5、8、0、3、6、9、2、4、7、1。这不是偶然的，究其根源是顾客消费心理的作用。带有弧形线条的数字，如5、8、0、3、6等比不带弧线的数字有刺激感，易为顾客接受；不带有弧形线条的数字，如4、7、1等相比而言就不大受欢迎。

（5）分割定价。分割定价包括两种形式，一是用较小的单位报价。例如，每千克1000元的人参，定成每克1元；大米每吨2000元报成每千克2元等。二是用较小单位商品的价格进行比较。价格分割能造成买方心理上的价格便宜感。

实战演练

实训目的：通过实训，能够掌握在线产品定价的方法，学会分析网络销售定价策略，提高市场洞察力。

实训要求：学生以小组为单位完成实训任务，在实训过程中充分讨论，得出一致结论。

实训1：在淘宝商城、京东商城、当当网、苏宁易购等几家网站上，分别从化妆品、食品类、服装鞋帽类等大类中选择几种商品，查询其价格，并说明其采用了哪种定价策略，将结果填入表9－4。

表9－4　分析商品定价策略

商品名称			
定价方法			
定价方法分析			
商品名称与规格	网站	价格	定价策略
	淘宝商城		
	京东商城		
	当当网		
	苏宁易购		

实训2：选择一款适合网络销售的产品，采用合适的定价方法及策略为其制定价格，并写出实训报告。

任务三　设计网络营销渠道

微课：设计网络营销渠道

案例导入

就在电商们享受一个又一个“狂欢”且赚得盆满钵满之时，家电实体店的世界却愈发“寒冷”。究其原因：一是电商等新渠道的兴起速度太快、手段太强势，实体店的整体转型没有跟上步伐；二是大量消费者年轻化后，生活方式、购买方式的改变，让曾经的主角实体店被冷落；三是大量的家电实体店总想着等待、煎熬，没想到突破和变赛道。

就在过去几年，整个家电实体店阵营已多极分化：一部分成为品牌的旗舰店、体验店，跟上大企业的步伐并抱团；另一部分成为苏宁、国美等线下全国和地方连锁卖场加盟商，谋求自救；还有一部分则成京东、天猫等电商平台的线下加盟商，希望拥抱互联网大潮；此外，还有一部分则是传统家电代理商下面的分销商、提货商，日子过得艰难。除此之外，在投机空间越来越小，缝隙市场越来越少的情况下，真不知道那些"身单力薄"的家电实体门店，未来出路在哪里？

（资料来源：http：//www.100ec.cn。）

思考：假如你是家电中间商，你会如何为你的产品设计网络营销渠道呢？

任务描述

网上销售产品，在销售渠道的设计方面，企业可以建立属于公司的独立网上商店，也可以在一些网络平台开设专营公司产品的店铺，或者采用网络代销、经销的方式，寻找销售商。在本次任务中，我们学习网络营销渠道的功能，掌握网络营销直接渠道和间接渠道，为将来从事网络营销工作奠定基础。

知识准备

一、网络营销渠道的含义

网络营销渠道，是借助互联网将产品从生产者转移到消费者的所有中间环节，其中包括各类电子中间商以及其他可以协助产品到达消费者的个人和企业，如运输公司、网上银行。它一方面为消费者提供产品信息，供消费者进行选择；另一方面，在消费者选择产品后，能完成交易手续。

在传统分销渠道中，中间商是极其重要的组成部分。中间商之所以占有重要地位，是因为其能够在产品推广和进入目标市场方面发挥较高的效率。中间商凭借其业务往来关系、经验、专业化和规模经营，提供给公司的利润通常高于自营商店所能获取的利润。但在网络营销渠道中，中间商凭借地缘因素获取的优势被互联网的虚拟性所取代。同时，互联网高效的信息交换，省去了传统营销渠道的诸多环节，将错综复杂的关系简化为单一关系。传统分销渠道与网络营销渠道的结构图如图9－2、图9－3所示。

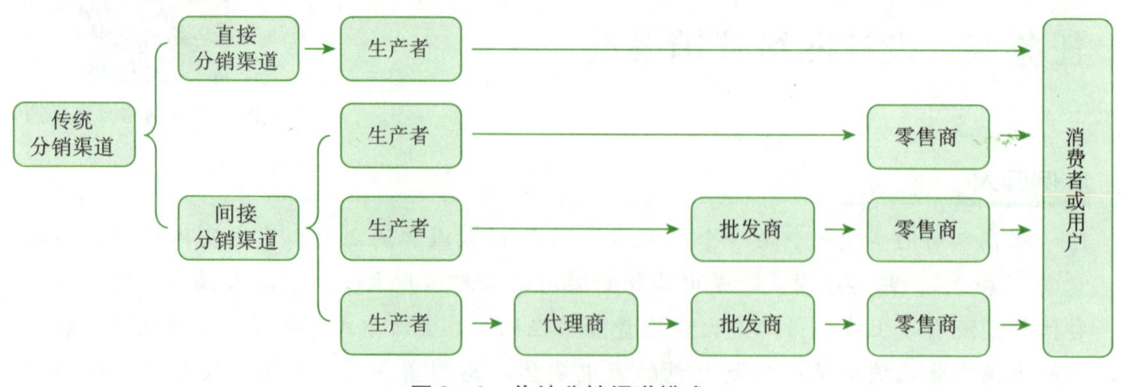

图9－2　传统分销渠道模式

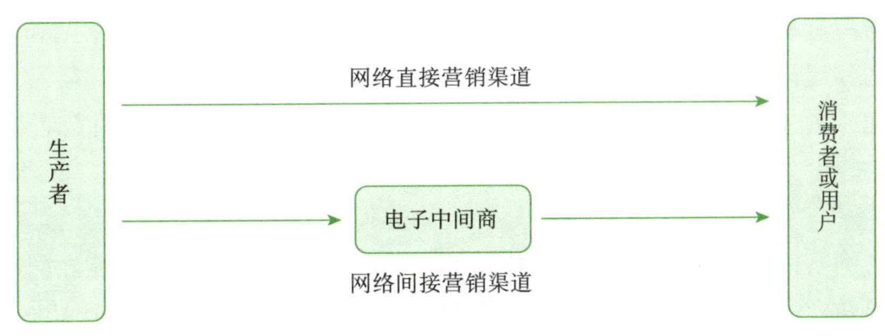

图 9-3　网络营销渠道模式

二、网络营销渠道的功能

网络营销渠道一方面要为消费者提供产品信息，方便消费者进行选择；另一方面，在消费者选择产品后要能完成一手交钱一手交货的交易手续，当然交钱和交货不一定要同时进行。因此，一个完善的网上营销渠道应有三大功能：

1. 订货交易功能

此功能可为客户提供产品信息，同时方便厂家获取客户的需求信息，以求达成交易。比如，宝洁公司将本公司的计算机与沃尔玛超市记录商品销售数据的计算机连接在一起，使沃尔玛超市可以随时将宝洁产品的销售情况反馈给宝洁公司，从而随时补货。这使宝洁公司和沃尔玛超市都可以最大限度地降低库存，减少成本。

2. 支付结算功能

消费者在购买产品后，希望以自己方便的方式进行付款，因此商家应有多种结算方式。我国大多数银行已经开通了网上支付，企业（个人）可根据需要申请开通网上支付功能。同时，很多第三方也提供相应的网上支付方案，例如支付宝、微信等。

3. 物流配送功能

一般来说，对于无形产品如服务、软件、音乐等可以直接通过网上进行配送；而对于有形产品的配送，则要涉及运输和仓储问题。专业配送公司的存在是网上商店发展较为迅速的原因之一。在我国，比较知名的物流配送公司有顺丰、圆通、中通、申通、京东物流、中国邮政速递、中铁快运公司等。

任务实施

步骤一：认识网络直接营销渠道

网络直接营销渠道是指生产企业不通过中间商，直接利用自己的营销网站与消费者进行商品交换。例如，海尔商城采用的就是网络直接营销渠道模式。

1. 优点

生产企业能够直接接触消费者，企业可以直接从网站收集获得真实的第一手市场需求信息；网络直接营销降低了企业的营销成本，因此企业能够以较低的价格销售自己的产品，消费者也能够买到低于传统市场价格的产品；企业能够利用网络工具直接联系消费者，及时了解用户对产品的愿望和需要，并据此开展各种形式的促销活动，迅速扩大产品的市场占有率。企业一方面能通过网络及时了解消费者对产品的意见和建议，并针对这些意见和建议，向顾客提供技术服务，解决疑难问题，提高产品的质量，改善企业的经营管理；另一方面，通过这种一对一的销售模式，企业可以与消费者建立良好的关系。

2. 缺点

互联网确实使企业有可能直接面对所有顾客，但这仅仅是一种可能。只有那些真正有特色的网站才会有大量的访问者。互联网给企业带来的更为现实的问题是“赢者通吃”。要解决这个问题，一是尽快建立高水准的专门服务于商务活动的网络信息服务中心，但这对于一般的企业来说难度较大；二是借助网络的间接营销渠道。

步骤二：认识网络间接营销渠道

网络间接营销渠道，是指生产企业通过网络中间商或网络交易平台，把产品销售给最终用户。网络间接营销渠道比网络直接营销渠道多了一个网络商品交易中介机构，这类机构成为连接买卖双方的枢纽。中国商品交易中心、商务商品交易中心、中国国际商务中心以及阿里巴巴网站等都属于此类中介机构。

1. 优点

（1）可以解决“拿钱不给货”或者“拿货不给钱”的问题，从而大大降低了买卖双方的风险，确保了双方的利益。一般来说，这些专业的网络中介机构知名度高、信誉好。

（2）由于网络中介机构汇集了大量的产品信息，消费者进入一个网站（中介机构）就可以获得不同厂家的同类产品的信息，生产企业也只需要通过同一个中间环节就可以和消费者发生交易关系，从而大大简化了交易过程，加快了交易速度，使生产企业和消费者都感到方便快捷。

（3）在结算方式上，网络商品交易中心一般采用统一集中的结算模式，即在指定的商业银行开设统一的结算账户，对结算资金实行统一管理，从而有效地避免了多形式、多层次的资金截留、占用和挪用，极大地提高了资金的风险防范能力。

2. 缺点

信息资料的充实有待于更多的企业、商家和消费者参与；整个交易系统的技术水平与飞速发展的计算机网络技术难以保持同步等。

步骤三：选择合适的网络营销渠道

网络营销渠道的选择受到多种因素的影响。

1. 产品因素

（1）产品价格。价格相同时宜进行经济效益比较。如果企业以相同的价格销售产品且直接销售的销售量小于或等于间接销售的销售量时，由于直接销售要占用大量资金，增加销售费用，则间接销售带来的收益多，宜采用间接销售渠道；若企业以相同的价格销售产品且直接销售的销售量大于间接销售的销售量，足以弥补其增加的销售费用，则宜采用直接销售渠道。价格不相等时主要比较两者的销售量差异。若销售量相等，直接销售多采用零售价格，虽然其价格高，但支付的销售费用也高；间接销售采用出厂价，但支付的销售费用也少。

（2）产品的特性。有些产品具有很高的技术性，需要经常的技术更新与服务，为让消费者放心，保证向客户提供技术服务，这类产品宜采取网络直销；有些产品由于是一次性的，不需要时常更新，销售分散，则宜放在类似淘宝网的网上商城出售。

（3）产品的标准化程度。标准化的商品具有固定的规格、式样和质量标准，产品间的差异性小，可以采用网络分销；有些产品需要根据消费者的特殊要求进行生产，宜采用直销的方式。

（4）新产品。新产品需要大力宣传，因此网络直接销售和间接销售宜同时进行。

2. 市场因素

（1）目标市场范围。目标市场范围越大，渠道相应越长。

（2）客户集中程度。客户分布集中时适合直接销售；反之，适合间接销售。

（3）客户的购物习惯。指客户习惯于何时、何地、以何种方式购买。对于喜欢到企业购买商品、购买量大的消费者，企业可采取直接销售。

（4）需求的季节性。对于一些季节性商品，应充分发挥中间商的储运功能，以便均衡生产和及时供货。

（5）竞争状况。应尽量避免与竞争者采取相同或相近的销售渠道，除非自己的产品有独特之处。

3. 企业自身因素

企业自身因素包括企业的生产经营规模、企业的声誉和形象、企业的经营能力和管理经验、企业控制渠道的程度等。如生产企业本身规模大、财力雄厚、声誉较好，则可以建立自己的营销网点，或选择较短的营销渠道。

4. 中间商因素

中间商的因素包括中间商的经销积极性、中间商的上货条件、中间商开拓市场的能力、中间商的规模等。

5. 市场环境因素

在宏观经济形势不景气的情况下，生产者要控制销售费用，降低售价，常常减少流通环节，使渠道变短、变窄。此外，如税收政策、价格政策、出口政策、商品检验规定等，也都会影响销售渠道的选择。

实战演练

实训目的：通过实训，能够学会分析网络营销渠道策略，掌握为产品选择网络销售渠道的方法。

实训要求：学生以小组为单位完成实训任务，在实训过程中充分讨论，得出一致结论。

实训 1：针对你的 QQ 好友、微信朋友圈中的商业经营活动，分析经营的产品或服务的渠道设计。

实训2：登录京东商城官网（https：//www.jd.com/），选择某一品牌旗舰店进行分析。

（1）该旗舰店网上购物流程是怎样的？

（2）付款方式有哪些？

（3）配送服务有哪些？

（4）比较该品牌的传统销售渠道和网络销售渠道，分析网络销售渠道的优势。

任务四　制订网络促销策略

微课：制订网络促销策略

案例导入

每年9月底至11月是大闸蟹的“当造”（即丰收）季节，而大闸蟹方面的销售也是生鲜电商平台获取或增加平台流量的方式，其中折扣是各个平台大闸蟹销售的“重头戏”。据南都记者报道，大闸蟹在销售旺季中均有力度较大的折扣，那么今年大闸蟹售价的优惠幅度如何？通过对上述生鲜电商平台统计，记者了解到，就大闸蟹打折（包括团购、促销）促销数目上，京东生鲜（仅限自营和使用京东物流）打折产品数量最多，约100种以上。与此同时，南都记者以目前主流的4两重公大闸蟹和3两重母大闸蟹作为抽样调查样本，发现除“本来生活”并未对该规格大闸蟹进行打折外，该类套装螃蟹售价在168～198元区间。其中，中粮我买网大闸蟹单价最低，均价（不分公母）为17.8元（折扣价）。生鲜电商对大闸蟹打折力度和优惠，也提高了大闸蟹在市场上的热度和关注度，让大闸蟹市场交易出现大幅增长。根据中国渔业协会统计，我国大闸蟹市场规模2018年约为970亿元，年增速约20%。而在2016年，该数据仅为670亿元左右。同样庞大的市场也显示出产品的受欢迎程度，据南都记者此前一次线上调查显示，大闸蟹“当造”期的中秋，69.8%的受访人群倾向于选择大闸蟹，而部分电商平台上大闸蟹和大闸蟹提货卡销售均为百万级以上。

（资料来源：http：//www.100ec.cn。）

思考：为了促进大闸蟹的销售，各大生鲜电商平台都运用了哪些促销手段？效果如何？

任务描述

20世纪90年代，在网络上发布一则简单的商品供应信息生意就会自动找上门来。如今的网络市场，商家众多、商品繁杂，竞争激烈程度丝毫不亚于传统市场。在本次任务中，我们将学习各种网络促销的手段，这将为同学们将来在激烈的市场竞争中取胜打下良好的基础。

知识准备

一、网络促销与传统促销的比较

网络促销是指企业运用互联网技术手段，向网络目标市场传递企业及其产品的信息，通过信息沟通，使网上目标顾客对企业及其产品产生兴趣，建立好感和信任，进而产生购买行为的活动。

虽然传统的促销和网络促销都是让消费者认识产品，引导消费者的注意和兴趣，激发他们的购买欲望，并最终实现其购买行为，但由于互联网强大的通信能力和覆盖面积，网络促销在时间和空间观念上、在信息传播模式上以及在顾客参与程度上都较传统的促销活动发生了较大的变化。

1. 时空观念的变化

以产品流通为例，传统的产品销售和消费者群体都有一个地理半径的限制，网络营销大大地突破了这个原有的半径，使之成为全球范围的竞争；传统的产品订货都有时间的限制，而在网络上，订货和购买可以在任何时间进行。这就是现代最新的电子时空观。时间和空间观念的变化要求网络营销者随之调整自己的促销策略和具体实施方案。

2. 信息沟通方式的变化

在网络上，多媒体信息处理技术提供了近似于现实交易过程中的产品表现形式；双向的、快捷的、互不见面的信息传播模式，将买卖双方的意愿表达得淋漓尽致，也留给对方充分思考的时间。这种环境下，传统的促销方法显得软弱无力。网络营销者需要掌握一系列新的促销方法和手段，促进买卖双方的成交。

3. 消费群体和消费行为的变化

在网络环境下，消费者的概念和客户的消费行为都发生了很大的变化。上网购物者是一个特殊的消费群体，具有不同于消费大众的消费需求。这些消费者直接参与生产和商业流通的循环，他们大范围地选择和理性地购买。这些变化对传统的促销理论和模式产生了重要的影响。

4. 对网络促销的新理解

网络促销依赖现代网络技术，与顾客不见面，完全通过网络交流思想和意愿进行产品推销。虽然网络促销与传统的促销在促销的观念方法和手段上有所不同，但他们推销产品的目的是相同的。所以，对待网络促销的理解，一方面，应站在全新的角度去认识这一新型的促销方式，充分利用好网络这一新技术促进产品的销售；另一方面，则应当充分吸收、利用传统促销方式的整体设计思想和行之有效的促销技巧，打开网络促销的新局面。

二、网络促销的特点

网络促销突出地表现为以下四个特点：

第一，网络促销超越时空限制，可以全天候提供服务。随着互联网的广泛应用，人们已经不用担心时间的差异和空间的阻隔，从而使得网络促销脱离时空限制进行交易变得方便快捷。

第二，网络促销是在虚拟市场上进行的。这个虚拟市场就是互联网。互联网是一个媒体，是一个连接世界各国的大网络，它在虚拟的网络社会中聚集了广泛的人口，融合了多种文化。

第三，网络促销是通过网络传递商品和服务的存在、性能、功效及特征等信息。多媒体技术提供了双向的、快捷的信息传播模式，将互不见面的交易双方的意愿表达得淋漓尽致。这种建立在计算机与现代通信技术基础上的促销方式还将随着这些技术的不断发展而改进。

第四，经济成本低。通过互联网络进行信息交换与促销宣传，不仅节约了人工成本，也可以减少由于多次交换产生的损耗。

任务实施

步骤一：发布网络广告

1. 策划网络广告

（1）确定网络广告的目标。在企业的不同发展时期有不同的广告目标，比如说是形象广告还是产品广告。根据产品的不同发展阶段，广告的目标可分为提供信息、说服购买和提醒使用等。

（2）明确网络广告受众。网络广告的受众也称“目标群体”。简单来说就是确定网络广告希望让哪些人来看，确定他们是哪个群体、哪个阶层、哪个区域。企业的产品特性是准确定位广告受众的关键。因为广告的受众是由企业的产品消费对象来决定的，网络营销人员要深入调查和分析目标群体的性别、年龄、职业、爱好、文化程度、素质水平、收入、生活方式、思想方式、消费心理、购买习惯、平时接触网络媒体的习惯等。

（3）制订网络广告的费用预算。用于网络广告的预算则可依据目标群体情况及企业所要达到的广告目标来确定，既要有足够的力度，也要以够用为度。

2. 制作网络广告

通常情况下，运用 Photoshop 软件和 Flash 软件制作网络广告文字及其动画效果较好。近年来，短视频广告大火，短视频承载的广告频频在社交 App、短视频 App、新闻类 App、直播 App 等应用中出现。

3. 发布网络广告

（1）信息流广告。信息流广告又叫原生广告，是出现在社交媒体用户的好友动态或者资讯媒体和视听媒体内容流中的广告。信息流广告是与内容混排在一起的广告，一般隐藏在一些新闻、煽情的故事等场景当中，看起来像是善意的提醒、有趣的消息等。如图 9 – 4 所示。

图 9－4　信息流广告

这种穿插在内容流中的广告，对用户来说体验相对较好，特别是在移动互联网时代，几乎所有的互联网媒体都推出了信息流广告平台。与传统的广告对比，信息流广告有如下优势：

①用户精准。每一个用户在浏览信息的过程中，都会生成属于自己的属性标签，例如：16 岁、中学生、音乐、篮球等，多维角度分析用户的社交关系、兴趣爱好、地域等，广告主就可以根据自己的需求按照标签进行人群划分，找到自己心仪的目标人群。信息流广告平台也通过各式各样的方式在用户中找到对产品、行业、品牌感兴趣的潜在用户。

②用户体验好。广告效果越好，内容性就要越强，因此这要求投放者必须不断优化广告，提高信息流广告和用户之间的相关度，给用户带来良好的体验，从而实现广告的目的。

③传播范围广。信息流广告互动特性强，用户可以参与互动，根据平台的特性可以自发产生二次传播，比如微博的转发、朋友圈的点赞等。

④形式丰富。信息流广告主要有三种形式：小图模式、大图模式、组图模式三种。内容包含标题、图片或视频，有的还支持摘要。

一般来说，信息流广告的制作投放流程如下：

①精准定向目标用户。投放信息流广告，简单说就是花钱买流量。因此，必须找到产品的精准客户，一方面有利于进行定向推广，另一方面可以更有针对性地优化账户。一般来说，用户调研是获取基础数据、搜集用户信息最常用且最有效的手段。通过用户调研，可以深入了解目标受众的需求和心理特征，创造出最贴合用户需求的页面，在一

定程度上还可以吸引潜在用户的转化。

②撰写高点击率的创意。当前期确定目标用户定向后，便需要去优化创意，以此吸引潜在用户。在开展广告创意时，要站在“用户视角”去思考，即站在用户的立场，而不是自己的立场去思考问题。任何一个能够火爆的产品必然是击中了用户的“痛点”。比如护肤品，它满足了用户“爱美”的天性；iPhone 满足了用户“炫耀”的天性。

③遵从简洁的设计风格。由于用户信息流的展示环境较为复杂，且用户注意力十分分散，所以在广告内容设计上要能让用户一眼了解到广告所传递的信息，能引起用户的兴趣，最好是在消费者脑海中留下深刻的记忆。

④根据用户使用场景，选择卖点。一般情况下，用户在不同时间、不同环境所关注的点也是不同的。所以，在进行广告投放时，也要适当根据用户的使用场景等，有针对性地进行物料设计，并根据不同的时段或人群有针对性地优化着陆页。

⑤持续优化投放方向。在总结阶段主要的工作，要将已验证优质受众人群和优秀内容分别标记入库。优秀的设计模板可以节省设计成本，同时，转化率较高的目标客户群，可套用到下次投放流程中，节省下次投放的试错成本。

知识拓展

各大信息流渠道的特性

目前，市场上可选择的信息流渠道愈来愈多，如今日头条、抖音、知乎、百度、微博、B 站等。了解各大信息流渠道的特性，筛选出适合自家产品投放的信息流推广渠道成为各个企业的必修课。

1. 今日头条

今日头条是一款基于数据挖掘的推荐引擎渠道，同时也是国内互联网领域成长最快的产品服务之一，更是目前资讯类信息流平台最大的平台。

优点：算法成熟，关键词定向，移动建站很方便，支持 CPA。同时，用户每天的在线时间长，用户每日使用时长超过 76 分钟，且能 5 秒快速推广，锁定目标用户，10 秒更新用户模型，广告投放更精确。

缺点：今日头条的推广展现量高，点击量大，但是转化率不高。

投放行业建议：理财、生活、游戏、App 等，可根据导航栏的分类进行投放。

2. 微博

微博“粉丝通”是基于用户属性和社交关系将企业广告精准地传递给粉丝和潜在粉丝的营销渠道。投放的广告也具有普通微博的全部功能，转发、评论、收藏、点赞等，可实现广告的二次传播，从而大幅提高广告转化率。

优点：拥有 6.5 亿注册用户，3.9 亿月活跃用户，并具有博文、应用、账户、视频、图文、九宫格多种形式灵活使用，通过移动社交实现原生传播。

缺点：成本偏高，流量不可控。

投放行业建议：生活类产品（食品、服装等）、地区类产品（摄影等）、游戏、App 等，广告内容要具有特色，提高互动率。

3. 抖音信息流

抖音是目前最火爆的短视频 App，拥有一大批忠实的用户，在大数据上表现较好，且通过用户观看的视频去记录用户的行为，不断地给用户定义标签，在产品推送上，实现了千人千面的营销高度。同时，抖音支持从视频广告点击跳转至广告主设置的落地页，帮助广告主在抖音实现营销推广的目的。

优点：抖音用户数量庞大，易于打造爆款产品，同时，是品牌曝光的极好选择。

缺点：抖音成本偏高，且对素材要求极高，整体人群意向程度低，对行业要求限制也比较高。

投放行业建议：游戏、App、电商等泛流量产品投放。

4. 百度信息流

百度信息流可在百度贴吧、百度首页、百度手机浏览器 App 等百度平台的资讯流中穿插展现的原生广告。

优点：有搜索基础，关键词定向，能定向贴吧。

缺点：投放操作较为复杂，且流量和成本较为不固定。

投放行业建议：百度搜索引擎占据国内多数用户，大部分行业都适合投放。

5. 腾讯信息流

腾讯是目前社交行业的龙头老大，凭借 QQ 和微信两大超级 IP，拥有庞大的流量，可以说基本覆盖全网用户。

优点：社交应用排名 NO.1，覆盖面广，日活高，用户黏性大，适合品牌宣传。

缺点：朋友圈广告素材审核较严，且价格太贵，且竞争激烈。

投放行业建议：建议投放轻工业或者生活类产品。

6. 知乎

知乎是一个真实的网络问答社区，用户群体倾向于年轻化、白领、高收入、高学历，集中在一二线城市，拥有极高的消费能力。

优点：流量质量高，购买能力高。

缺点：平台用户较为理性，对广告素材要求较高。

投放行业建议：房产家居、游戏、金融、教育培训、电商、网络服务、旅游等相关行业皆可投放。

（2）搜索引擎广告。搜索引擎广告（Search Engine Advertising，SEA）是指广告主根据自己的产品或服务的内容、特点等，确定相关的关键词，撰写广告内容并自主定价投放的广告。当用户搜索到广告主投放的关键词时，相应的广告就会展示（关键词有多个用户购买时，根据竞价排名原则展示）。搜索引擎广告包括关键词广告、竞价排名广告、地址栏搜索广告和网站登录广告等形式。搜索引擎广告有以下特点：

①具有极强的针对性。客户需求通过关键字表现出来，搜索引擎会根据客户需求，给出相应结果。因此，广告投放可直接针对有需求的客户。

②可跟踪的广告效果。搜索引擎可以提供广告的数据资料，由此生成完整的报告，方便掌握广告投放效果，及时调整相应的营销战略。

③受众广泛。截至2019年6月，我国搜索引擎用户规模达6.95亿。

在投放搜索引擎广告时，应注意以下几个方面的问题：

①提高关键词质量。企业网络宣传的核心是企业的产品、服务、品牌。涉及企业产品、服务、品牌的名称词汇自然成了参与竞价的首选。这些词汇往往大多是热门词，但是在实际推广中，过热的词推广性价比并不高，企业要不断地观察关键词，对关键词的匹配方式进行合理设置，尽量用最少的花费找到最精准的用户。

②推广地域及推广时间。账户的推广地域根据产品、业务和服务的特性选择业务覆盖范围内的地域进行竞价投放。如果企业提供的服务只面向本地用户，那么投放区域应该设置成相应的省市，然后再通过关键词匹配方式的配合，使广告尽可能只展现给本地用户，避免无效点击。推广时间应和客服咨询同步进行，否则会造成竞价费用的大量浪费。

③关键词标题及创意。好的创意是成功的一半，创意的目标就是吸引用户点击。对于一些热门关键词来说，竞价的网站很多、SEO的网站也很多，用户不可能对每个结果都进行点击，而是会根据关键词的推广创意来判定网站是否有自己需要的信息，从而决定是否点击。因此，应力求做到关键词标题描述规范，主题明确；简明精练，言简意赅；突出与关键词的相关性；突出实效性。

步骤二：做好销售促进

销售促进是一种短期的宣传行为。网上销售促进与传统促销方式比较类似，是指企业利用有效的销售促进手段，刺激顾客购买和使用产品。网上销售促进的形式主要有以下几种：

1. 有奖促销

有奖促销是企业通过有奖问卷、抽奖等手段吸引消费者购买企业产品、传达企业信息的促销行为。图9－5所示“砸金蛋抽大奖”就属于此促销形式。

图9－5 砸金蛋抽大奖

2. 打折促销

价格折扣是企业为了更有效吸引顾客，扩大销售，在价格方面给顾客的优惠。它包括数量折扣、功能折扣、现金折扣和季节折扣。图 9－6 是苏泊尔天猫旗舰店进行的打折促销活动。

图 9－6　苏泊尔电器打折促销

3. 返券促销

返券促销是指顾客在网上购买一定数额的商品后获得商家赠送相应数额购物券的促销方式。如图 9－7 所示。

图 9－7　返券促销

4. 电子优惠券促销

优惠券是一种常见的促销工具。电子优惠券是优惠券的电子形式，是指以各种电子媒体（包括互联网、短信、二维码、图片等）制作、传播和使用的促销凭证。

案例重现

新型电子优惠券

通过网络下载、打印并在现场消费时使用的优惠券，是传统的电子优惠券，其并未改变纸质优惠券的实质。目前，以数据或代码形式存储并使用的新型电子优惠券，被广泛用于各大 B2C 电子商务网站。

新型电子优惠券有短信优惠券、彩信优惠券等多种形式，可以由顾客通过手机等移动通信终端进行下载、储存、使用，进一步简化了顾客使用电子优惠券的流程，降低了优惠券的使用成本，扩大了优惠券的发放范围。

肯德基电子优惠券

5. 赠品促销

赠品促销是指企业为扩大在线销量，向消费者实施馈赠的网络促销行为。如图 9－8 所示。

图 9－8　网上赠品促销

6. 网上积分促销

是商家在线推出的一种会员奖励计划，网上商城内所有商品都参与积分返利，顾客获得的积分可以在商城购物中，直接作为现金抵用，也可以直接提现。图 9－9 是天猫商城推出的积分换红包活动。

图 9－9　积分换红包活动

步骤三：做好公共关系营销

1. 企业网站宣传

宣传企业网站是提高企业网站知名度的主要环节，是开展企业网络公共关系活动的基础任务之一。企业网站是网上企业的总部，建立自己的网站不但可以起到广告宣传的作用，更是树立企业形象的最佳工具。因此，网上企业建立站点后，首先要在有影响力的传统媒体上宣传站点，以使公众知晓并访问企业站点。其次，要不断使站点内容更新，并通过各种媒体的宣传吸引更多的公众访问企业的网址。再次，鼓励其他站点复制企业站点的内容或创建到企业站点的链接。除此之外，还可以利用网络论坛、邮件列表、名片等宣传企业网站。

2. 网上新闻发布

网上新闻发布是一种速度快、费用低、传播范围广的信息传播方式，也是网络公共关系营销的常见形式。主要的网上新闻发布方式有三种，第一，通过企业网站发布新闻；第二，通过相应的新闻组或邮件列表发布新闻；第三，通过网络新闻服务站点（包括门户网站、专业网站、社区网站、地方网站等）发布新闻。

3. 发送电子推销信（电子新闻稿）

企业可以给网络新闻记者或编辑发送电子推销信（电子新闻稿），在信中简述企业新闻的内容及对他们的请求，请求他们发布新闻或根据提供信息撰写新闻、采访有关人员、参观企业等。电子推销信（电子新闻稿）的撰写要求做到主题明确、标题鲜明、内容简洁，根据记者或编辑的需要对内容作合理的安排，以求具有一定的新闻价值。

4. 参加或主持网上论坛

企业在网络论坛上参与或主持一些与企业有关的专题讨论，包括专题的新闻事件、特定的共同话题等，和记者、网友面对面地开展讨论，将自己的见解表达出来，这对提高企业的形象和知名度都会起到很好的效果。

5. 栏目赞助

企业对网站的某些栏目提供赞助后，访问者可以通过赞助页面直接链接到企业的网页，从而扩大企业页面的知名度。栏目赞助的内容较广，如支持热门论坛、赞助公益活动等，都属有效的公关措施。

6. 网络危机公关

网络危机公关，是指当企业遭遇突发网络公关危机，其正常生产经营活动尤其是原有的良好企业形象受到影响时，企业借助网络公关活动的开展来应对和处理，使企业以尽可能低的成本渡过经营危机的网络公关活动。

实战演练

实训目的：通过实训，能够掌握网络促销的策略和方式，学会为产品选择合适的网络促销渠道。

实训要求：学生以小组为单位完成实训任务，在实训过程中充分讨论，再分头完成实训。

实训1：登录当当网（http：//www. dangdang. com），从该网站找出至少3种网络促销方式。

实训2：从你的微信朋友圈中，列举至少四种形式的网络广告，从个人角度出发，对其网络广告效果进行评价，并说明原因。

项目评价

表9－5　学生学习评价表

序号	知识点	评价标准	学生自评		教师评价	
			达标	未达标	达标	未达标
1	网络营销产品概念	能够理解并复述概念				
2	网络营销产品分类	能够举例说出两种类型				
3	影响价格的主要因素	能够理解并说出四个因素				
4	定价目标	能够理解并说出五个目标				
5	网络营销渠道的含义	能够理解并复述概念				
6	网络营销渠道的功能	能够说出三个功能				
7	网络促销与传统促销之不同点	能够理解并说出四个不同点				
8	网络促销的特点	能够说出三个特点				

续表

序号	技能点	评价标准	学生自评		教师评价	
			达标	未达标	达标	未达标
9	定价方法	能够正确选择运用方法				
10	网络营销定价策略	能够正确选择运用策略				
11	新产品策略	能够正确选择运用策略				
12	网络产品组合	能够正确选择运用策略				
13	新品牌的塑造过程	能够做好新品牌的推广				
14	网络直接营销渠道	能够正确分析选择营销渠道				
15	网络间接营销渠道	能够正确分析选择营销渠道				
16	网络营销渠道的选择	能够正确分析选择营销渠道				
17	网络广告	能够利用信息流广告和搜索引擎广告开展促销				
18	公共关系营销	能够策划公共关系营销活动				
序号	素质点	评价标准	学生自评		教师评价	
			达标	未达标	达标	未达标
19	创新意识	在从事网络营销时的创新策略和方式				
20	奉献意识	具备服务人民、奉献社会的精神				
21	守法诚信	诚信经营，合法经营				

思考练习

一、简答题

1. 什么是网络营销产品？网络营销产品如何分类？
2. 什么是网络营销渠道？网络营销渠道的功能有哪些？
3. 简述信息流广告的投放流程。

二、论述题

网络营销渠道的选择受到多种因素的影响，试论述影响网络营销渠道选择的因素。